Jornadas 2025

Reflexiones del equipo de investigación de CETR

Una aproximación a las consecuencias axiológicas y organizativas de las sociedades de conocimiento

www.bubok.es

© Marià Corbí (coord.)
© Una aproximación a las consecuencias axiológicas
y organizativas de las sociedades de conocimiento
Reflexiones del equipo de investigación de CETR.
Jornada 2025.

Portada: Pere Rius @pereriusart

ISBN Libro en papel: 978-84-685-9279-4
ISBN eBook en PDF: 978-84-685-9280-0
Depósito legal: B 21226-2025

Impreso en España
Editado por Bubok Publishing S.L

CETR
Rocafort, 234, local
08029 Barcelona
www.cetr.net

Índice

Presentación

Después de quince ediciones de Encuentros Internacionales CETR[1] damos por concluida esta etapa e iniciamos otra en la que el equipo de investigación de CETR presenta y discute entre sus miembros parte de cada una de las indagaciones que se hayan llevado a cabo en los últimos meses.

En este libro presentamos parte del trabajo realizado en el último año. Aunque las temáticas parecen muy diversas tienen un eje común que es la preocupación por las consecuencias axiológicas y organizativas que supone la implementación de las sociedades de conocimiento.

---

1   Al final del libro se encuentra el listado de los libros correspondientes a cada Encuentro todos disponibles en www.bubok.es

Participantes de la Jornada 2025

- Jose Manuel Bobadilla. Graduado en Sociología, con mención en Cultura, por la UAB. Máster en Ciencias de la Religión en el ISCREB. Máster y doctorando en Filosofía Aplicada a la Ciencia y la Técnica por la UAB. Investigador del CETR.

- Marià Corbí. Doctor en Filosofía, licenciado en Teología, epistemólogo, ha sido profesor de ESADE Business School, actualmente dirige el CETR (Centro de Estudio de las Tradiciones de Sabiduría).

- Milene Costa. Milene Costa es doctora en Ciencias de la Religión por la PUC Minas (Brasil), con posdoctorado en la misma institución, máster en Filosofía de la Religión por la FAJE-BH, teóloga y filósofa. Investiga, estudia y propone una lectura simbólica de los textos religiosos como fuente de sabiduría para enfrentarse a las transformaciones contemporáneas. Fundadora de Ser e Pertencer: vida em conexão.

- Montse Cucarull. Licenciada en Ciencias Químicas y en Farmacia, es miembro del equipo investigador de CETR.

- Marta Granés. Licenciada en Estudios de Asia Oriental, Ingeniero Técnico Agrícola y Master en Humanidades, doctora en Ciencias de las Religiones por la Universidad Complutense de Madrid, es miembro del equipo investigador de CETR.

- Teresa Guardans. Licenciada en Filología y doctora en Humanidades es profesora de CETR, y colabora en diversos proyectos relacionados con la pedagogía del desarrollo interior.

- Sergio Néstor Osorio. Pregrado en humanidades, filosofía y teología, Doctor en Teología, Pontificia Universidad Javeriana. Es profesor asistente en la Facultad de Educación y Humanidades de la Universidad Militar Nueva Granada, Bogotá-Colombia. Líder del Bioethcs Group también de la UMNG.

- Queralt Prat i Pubill. Doctora en Ciencias de la Gestión por ESADE Business School de la Universidad Ramon Llull (España), Doctora en Filosofía por la Copenhagen Business School (CBS) (Dinamarca), Master de Investigación por ESADE Business School, MBA por Insead (Francia), Master CEMS, Licenciada en Dirección y Administración de Empresas y MBA por ESADE Business School de la Universidad Ramon Llull (España).

- Pere Rius. Pintor e investigador de CETR. Instagram: @pererius

- Francesc Torradeflot. Doctor en Teología y licenciado en Historia de las Religiones (Lovaina) y en Filosofía (UAB), es director de la Asociación Unesco para el Diálogo Interreligioso - Unescocat, es profesor de CETR. Ha sido codirector de programa del IV Parlamento de las Religiones del Mundo, y coordina la Red Catalana de Entidades de Diálogo Interreligioso y también la Red Internacional sobre Religiones y Mediación en Zonas Urbanas.

El tránsito hacia las sociedades de conocimiento desde la perspectiva del capitalismo reinventado o multicapitalismo: una crítica

Jose Manuel Bobadilla[1]

Introducción

Asumimos que las sociedades de conocimiento aún no están en pleno funcionamiento y es más afirmamos que los pequeños grupos o colectivos que viven de la creación continua de ciencia y tecnología están sometidos al sistema capitalista basado, en su estructura profunda, en tres principios: individualismo, neoliberalismo y capital financiero.

El individualismo afirma la existencia del individuo ontológicamente existente y que está desvinculado del resto de personas, el neoliberalismo es la doctrina económica que implica la no intervención del Estado en el mercado y estos dos conceptos juntos dan forma al individualismo neoliberal que defiende la premisa que nada ni nadie está por encima del individuo y sobre todo, que nadie puede obligar al individuo a tomar decisiones que coarten su supuesta libertad individual.

El capital financiero, dentro de este marco individualista y neoliberal, se transforma en capitalismo cuya finalidad es producir bienes y servicios a gran velocidad en el corto y medio plazo sin darle importancia a los desastres ecológicos y sociales que su ideología está causando.

---

1 Graduado en Sociología, con mención en Cultura, por la UAB. Máster en Ciencias de la Religión en el ISCREB. Máster y doctorando en Filosofía Aplicada a la Ciencia y la Técnica por la UAB. Investigador del CETR.

Pero todo esto se ve agravado con el crecimiento exponencial de las ciencias y las tecnologías que, lejos de pertenecer al sistema o *proyecto axiológico capitalista*, han quedado absorbidas y subyugadas a la tríada del capitalismo: información, investigación y explotación.

Con esta estructura el capitalismo neoliberal queda miope frente a las dos grandes crisis que la humanidad está enfrentando en la actualidad: (1) el cambio de paradigma o forma de sobrevivencia y (2) la crisis ecológica global.

La forma de sobrevivencia, que no hay que confundir con las formas de producción, está forjada en la interdependencia que se da entre los conocimientos que producen las ciencias y las tecnologías. Esto, manejado desde el capitalismo neoliberal y sus concepciones antropológicas y epistemológicas, donde el individuo es independiente de la Naturaleza y esta es un ente pasivo que explotar, está llevando al resto de especies y a la propia especie humana a la extinción de la vida tal y como la conocemos. Dicho de otra manera, seguir manejando las ciencias y las tecnologías desde los principios del capitalismo está acercándonos, cada vez más, a un punto de no retorno donde la crisis social y ecológica global serán irremediables.

Pero hay que ser conscientes de que el problema no está en la forma de sobrevivir sino en las formas en como el capitalismo intenta manejar el cambio. La forma de sobrevivir basada en esta interdependencia de conocimientos es el resultado del refinamiento y desarrollo de lo que podemos llamar *mesología del hacer técnico*. Explicado en otros términos diríamos que la técnica humana puede ser entendida como la capacidad de manipular el entorno con herramientas y tecnología, que es consecuencia de ser un animal constituido como tal por la lengua que ha desarrollado un lenguaje abstracto científico y tecnológico, se ha convertido en el eje central de la vida humana. Tal y como dijo Norbert Weiner en su obra *Cibernética y sociedad* publicado en 1950:

"Somos esclavos de nuestro propio progreso técnico. (…) Hemos modificado tan radicalmente nuestro ambiente que ahora debemos cambiar nosotros mismos para poder existir en ese nuevo medio. Es imposible vivir en el

antiguo. El progreso proporciona nuevas posibilidades parar el futuro, pero también impone nuevas restricciones." (Wiener, 1988; 44)

Es importante resaltar la idea de *cambiar nosotros mismos para poder existir en ese nuevo medio* que es la forma de sobrevivir desde la ciencia y la tecnología. Hemos de cambiar nuestra antropología y nuestra epistemología para poder sobrevivir, no por cuestiones ideológicas, sino por pura necesidad de sobrevivencia en un nuevo medio constituido por un lenguaje abstracto científico y tecnológico.

Si partimos de la *indeterminación genética* entendemos que el animal que somos está desprogramado. No tiene un programa que le otorgue una naturaleza ni una forma de actuar en el medio. Sobre esta *indeterminación genética* recae la necesidad de la *programación simbiótica* o las formas de organización social que, en PACs industriales, se solventó con el *darwinismo social* que el capitalismo industrial supo llevar a su terreno o el *colectivismo ideológico* propio de las corrientes de pensamiento de izquierdas como el comunismo y el anarquismo.

En la actualidad seguimos bajo premisas de *programación simbióticas individualistas* propias del capitalismo neoliberal y la izquierda *folk*. Pero si atendemos a la forma de sobrevivir veremos que la interdependencia que se da entre los diferentes conocimientos tecnocientíficos impone y da respuesta a la pregunta sobre la *programación simbiótica*: esta no ha de basarse en el individualismo, sino en la interdependencia. Vivir en el nuevo medio científico y tecnológico implica, por cuestiones de sobrevivencia, vivir en interdependencia.

Así nos encontramos que, frente al proyecto capitalista neoliberal *reinventado o multicapitalista* que expondremos ahora, tenemos la necesidad de contraponer el individualismo a la interdependencia y dotar de *cualidad humana y cualidad humana profunda* el desarrollo científico y tecnológico para modelarlo hacia la calidad y bienestar de toda la vida.

El tránsito hacia las sociedades de conocimiento implica afrontar la crisis de sistema y la crisis ecológica desde un nuevo *proyecto axiológico colectivo* que enfrente directamente al capitalismo neoliberal y mire hacia el futuro sin renunciar a las ciencias y las tecnologías aportando para ello un sentir profundo de *cualidad humana y cualidad humana profunda*. Esta es la única manera o posibilidad de realizar el tránsito, sin el reconocimiento de nuestra constitución lingüística, sin asumir la interdependencia y sin comprender que para el desarrollo científico y tecnológica es imprescindible el cultivo de la *cualidad humana y cualidad humana profunda*, seguiremos, igual que el capitalismo neoliberal, miopes frente al mundo y crisis que se nos aproximan.

Las tesis del capitalismo reinventado y del multicapitalismo

La teórica neoliberal y profesora de Harvard Rebecca Henderson defiende la necesidad de *reinventar el capitalismo* (2021). Juan Costa Climent, exministro de Ciencia y Tecnología del Gobierno de España, habla de construir un *multicapitalismo* (2020) que permita seguir creando empleo, proteger el clima y erradicar la desigualdad. También existen postulaciones más clásicas como la defendida por Johan Norberg, miembro del Cato Institute de Washington D.C y el European Centre for International Political Economy de Bruselas quien en su libro *El manifiesto capitalista ¿Por qué el libre mercado global salvará el mundo?* (2024) también apuesta por una suerte de metabolización del capitalismo en un contexto global de crisis ecológica.

Lo que muestran estos tres libros sirve para dejar verificada una hipótesis: el cambio en las formas de sobrevivir no es producto del capitalismo, si así fuera, el capitalismo no tendría la necesidad de reinventarse, por consiguiente, son las formas de sobrevivir desde las ciencias, las tecnologías y el conocimiento las que están causando el cambio. Pero lo que intentaremos mostrar a continuación es entender si realmente el capitalismo se está reinventando, por qué se está reinventando, cuáles son sus motivaciones para cambiar, qué propuestas tiene y sobre todo y más importante de dónde nace esta conciencia planetaria y ecológica que ahora parecen abanderar.

Capitalismo verde y consciente

Una de las partes más interesantes de analizar de estas nuevas narrativas del capitalismo es su preocupación por el cambio climático, la ecología y el uso de energías renovables. Pero ¿ha sido el capitalismo consciente alguna vez de estos peligros o ha intentado negar el hecho del cambio climático?

Rebecca Henderson expone lo siguiente:

"La producción de cada hamburguesa con queso genera las mismas emisiones que aproximadamente dos litros de gasolina, y el consumo de carne de vacuno es responsable por sí solo de cerca del 10% de las emisiones globales de GEI." (Henderson, 2021; 39)

Y páginas más adelantes sigue diciendo:

"Entre 2000 y 2017 el sector de los combustibles fósiles en su conjunto gastó al menos 3 mil millones de dólares haciendo actividades de lobby contra la legislación sobre el cambio climático, y más millones en apoyo de grupos y campañas que negaban la realidad del cambio climático." (Henderson, 2021; 42)

¿Pueden sorprendernos estas afirmaciones?, no. Está bien que el capitalismo sea consciente de su propio impacto en el mundo y de cómo los lobbies han ejercido y siguen ejerciendo poder para negar cosas tan evidentes como el cambio climático. El problema es que estas críticas, que nunca han aceptado o asumido hasta ahora, son críticas que los movimientos no capitalistas o abiertamente anticapitalistas llevan diciendo y exponiendo durante años.

El problema ha sido y sigue siendo el impacto que estas políticas de libre mercado y propiedad privada tienen sobre toda la biosfera. Es la misma Rebeca Henderson quien dice:

"Juntos, estos tres argumentos [libre mercado, beneficios de los accionistas y no malgastar los fondos de los inversores] defienden de forma contundente la maximización del valor para los accionistas y son la fuerza moral que hay

detrás de muchos dirigentes empresariales de que maximizar las ganancias es cumplir con los compromisos normativos profundos. Desde esta perspectiva, no maximizar la rentabilidad de los accionistas solo constituye una traición de su responsabilidad para con los inversores, sino que también amenaza con reducir la prosperidad al comprometer la eficiencia del sistema y reducir la libertad económica y política de todos." (Henderson, 2021; 34-35)

No estamos hablando desde una crítica anarquista al capitalismo. Henderson es una gran defensora de sistema capitalista, pero postula que los liberales clásicos han prestado más atención a su propio juego económico que al mundo en el que se movían. Lo moral, para los liberales, es cumplir con accionistas e inversores maximizando beneficios, la moral viene dictada por las normas del libre mercado.

Pero siguiendo con las cuestiones ecológicas o de este falso capitalismo verde y consciente encontramos las siguientes argumentaciones de Johan Norberg en su libro *El Manifiesto Capitalista*:

"Una de las mayores amenazas a la biodiversidad es la continua pérdida de bosques vírgenes. Cada año desaparece una superficie forestal del tamaño de Hungría. Sin embargo, la tasa de deforestación ha descendido un 40 por ciento desde la década de 1990, según la FAO. La deforestación ha cesado en los países ricos. En estados Unidos y Europa están aumentado las zonas boscosas. También en la China y en la India los bosques están creciendo, lo cual sugiere que el aumento de la población y de las economías no tiene por qué provocar una sobreexplotación. Si no fuera por la deforestación de -Brasil, Paraguay, Angola, República Democrática del Congo, Tanzania, Indonesia y Myanmar-, los bosques del mundo habrían crecido en la década del 2010." (Norberg, 2024, 235-236)

Es interesante ver el juego que el capitalismo y los capitalistas se hace así mismos para intentar convencernos y convencerse de que él no está detrás de toda esta deforestación. Mientras que Rebecca Henderson informa sobre los peligros y toma conciencia, Johan Norberg arroja datos sin ninguna autocrítica ni entrar en detalle del por qué suceden estas cosas.

Centrándonos en Europa vemos que es la causante de gran parte de la deforestación actual, no en su propio continente, sino en los países que Norberg menciona. Europa, según datos de la Unión Europea consume o necesita importar, sino quiere talar sus bosques, un 34% de aceite de palma, 32,8% de soja, 8.6% de madera, 7,5% de cacao, 7% de café, 3,4% de caucho y 1,6% de maíz. Si Europa no produce ni destina zonas forestales a cultivar estos recursos ¿quién asume el impacto ecológico?, ¿qué empresas son las que están detrás de la deforestación de las zonas boscosas de América latina, Asia y África? Según un informe de del medio de investigación francés independiente Basta

> *"Por ejemplo, en 2016 el Banco Santander español fue condenado a una multa de 15 millones de dólares por haber proporcionado apoyo financiero a unos cultivos que se habían realizado en unas zonas deforestadas ilegalmente. Grandes sociedades del negocio de los cereales, entre ellas Cargill y Bunge (Estados Unidos), fueron condenadas a pagar unas multas que ascendían a 29 millones de dólares tras una investigación del IBAMA (Instituto Brasileño del Medio Ambiente y de los Recursos Naturales Renovables) que descubrió que aproximadamente 3.000 toneladas de cereales producidas por cinco empresas se habían cosechado en zonas en las que la agricultura estaba prohibida."* (Basta, 15 de octubre de 2021)

Quizás Europa y Estados Unidos hayan reducido la deforestación en su territorio, pero no han cesado de hacerlo en las zonas del sur global siendo así responsables de la deforestación que sigue agravando el problema del cambio climático. Y no puede decirse que es mentira, pues con las afirmaciones de Henderson sobre la creación de *lobby* para desmentir el cambio climático queda claro que el capitalismo y sus empresas pueden negar cualquier acción.

Pero este análisis se torna más interesante cuando vemos cómo Juan Costa, citando a Neva Goodwin, perteneciente a la familia Rockefeller, en su libro *Multicapitalismo* (2021) afirma que ella:

> *"Insiste en la necesidad de hacer frente a las llamadas metaexternalidades; es decir, a los efectos colaterales que el conjunto del sistema económico provoca*

en el mundo físico y en el entorno social. El cambio climático es una clara metaexternalidad con un alto coste en términos económicos y de vidas humanas. Aunque ese coste sea muchas veces invisible y silencioso." (Costa, 2021; 37-38)

¿No son estas cuestiones de la deforestación una metaexternalidad?, y si están provocadas por el sistema económico ¿es el capitalismo el problema de toda esta deforestación? Y si es el capitalismo ¿qué necesidad hay de reinventarlo?, ¿no queda claro ya que el sistema económico capitalista es un sistema fallido?

El cambio climático, provocado por el sistema económico actual, tiene tanto costes económicos como de vidas humanas, pero lo inaceptable es decir que es un coste silencioso e invisible. Desmontar el capitalismo desde sus propios pilares permite acudir nuevamente a Henderson para argumentar que se han invertido millones en silenciar las voces críticas que, desde años, avisan del desastre ecológico que las políticas liberales y de libre mercado están causando al planeta. Pero ahora, en un alarde de conciencia y falsa preocupación por la biosfera, empiezan a darse cuenta de estos costes que hasta ahora eran invisibles y silenciosos.

Otra cosa que tiene que llamarnos la atención es darnos cuenta de que siempre será el capitalismo quien ve y soluciona los problemas. Existen en todos estos planteamientos una apropiación de los discursos críticos o un silenciamiento de estos para que sea el capitalismo quien descubre sus problemas y a la vez quien otorga una salida. Esto es un gran problema a nivel de construcción de contranarrativas pues puede dejarnos encerrados aún más en el *realismo capitalista* en el que estamos inmersos si no somos capaces de detectar las manipulaciones de los discursos capitalistas o de *capitalistas reinventados*.

Seguir con esta lógica es mantener que las soluciones únicamente podrán venir de la mano del capitalismo. Y esto se deja denotar cuando Henderson en su obra *Reinventando el capitalismo en un mundo en conflicto* (2021) dice:

"Seguir como de costumbre no es una opción viable. Tenemos que encontrar una forma diferente de operar si nuestro planeta –y con él el capitalismo– ha de sobrevivir" (Henderson, 2021;51)

Aquí, el magnífico truco de magia está en ser capaz de vincular la supervivencia del planeta con la supervivencia del capitalismo. Ahora, las mentes del *capitalismo consciente, verde o reinventado* comprenden que sus formas de hacer y sentir el mundo no son funcionales y, bajo la necesidad de sobrevivir en un planeta que puede colapsar, a no ser que tomemos medidas serias, ven importantísimo salvar el planeta, pero no por el bienestar y calidad de vida de la biosfera, sino por el hecho económico de salvar al capitalismo.

El capitalismo reinventado y la salud ciudadana

Si seguimos ahondando en la obra de Rebecca Henderson *Reinventando el capitalismo en un mundo en conflicto* (2021) vemos como ella arremete contra el *mercado libre descontrolado*:

"El problema no son los mercados libres. El problema son los mercados libres descontrolados, o la idea de que podemos prescindir de gobiernos y de compromisos sociales y morales compartidos con la salud de toda la sociedad de la que depende un gobierno eficaz." (Henderson, 2021; 44)

Henderson, a diferencia de Norgberg, sí que introduce una idea de regulación o control del mercado. Un control o regulación que ha de venir de gobiernos fiables y eficaces junto a compromisos sociales y morales en línea con la salud ciudadana. Hay que dejar claro que en ningún momento Henderson explica qué implica atender a la salud de toda la sociedad ni expone, más allá de la defensa del ecologismo, cuáles son esos compromisos sociales y morales a excepción de la tan nombrada libertad, ya que todo aquello que no sea capitalismo o mercados libres, no es libertad, sino control.

En consecuencia, dentro de este *capitalismo reinventado*, se está hablando de la necesidad de regular el mercado y orientarlo hacia la salud ciudadana, el ecologismo y una moral compartida por todos. Y aquí Henderson se postula como defensora de los *Objetivos de Desarrollo Sostenible* diciendo:

> *"Sabemos qué es lo que hay que hacer. Los dieciocho Objetivos de Desarrollo Sostenible de las Naciones Unidas exponen una hoja de ruta coherente, ampliamente adoptada por la comunidad empresarial, para construir un mundo justo y sostenible. Disponemos de la tecnología y la inteligencia necesaria para abordar nuestros problemas medioambientales y tenemos los recursos que hacen falta para reducir la desigualdad. La cuestión no es qué debería hacerse. La pregunta es cómo."* (Henderson, 2021; 44-45)

La liberación del cognitariado

Vivir de las tecnociencias en el sistema capitalista implica ver el conocimiento y la creatividad como un producto que genera toda una masa social llamada *«cognitariado»* y que debe ser liberada para salir del *realismo capitalista*. Así lo piensa y expone el filósofo italiano postmarxista Antonio Negri en su artículo *Reflexiones sobre el manifiesto por una política aceleracionista publicado por caja negra en Aceleracionismos* (2017)

> *"(…) aquí hay una clase, pero muy diferente, con una potencia muy superior: la clase del trabajo cognitivo. Esta es la clase que debe ser liberada. […] Sobre esta capacidad de liberar las fuerzas productivas del trabajo cognitivo se basa todo el discurso del MPA* [Manifiesto por una Política Aceleracionista]. *(…) Las fuerzas productivas latentes se convierten entonces en el tema fundamental, como lo ha sido siempre para el materialismo revolucionario. Es sobre esta latencia que debemos detenernos ahora."* (Negri, 2017; 79-80)

En este sentido es donde la llamada *distribución del trabajo*[2] por Norberg se transforma en la compra de conocimiento a través de la subyugación del

---

2   *"Una forma que tienen los líderes del mercado de seguir en la cima durante un tiempo más es comprar empresas pequeñas e innovadoras, desde YouTube e Instagram hasta Oculus y Deep-Mind. A veces casi se considera hacer trampa, como si los viejos vampiros estuvieran alargando su propia vida con la sangre de jóvenes y vibrantes star-up. Pero se trata de una importante división del trabajo. A las empresas consolidadas que se centran en defender viejos modelos de negocio les resulta difícil ser radicalmente innovadoras, mientras que las nuevas empresas rara vez tienen el conocimiento del mercado, el capital para invertir, la capacidad para*

«*cognitariado*» a las lógicas de la mercantilización del saber y del conocimiento. El capitalismo no se reinventa, sino que se actualizada comprando a la competencia o, si estas pequeñas empresas se niegan a ser compradas, las grandes empresas tendrán el capital y los recursos tecnológicos suficientes para imitar la innovación que no han podido comprar. Así es como llegamos a una Sociedad del Conocimiento Capitalista.

Y esto tiene todo el sentido cuando entendemos que las lógicas del capitalismo son la rentabilidad económica y la explotación de todo recurso ya sea el tecnocientífico o el conocimiento en el corto plazo. Las grandes empresas no pueden dejar que pequeñas *start-up* aceleren la creación de nuevos productos y servicios. El capitalismo se frena así mismo, explota y compra al «*cognitariado*» y luego vende las innovaciones mostrando al mundo las maravillas tecnológicas del capitalismo. Un discurso que sigue vinculando innovación, tecnología y capitalismo como si la única manera de producir innovación y tecnología fuera dentro del sistema capitalista de mercado libre. El *cibercapitalismo* es una actualización que no aporta nada nuevo, únicamente subyuga todo a sus intereses.

¿Una nueva antropología neoliberal? Y la hipótesis Gaia

Para desarrollar este apartado nos centraremos ahora en la obra de Juan Costa *Multicapitalismo: por un capitalismo que nos ayude a crear empleo, proteger el clima y frenar la desigualdad* (2020). Siguiendo con la crítica que los neoliberales hacen a sus postulaciones antropológicas vemos como Costa asume que:

> *"Nuestra manera de entender la relación entre la economía y el medio ambiente está basada en principios como el antropocentrismo, el reduccionismo, el materialismo y el economicismo. El hombre está por encima de la naturaleza, una naturaleza fraccionable, modificable y sometida a las necesidades de la economía. Esta visión antropocéntrica y utilitarista del progreso que*

---

gestionar los sistemas reguladores o la infraestructura para desarrollar, comercializar y vender." (Herberg, 2024; 177)

todavía condiciona el pensamiento global nos lleva a contemplar el medio ambiente como un subsector de la actividad económica." (Costa, 2020; 119)

Observamos en esta cita que la nueva antropología neoliberal quiere escapar de sus postulados clásicos. Parece ser que las críticas existentes desde hace tiempo a modelos antropocéntricos y economicistas no han estado presentes a lo largo de la historia y es ahora cuando el capitalismo reinventado se da cuenta de ello. Es importante que se den cuenta que sus tesis provienen de narrativas que ya no son válidas para sobrevivir como especie en el nuevo sistema de sobrevivencia, pero no reconocen que estas críticas o postulaciones alternativas ya venían dándose desde los inicios de la industrialización.

Costa, en su libro *multicapitalismo* (2020), continúa argumentando sobre esta relación especie humana-naturaleza:

"*Somos parte de ese todo y estamos obligados a aceptar la idea de que la economía ha de integrarse y adaptarse a la naturaleza. No al revés. ¿Significa eso que debemos imponer un límite al tamaño máximo de la economía global? No. Podemos cooperar. Podemos convertir la economía en un aliado de la Tierra. Lo que debemos hacer es limitar la destrucción de capital ecológico y reducir el tamaño de aquellas actividades que sean más contaminantes y consuman un mayor volumen de recursos naturales.*" (Costa, 2020; 121)

Es interesante como esta idea del capital ecológico reafirma la visión objetiva y mercantilizadora del capitalismo y, por consiguiente, se hace incompatible con la crítica que Costa hacía del propio capitalismo. Pero el capitalismo reinventado también busca la manera de repensar la animalidad humana y ahora es cuando Henderson dice:

"*De hecho, la psicología moderna sugiere que somos tan naturalmente grupales como egoístas, que los humanos han evolucionado en grupos (...).*" (Henderson, 2021; 57)

Otra prueba de que el capitalismo se está basando en un modelo científico es recurrir ahora a la psicología moderna quien sugiere, pero no afirma, que somos tan naturalmente grupales como egoístas. Pero esta misma idea ya fue expresada por anarquistas como Malatesta y Bakunin cuando asumían que todo aquello individual nace de lo colectivo-animal por el hecho de ser una especie animal gregaria.

¿Pero de dónde extrae Costa la idea de la cooperación? Si Rebecca Henderson en su libro *Reinventando el capitalismo en un mundo en conflicto* (2021) acudía a la psicología moderna para argumentar que podemos ser tanto egoístas como grupales, Costa recurre a la hipótesis Gaia para mostrar como la cooperación es la nueva naturaleza humana. En ambos casos vemos como recurren al conocimiento científico para argumentar en favor de su necesidad de cambiar, no es que hayan pensado que ya existían propuestas ideológicas y teóricas no-capitalistas que postulasen lo que proponen ahora, sino que es la verdad científica quien determina ahora el comportamiento humano.

Si el *capitalismo reinventado* defiende sus ideas desde las tesis científicas, en este caso que somos cooperativos o grupales, como argumentaba Rebecca Henderson en su libro *Reinventando el capitalismo en un mundo en conflicto* (2021), quiere decir que se han dado cuenta de que el mundo está modelado o construido desde el saber científico, pero el problema es que lo toman como una descripción de la realidad y no como modelación humana del supuesto comportamiento natural pues, como ya hemos ido argumentando, la Tierra no sabe nada de los conceptos humanos y es la especie humana quien antropomorfiza a la Tierra.

En este sentido Juan Costa en su obra *Multicapitalismo* (2020) asume la teoría de la hipótesis Gaia como el nuevo dogma ecológico. Él escribe:

> *"La teoría Gaia visualiza la Tierra en su totalidad, atmósfera incluida, como un sistema autorregulado al servicio de la vida. Gaia, la Tierra, es un sistema complejo, un superorganismo. Es el resultado de la interacción de todos los seres vivos del planeta con el entorno geológico que los rodea; un sistema fisiológico que, de forma dinámica, ha mantenido la Tierra como*

lugar habitable durante más de tres mil millones de años. Gaia tiene un objetivo: a través de la cooperación entre los seres vivos, regular el clima y la química del planeta para crear las condiciones que hacen la vida posible. Resulta irrelevante si ese objetivo es un objetivo «no consciente»." (Costa, 2020;52-53)

Empezaremos analizando esta cita por el final. Al contrario de lo que argumenta Costa, sí que es relevante, a nivel antropológico y epistemológico, que este objetivo de la cooperación sea «no consciente». Al ser *«no consciente»* implica que no hay ninguna intencionalidad en la Tierra de hacer todo lo que expone Costa, es más, Costa presenta esta argumentación como sí la Tierra fuera un ser consciente y pacífico que busca crear las condiciones idóneas para la vida mediante la práctica de la cooperación.

Pero es más ¿qué implica la definición de al servicio de la vida? Si estamos constantemente exponiendo que hay que ponerlo todo al servicio de la vida y es toda una tarea de construcción de significado ¿por qué la Tierra iba a tener clara esa definición? Por otro lado, ¿qué ocurre con todas las catástrofes naturales?, ¿no sería erróneo pensar que las catástrofes naturales son una forma de servicio a la vida? Como dijo Errico Malatesta en su artículo *El individualismo en el anarquismo publicado en Nueva humanidad escritos para la difusión del anarquismo* (2015):

"La pretendida armonía que reina en la naturaleza significa tan sólo esto: si un hecho existe, quiere decir que se han verificado las condiciones necesarias y suficientes para la existencia de ese hecho. La naturaleza no tiene finalidad, o en todo caso, no tiene las finalidades humanas: para ella la muerte, los dolores, los estragos de los seres vivos son indiferentes y pueden ser elementos de su «armonía». El hecho de que el gato se coma al ratón es un hecho natural y por tanto perfectamente en armonía con el orden cósmico, pero si interrogáramos a los ratones acaso no responderían que esta armonía la encuentran excesivamente desafinada." (Malatesta, 2015; 15)

Malatesta está acertado cuando dice que la naturaleza, en este caso Gaia para Costa, no tiene finalidades humanas y está claro que la cooperación es una finalidad humana. También es interesante como Costa asume que la finalidad de la Tierra es la cooperación y Malatesta nos dice que esa cooperación es un hecho que la humanidad ha verificado desde, añadiríamos, el estudio científico y, por consiguiente, no está ahí dado por la naturaleza, sino que es una compresión o modelación científica. Costa, como postula Malatesta, obvia decir que Gaia también es cruel dentro de su cooperación y que todos los males, incluida la propia lucha entre animales, es parte de la armonía propia de la vida.

Pero si llevamos las argumentaciones a una postura más radical podríamos preguntarnos: si la especie humana está destruyendo la vida en el planeta ¿no debería Gaia, desde su consciencia y cooperación, eliminarnos para no terminar destruyéndola?, ¿no sería esa acción una forma de regular las condiciones que hacen posible la vida en la tierra? Y por último ¿por qué Costa no ve en la especie humana una forma de ser liberada de las naturalizaciones de Gaia? O preguntado de otra manera ¿por qué no incorpora a la especie humana dentro de la definición de Gaia y ve en la propia especie un *glitch* de la naturaleza?

Si seguimos ahondando en la aceptación de la hipótesis Gaia por parte del *capitalismo reinventado* observamos como Costa expone lo siguiente:

> *"La clave de un ecosistema estable es que los seres vivos que lo integran se adapten dinámicamente a unos límites y aprendan a cooperar entre ellos. Sin límites y sin cooperación, los ecosistemas no perduran. Sin cooperación, la vida en la Tierra no habría podido perdurar. […] En lugar de actuar como una parte de esa gran comunidad de vida que es el planeta, actuamos como si tuviéramos intereses en conflicto y ponemos en peligro la viabilidad de nuestra propia existencia. Creo que empezamos a saber de forma intuitiva, instintiva, que la Tierra no es una propiedad que pueda ser explotada sin límites y para el beneficio exclusivo de la humanidad. Nuestro conocimiento inconsciente lleva ya tiempo advirtiéndonoslo."* (Costa, 2020; 54-55)

Junto a la cooperación aparece aquí otra idea que ya se encontraba en citas anteriores, la de los límites. Pero tenemos que volver a enunciar una incongruencia en el pensamiento de Costa, anteriormente expuso lo siguiente al hablar del capitalismo y la economía global: *¿Significa eso que* *debemos imponer un límite al tamaño máximo de la economía global? No* (Costa, 2020; 121) Pero en esta cita argumenta en favor de los límites diciendo que cooperar dentro de unos límites es lo necesario para que la vida en la Tierra pueda prosperar. ¿Está diciendo que el *capitalismo reinventado* o el *multicapitalismo* ha de tener límites mientras defiende que el mercado global no puede tenerlos?, ¿no es está una de aquellas incongruencias inherentes al propio sistema capitalista? Si el capitalismo se basa en la maximización de beneficios y el mercado libre es imposible pensar que se ponga límites para no tener límites.

Pero otros matices que señalar. Para Costa los seres vivos han de aprender a cooperar y la pregunta es: si la cooperación es una construcción propia del ámbito humano, ¿qué sabrán el resto de los animales no-humanos de cooperación?, recurriendo al ejemplo de Malatesta ¿qué un gato se coma a un ratón es cooperación?

La crítica de Fraser: el capitalismo caníbal

Una autora que nos permite argumentar en contraposición a las ideas del *capitalismo reinventado* y verde es Nancy Fraser, la filósofa estadounidense que acuñó el concepto de «*capitalismo caníbal*» (2023) en su obra del mismo nombre. Recurrir a esta autora es muy interesante, si bien mucho del discurso neoliberal actual es que el cambio climático siempre ha existido, cosa que es verdad, Nancy Fraser da la clave para entender las diferencias entre lo que ocurría antes y lo que está ocurriendo ahora:

> "*Comienzo por anticiparme a un posible equívoco. Decir que el capitalismo es el motor no accidental del cambio climático no implica decir que las crisis ecológicas ocurren solo en las sociedades capitalistas. Por el contrario, muchas sociedades precapitalistas perecieron como resultado de encrucijadas ambientales, incluidas algunas que provocaron ellas mismas, como cuando –como resultado de la deforestación o la falta de rotación en los cultivos– antiguos imperios arruinaron las tierras agrícolas de las cuales dependían.*" (Fraser, 2023; 132)

Fraser, anticipándose como ella bien dice, pone sobre la mesa la asimilación de la existencia del cambio climático y crisis ecológicas causadas por la propia humanidad en sociedades precapitalistas. En este sentido diríamos que el cambio climático forma parte de esa armonía de la que Malatesta hablaba, pero eso no implica decir que al cambio climático no se lo pueda interpretar, en la actualidad, desde un componente ecopolítico. En citas anteriores extraídas del libro de Rebecca Henderson *Reinventando el capitalismo en un mundo en conflicto* (2021) vimos como ella misma exponía ejemplos donde lobbys empresariales construían relatos e invertían millones para desacreditar el cambio climático. Mirar el cambio climático hoy desde una ecopolítica es necesario dado que el capitalismo es consciente del impacto que ha tenido en el entorno y aun así no ha hecho nada para evitarlo.

Frase comenta también:

> *"Más que una relación con el trabajo, el capital también entraña una relación con la naturaleza: una relación caníbal, el fin de acumular cada vez más «valor» mientras niega las «externalidades» ecológicas. (…) La economía capitalista, con su programación sistémica para beneficiarse parasitariamente de una naturaleza que no puede reponerse a sí misma en forma limitada, se ve a cada instante al borde de la desestabilización de sus propias condiciones ecológicas de posibilidad."* (Fraser, 2023; 236)

La economía capitalista que, como hemos visto, busca dotar de un nuevo valor, aunque económico, a la naturaleza, está programada para que sus lógicas mercantiles no renuncien a la *«depredación industrial»*.

Todo ha de estar subyugado a la lógica del libre mercado, pero, aunque los y las teóricas del capitalismo reinventado busquen una manera sostenible de explotar los ecosistemas en el largo plazo, no piensan en la restauración de los ecosistemas ni en lógicas productivas no basadas en la *«depredación industrial»* a gran escala.

Equipos, cooperación y cultivo de la cualidad humana y cualidad humana profunda

El *capitalismo reinventado* o el *multicapitalismo* ve en la cooperación intrínseca a la naturaleza una nueva forma de organizarse aplicable en las empresas desde los individuos, o dicho de otra manera, la idea de cooperación capitalista es una actualización y resignificación del antiguo e industrial pacto entre individuos.

Una vez más vemos como el capitalismo no se reinventa, sino que se redefine, toma sus postulados clásicos y los dota de un nuevo discurso al que incorpora el *mindfulness*, el yoga o la práctica de la atención plena para que sus trabajadores/as estén felices aguantando las cadenas del capitalismo.

Es Rebeca Henderson quien en su libro *Reinventado el capitalismo en un mundo en conflicto* (2020) expone un claro ejemplo de la introducción de estas prácticas en una empresa de salud privada. Esta autora explica la historia de Mark Bertolini, un CEO de una empresa de seguros médicos llamada Aetna quien después de un accidente empezó a practicar yoga como ejercicio de rehabilitación, de ahí pasó a leer *Upanishads* y el texto hindú del *Bhagavad Gita* y hacer retiros espirituales.

Después de su recuperación Mark instauró en el centro de Aetna centros de yoga y *mindfulness* pero no por cuestiones de comprensión de la interdependencia sino:

> *"Con el razonamiento de que sería más probable que los empleados de Aetna se comprometieran con la salud de los miembros si se cuidara su propia salud, Mark había introducido clases de yoga y meditación en Aetna. Con el tiempo, cada oficina de Aetna de más de dos mil empleados tenía un centro de cuidados intensivos, un gimnasio, un centro de fitness, un centro de mindfulness y una farmacia."* (Henderson, 2021; 105)

El motivo que movió a Mark a implantar todas estas prácticas orientales no era buscar un sentir colectivo de interdependencia, sino que recurre a la autoayuda para que, desde la salud individual se comprenda mejor la salud colectiva, pero claro, solo para aquellas oficinas que cuentan con más de dos mil empleados.

Pero aún hay otro motivo por el cual Mark quiso implementar estás prácticas:

> *"Los equipos que comparten objetivos comunes y que están compuestos por individuos que son verdaderamente auténticos, fundamentalmente pro-sociales e intrínsecamente motivados descubren que es más fácil comunicarse y alinear sus actividades, confiar entre sí y crear sentido de seguridad psicológica, todos los atributos que impulsan un alto rendimiento y capacidad de asumir riesgos y aprender unos de otros."* (Henderson, 2021, 105)

En esta cita surgen algunos conceptos que hay que explicar para así comprender mejor la instrumentalización del *cultivo de la cualidad humana y la cualidad humana profunda*. Para Henderson ser *«verdaderamente auténtico»* es ser personas *«pro-sociales»*, es decir, personas *«que tengan una inclinación temperamental en confiar en los demás y disfrutar trabajando con ellos»* (Henderson, 2021; 104-105). Esta actitud pro-social, junto al objetivo común, en este caso, la comprensión de la importancia de la salud colectiva desde el auto-cuidado, hará que surja una seguridad psicológica que garantice una buena cooperación entre individuos, así como un buen rendimiento laboral.

El bienestar individual como motor del bienestar colectivo. Resignificando el viejo pacto entre individuos diríamos que los individuos ya no solo han de pactar entre ellos, sino que han de ser pro-sociales y compartir un objetivo común para que la sociedad, en este caso la empresa, sea más rentable.

En esta propuesta no hay una crítica a como el capitalismo ha cimentado el individualismo hasta tal extremo que incluso las prácticas del *mindfulness* se basan el fortalecimiento de un ego individual. Se instrumentalizan estas prácticas para reforzar el ego en vez de silenciarlo desde la comprensión de que todos somos *dimensión absoluta*. El *cultivo de la cualidad humana y cualidad humana profunda* en un entorno laboral no busca la construcción de egos felices, sino la comprensión y sentir de que únicamente desde el cultivo de la interdependencia podrán construirse equipos en interdependencia, pues para lograr el objetivo común o compartido no hay que hacerlo desde la suma de individualidades estructuradas desde el egoísmo, sino desde individualidades y colectivos o equipos estructurados desde la programación simbiótica de la interdependencia, es decir, desde la correspondencia entre la necesidad de trabajar en equipos de interdependencia en un *proyecto axiológico colectivo* que implica la interdependencia de diferentes conocimientos y la necesidad programar la simbiosis humana que, a su vez, no es únicamente entre individuos y colectivos, sino con todos los ecosistemas.

Pero la forma más radical en la que estas prácticas orientales son instrumentalizadas recae en el beneficio económico. Según explica Henderson:

> *"Mark describió la nueva estrategia como la parte del consumidor de la revolución de la asistencia sanitara. En esencia se trataba de una tesis clásica del valor compartido: la convicción de que si Aetna podía asociarse con sus miembros para mejorar su salud, no solo los miembros estarían mucho más sanos, sino que los costes de Aetna disminuirían y Aetna desarrollaría una empresa próspera, rentable y altamente diferenciada."* (Henderson, 2021; 103)

Aunque nos parezca un buen propósito el mejorar la salud psíquica de los miembros de esta empresa, la razón principal de Aetna para implantar estas prácticas es ahorrar costes. La salud mental o los problemas derivados del capitalismo les cuesta dinero a las empresas y, para ahorrar costes y seguir produciendo dentro de este *capitalismo reinventado* o *multicapitalismo* es ofrecer a sus empleados una salida paliativa al malestar generado por el capitalismo.

Y aquí es donde volvemos a la cuestión de la rentabilidad económica de la felicidad. Si las clases trabajadoras están o parecen felices e interiorizan que la empresa se preocupa por ellos, nunca se abordaran los problemas estructurales y sistémicos del propio capitalismo. Mientras que el capitalismo siga estructurándolo todo desde el individualismo, la responsabilidad siempre será individual y la culpa recaerá en la incapacidad de no ser más «pro-sociales» en un sistema basado en la competitividad entre individuos y grupos.

La competitividad y la cooperación sí pueden establecer una ligazón, pues aquellas personas que sean más competitivas podrán cooperar para llegar más lejos dentro de un mercado que les obliga a competir contra otros equipos. En cambio, la interdependencia, entendida desde el *cultivo de la cualidad humana y cualidad humana profunda*, no puede ligarse a la competitividad propia del darwinismo social impulsado por el capitalismo. La interdependencia implica, desde la comprensión de que somos *dimensión absoluta*, una actitud de ayuda mutua, de bienestar colectivo, de solidaridad desinteresada, de comunicación plena entre individuos y equipos, una actitud donde la identidad del equipo no está construida por egos independientes, sino por una red de subjetividades en interdependencia.

Vemos como Henderson argumenta la necesidad de la cooperación a partir de la introducción de prácticas meditativas que repercutan en un bienestar de las personas, unas prácticas que son instrumentalizadas para hacer que el capitalismo se más humano, más responsable, más consciente, pero sin dejar de ser el mismo capitalismo de siempre. Esta mala introducción del *cultivo de la cualidad humana y cualidad humana profunda* simplemente sirve para parchear las fallas sistémicas del capitalismo sin desmontar los fundamentos básicos del sistema: el individualismo, el egoísmo, la competitividad y el mercado libre neoliberal; tampoco serviría para derrocar el llamado «*capitalismo de compinches*» pues ahora podrá ser sustituido por un «capitalismo de individuos pro-sociales» y lo que es peor aún, se apropian del cooperativismo ya existente y que actúa como una forma alternativa al tejido empresarial.

Bibliografía

Costa J. (2020): *Multicapitalismo. Por un capitalismo que nos ayude a crear empleo, proteger el clima y frenar la desigualdad.* Editorial Deusto.

Fraser, N. (2023): *Capitalismo caníbal.* Siglo XXI Editores

Henderson, R. (2021): *Reinventar el capitalismo en un mundo en conflicto.* Profit Editorial

Malatesta, E. (2015): El individualismo en el anarquismo publicado en *Nueva humanidad: escritos para la difusión del anarquismo.* Editorial Antorcha

Norberg, J. (2024): *El manifiesto capitalista. ¿Por qué el libre mercado salvará el mundo?* Editorial Deusto

Negri, A. (2017): Reflexiones sobre el manifiesto por una política aceleracionista. Publicado en *Aceleracionismos.* Caja Negra Editorial.

Weiner, N. (1950): *Cibernética y Sociedad.* Editorial Sudamericana

Las incoherencias de las sociedades en 2025

Marià Corbí[1]

Si atendemos a los rasgos de las sociedades de conocimiento y los principios de interpretación y valoración con los que están regidos, podemos advertir, con claridad, una radical incoherencia entre unos y otros.

Veamos primero los rasgos de las sociedades de conocimiento, que ya nos han invadido, sin marcha atrás, aunque todavía se mantengan no pocos elementos de las sociedades preindustriales e industriales en nuestros modos de vida.

Llamamos sociedades de conocimiento (SC) a los grupos sociales que están cambiando nuestra manera de sobrevivir en la tierra. La principal modificación que han introducido es vivir de la continua innovación en ciencias y tecnologías, que posibilita una creación continuada de nuevos productos y servicios.

Una vez introducida esta forma de sobrevivir, no tienen posible marcha atrás. Somos seres necesitados y lo que nos ayude y favorezca para obtener la satisfacción de esas necesidades es adoptado sin dudar.

Las ciencias y técnicas crecen de forma continua y acelerada. Las ciencias ayudan y empujan a crear más ciencia y más tecnología. El crecimiento de las ciencias y las posibilidades que crean por sus interacciones es exponencial. Y si abren posibilidad a la creación de nuevos productos y servicios, esas posibilidades indudablemente se convertirán en realidad. Nuestros deseos no tienen límites, y tenemos comprobado que lo que se puede hacer con

---

1   Doctor en Filosofía, licenciado y Teología. Ha sido profesor del Departamento de Ciencias Sociales de ESADE y de la Fundación Vidal i Barraquer. Actualmente director de CETR, con numerosa obra publicada..

esos nuevos saberes y posibilidades, de una forma u otra, tarde o temprano, se hace, aunque sea para nuestro mal.

Otro rasgo lógico de las sociedades de conocimiento (SC) es que con sus continuas innovaciones y creaciones alteran de forma continuada y acelerada las formas de pensar la realidad, las formas de sentir de los colectivos y los individuos, las formas de organizarse y todas las dimensiones de la vida colectiva.

Como consecuencia de este segundo rasgo es que son sociedades que deben estar dispuestas a cambiar todas las formas de vivir de manera continuada y cada vez más radicalmente. Supuesta esta necesidad de cambio, de la que no hay marcha atrás, no se pueden seguir los patrones de vida de nuestros mayores.

Estas sociedades no pueden aceptar creencias, porque las creencias eran creaciones de interpretación y valoración colectiva fueron adecuadas y necesarias a las sociedades preindustriales. Eran sociedades estáticas, puesto que vivían durante larguísimos espacios de tiempo sobreviviendo fundamentalmente de la misma forma, aceptaban así, solo las modificaciones que no alteraran los principios de interpretación y valoración fundamentales.

Debían fijar los principios fundamentales de su forma de vida, para que no se alteraran, porque se habían verificado como capaces de asegurar la supervivencia de los grupos humanos. La forma de fijarlos y prestigiarlos era mantener la creencia de que esos principios fundamentales procedían de los antepasados sagrados o de los dioses.

Las sociedades preindustriales eran creyentes y religiosas, porque pretendían no alterar esos modos de vida. La creación de las religiones fue una creación genial de nuestros antepasados para no alterar lo que se había verificado como acertado y, además, cultivar la dimensión absoluta (DA) de la realidad. Mediante las religiones, mantenían a los colectivos creyentes y sometidos a unos principios de interpretación y valoración intocables, que se mostraron eficaces y tenían el prestigio de su procedencia sagrada.

Esta forma de concretarse los principios de interpretación y valoración de la realidad tenía, sin embargo, un inconveniente grave: enfrentaba unas religiones con otras, unos proyectos de vida colectiva con otros proyectos de vida colectiva que fueran diferentes. Todas las religiones y todos los proyectos de vida colectiva tenían la pretensión de haber sido revelados y recibidos del ámbito de lo sagrado. Los enfrentamientos eran siempre potencialmente muy agresivos y destructivos, porque, en el fondo, eran enfrentamientos sagrados.

Este problema podía vivirse sin grandes catástrofes, porque los pueblos vivían normalmente separados unos de otros.

Podemos afirmar que todas las sociedades preindustriales fueron sociedades que se interpretaron y vivieron como estáticas y que, consecuentemente, fueron creyentes y religiosas.

Cuando en el seno de estas sociedades apareció la industria, continuó interpretándose de la misma manera, no alteró los principios de interpretación y valoración hasta que, poco a poco, alteró la manera de sobrevivir. Cuando ocurrió esto, sustituyeron las religiones por las ideologías, que eran una forma laica de mantener los mismos principios de interpretación y valoración, pero sin atribuirlos a los dioses o a los antepasados sagrados, sino a la naturaleza misma de las cosas.

Las sociedades preindustriales mantuvieron sus principios de interpretación y valoración porque eran revelación sagrada; las sociedades industriales mantuvieron esos mismos principios porque así era la naturaleza de las cosas. La naturaleza de las cosas es tan intocable como la revelación.

Mientras la industria vivió en una sociedad mayoritariamente preindustrial, los principios de interpretación y valoración se mantuvieron los mismos. Fue una buena solución, aunque el origen de esos principios fuera diferente: sagrado e intocable, los unos, o propio de la naturaleza de las cosas e intocable, los otros.

Las sociedades de conocimiento (SC) han venido para romper este acuerdo y para mostrar que hay que buscar unos nuevos principios de interpretación y valoración, que sean adecuados a sociedades de innovación y cambio continuo, continuamente acelerado.

Estos nuevos principios tendrán que proporcionar una base de reflexión y de vida, que se presente explícitamente sin creencias y sin religiones, para no ofrecer obstáculos a su dinamismo acelerado y continuo.

Supuesto que nuestra base ha de ser sin creencias, no podemos partir de una interpretación y valoración de la condición humana que se apoye en la idea que somos un compuesto de cuerpo y espíritu. La idea de espíritu es una creencia religiosa o una creencia filosófica. No podemos partir de esa base antropológica, porque no podemos partir de creencias.

El arranque de nuestra reflexión y de nuestra vida, a de partir de nuestra condición animales, reconociendo que nuestra diferencia específica es nuestra condición de animales provistos de competencia lingüística, animales constituidos, como tales, por su condición de hablantes.

Esa va a tener que ser la base de nuestra vida en las sociedades de conocimiento (SC) y la base de nuestra reflexión para construir unos nuevos principios de interpretación y valoración (PIV).

Ya podemos formular el primer principio de interpretación y valoración para las SC: *la antropología tendrá que ser sin creencias y reconociendo explícitamente nuestra condición animal, con nuestra diferencia específica, ser animales, constituidos como tales, por nuestra condición lingüística.*

Es un primer principio que se formula sin revelación, sin creencias y sin espíritu.

La primera conclusión de este principio es que nuestro conocimiento de la realidad es la propia de la modelación animal. Todo viviente, sin excepción, modela la realidad que le envuelve y su propia realidad, a la medida de sus necesidades para poder satisfacerlas y sobrevivir. No hay excepción a esta regla, y a nosotros nos afecta plenamente.

La consecuencia es que todo lo que damos por realidad está modelado por nuestras necesidades para sobrevivir. La modelación, según la ley de todos los vivientes, es según el modo de sobrevivencia que se tenga. Eso significa que, como los humanos podemos cambiar nuestra manera de sobrevivir, por nuestra condición lingüística, tendremos que cambiar la modelación de toda la realidad, cada vez que cambiemos nuestra forma de sobrevivir. Con la entrada de las SC estamos cambiando nuestra forma de sobrevivir, como vivientes, en el planeta.

Eso significa que los principios de interpretación y valoración (PIV), es decir, toda nuestra interpretación y valoración de la realidad y de nosotros mismos, han de cambiar y que, consecuentemente, los principios de interpretación y valoración (PIV) de las culturas humanas son relativos a los modos de sobrevivencia en el medio, que supongan una verdadera transformación. Sin duda alguna, el tránsito de las culturas preindustriales y las industriales a las SC, es un tránsito radical de ese tipo.

Otra consecuencia evidente de este primer principio de interpretación y valoración es que nuestras formulaciones de conocimiento no son capaces de describir la realidad como es, porque solo puede modelarla a su medida. Por consiguiente, la EM es imposible en las SC. Estamos encerrados en un mundo de modelaciones, del que no podemos salir.

Esto nos lleva a la formulación de segundo principio de interpretación y valoración:

En las sociedades de conocimiento (SC), la epistemología mítica es imposible.

En sociedades que cambian continua y aceleradamente son imposibles las creencias, porque fijarían lo que tiene que estar en continuo y acelerado movimiento. Sería perjudicial y dañino pensar que los conocimientos describen la realidad como es y no reconocer que son simples modelaciones animales en una forma concreta de sobrevivir. Esa forma de epistemología daría fundamento al enfrentamiento entre diversas modelaciones. Cada modelación diferente en las sociedades preindustriales se consideraría con garantías de revelación de sus antepasados sagrados y garantizada por nuestra condición espiritual.

Las modelaciones animales, sin posibilidad de una interpretación desde la EM, nos llevan lógicamente a formular el tercer principio de interpretación y valoración que nos fuerza a una *nueva ontología.*

La ontología del pasado se basaba en la consideración del ser de lo existente, que como tal tenía que ser individualidad, el ser en su individualidad existente. La nueva ontología exige una nueva consideración: el ser en su interdependencia. En la realidad todo son interdependencias. Todo depende de todo. La nueva ontología tendrá que ser una ontología de la interdependencia. Los miembros de los equipos entre sí, los equipos entre sí, los países, los vivientes y el medio en que viven, etc. una interdependencia generalizada.

Ya podemos formular el tercer principio de interpretación y valoración:

Todo es interdependencias. La interdependencia es generalizada. Todo depende de todo.

Podemos advertir la coherencia de los tres principios:

—condición animal, consiguientemente, modelación del mundo a la medida de la condición animal,

—si todo son inevitablemente modelaciones animales, la EM es imposible,

—si la modelación y el medio modelado son interdependientes rigurosamente y cambian aceleradamente, la otología debe tratar las realidades en sus interdependencias, como sistemas generales de interdependencia.

Todo posibilita un funcionamiento dinámico y excluye la fijación.

En las sociedades preindustriales y en las sociedades industriales que convivieron con ellas, todo tenía que estar al servicio de no arriesgarse en el movimiento, sin alterar lo que se había verificado como capaz de hacer funcionar correctamente la sobrevivencia colectiva.

La antropología tenía que ser fijadora concibiendo al humano como un compuesto de cuerpo-espíritu y para las sociedades industriales como un compuesto de cuerpo/espíritu, pero en su versión laica: un compuesto de cuerpo/razón.

Nada fija tanto como un espíritu, o como una razón, que con sus conocimientos describe la realidad. Este sería el primer principio de interpretación y valoración.

La antropología de cuerpo/espíritu exige una epistemología mítica (EM) que tiene la pretensión de describir la realidad como verdaderamente es.

Este sería el segundo principio de interpretación y valoración.

La ontología debe plantearse para estudiar los seres existentes como individualidades que entran en relaciones, pero siempre como individualidades existentes. Estudia el ser y los entes y así da fundamentación al principio de interpretación primero y segundo de las sociedades estáticas.

Veamos las consecuencias de vivir las sociedades de conocimiento (SC) desde los *principios de interpretación y valoración* (PIV) propios de las sociedades preindustriales e industriales, consideradas y vividas como estáticas.

Se separan los principios de interpretación y valoración (PIV), de la marcha del crecimiento de las sociedades de conocimiento (SC). Pretenden fijar lo que no tiene más remedio, que moverse. Imponen los principios de las sociedades anteriores estáticas a las nuevas sociedades dinámicas. Eso permite fijar la ideología liberal-capitalista, en las sociedades de innovación continua.

Tendremos el resultado siguiente: sociedades de cambios científico-tecnológicos rapidísimos y en crecimiento acelerado, gestionadas por los principios de interpretación y valoración (PIV) propios de las sociedades estáticas. Eso posibilita que la ideología liberal-capitalista continúe gobernando las sociedades de conocimiento (SC).

Separan a la SC, de lo que serían sus principios adecuados de interpretación y valoración (PIV), para continuar el crecimiento rápido de TC, para explotar más eficientemente la naturaleza y los diferentes grupos humanos.

Con esta incoherente separación, dejan el crecimiento exponencial de ciencias y tecnologías en manos de las mismas ciencias y tecnologías, que se regirán por su propia lógica de desarrollo, sin tomar en consideración ningún principio axiológico, que tenga en cuenta la salud del medio y los intereses de los colectivos humanos.

Las ciencias y las técnicas están funcionando sin dirección axiológica humana, únicamente controladas por la fría lógica científica y por los intereses de los grupos humanos que se benefician de este proceso incoherente y desequilibrado.

Dejar la sociedades de conocimiento (SC) en manos de la ideología liberal-capitalista, convierte a la ideología en descripción de la realidad intocable, y permite que la jerarquía, en manos de unos pocos, controle la totalidad del sistema de sobrevivencia, en favor de ese grupo cada vez más reducido.

El crecimiento acelerado de las tecnociencias y de sus consecuencias, controlado por las mismas tecnociencias, leídas como interpretación de la realidad, las prestigia para que continúen gestionando la marcha de la cultura humana.

El imperio de la EM fija la ideología, y permite mantenerla estable en la gerencia de la marcha del crecimiento de los saberes y las tecnologías.

Si se fija la *ideología*, se mantiene en vida una *ontología del ser*, hija de la creencia en el espíritu, como base de la individualidad, lejana de la interdependencia generalizada de las individualidades de las SC. Esa ontología ejercerá como fundamento del tratamiento inadecuado de las SC desde los PIV (principios de interpretación y valoración) propios de las sociedades jerarquizadas y estáticas.

Si se mantiene la *ontología* basada en el ser del individuo concreto, se fundamenta la concepción de la *antropológica* como compuesto de cuerpo/ espíritu, con ello se fija la *ideología* jerárquica y de sumisión, como capaz de resistir y gestionar los cambios y, de hecho, resulta y se acepta, que en las sociedades dinámicas, las transformaciones aceleradas en los modos de vida se queden sin dirección axiológica.

Mientras se den la *ontología estática, una antropología de cuerpo/espíritu y una epistemología mítica*, serán inevitables los *conflictos* entre religiones, entre principios de interpretación y valoración de la realidad (PIV), entre proyectos de vida colectiva (PAC). Conflictos que necesariamente serán duros porque todos ellos se interpretan y viven como interpretaciones verdaderas de la realidad, como herencia sagrada revelada por los antepasados sagrados y los dioses.

En una cultura de innovaciones científicas y tecnológicas, sin control axiológico y dejadas en las manos de esas mismas innovaciones, lo que se puede hacer se hará, tarde o temprano. Las tecnociencias no son axiológicas y se rigen, dejadas a ellas mismas, por la lógica científica del desarrollo. Ese es un peligro muy grande para la vida en este planeta.

Por otra parte, las capacidades de las tecnociencias, en desarrollo exponencial, quedarían a disposición de la ideología de explotación, de la ideología liberal-capitalista, para la explotación de la naturaleza toda, de la tierra, de la vida y de los grupos humanos que no dispongan de ese saber científico-técnico. Un control sin contrapeso.

Con todo esto que está ocurriendo, ¡qué riesgo más terrible está sufriendo la especie humana! Nosotros mismos hemos desencadenado el genio de las tecnociencias, no podremos volverlo a la lámpara y tampoco sabemos controlarlo cuando ya está suelto.

El supuesto más razonable es que nos va a dominar él a nosotros.

El crecimiento exponencial de las TC es demasiado rápido. Nos queda poco tiempo para saber y aprender a gestionar al genio. Lo que es seguro es que no podemos continuar así.

Podemos expresar la situación en que nos encontramos con unas pocas contraposiciones:

—Sostener que las realidades, las religiones, las narraciones fundamentadoras, los principios de interpretación y valoración (PIV), los proyectos de vida colectiva (PACs) tienen un valor intocable,
—esta actitud fundamenta conflictos graves,
—la religión es cuestión de creencias y tiende a vivirse como una cuestión privada.

—Frente a sostener que todo son modelaciones de un animal, deben modificarse cuando se cambia de manera importante la forma de sobrevivir. No hay nada intocable.
—No hay ningún tipo de fundamento para conflictos graves.
—Las religiones no son cuestión de creencias, sino de experiencias.

Las sociedades de conocimiento (SC) gerenciadas con la ideología capitalista
    —es gravemente incoherente,
    —es muy dañino para la vida y para nuestra especie,
    —deja al crecimiento exponencial de TC sin gestión axiológica,
    —nos llevará en un tiempo escaso a la ruina.

¿Cómo llamar a la corrección de esta incoherencia sumamente peligrosa?

En una sociedad necesariamente sin creencias, lo mejor sería conseguir que las gentes presten atención a datos claros e indiscutibles.

Las personas de las SC no tienen creencias, y no creen con convencimiento la idea de un humano como un compuesto de cuerpo y espíritu. Eso supuesto, será fácil hacerles caer en la cuenta de que somos animales, como el resto de vivientes. No será difícil hacerles entender también que la lengua humana es una creación biológica y que esa es nuestra diferencia específica. La lengua nos constituye como una especie animal. La lengua no es una creación cultural, sino que todas las creaciones culturales parten de ella, es una creación biológica.

Supuesto que tengan que aceptar que somos animales hablantes, no resultará complicado convencerles de que todos los animales modelan su mundo según sus necesidades, por consiguiente, también nosotros lo hacemos.

Si el mundo de nuestra modelación, lo que dicen las palabras de las cosas, no son lo que ellas son, sino nuestra modelación, no son capaces de describir las realidades, es imposible una verdadera epistemología mítica.

Si modelamos las realidades con nuestro hablar, *con ese mismo acto* distinguimos dos dimensiones en la realidad: una que es el fruto de nuestras modelaciones, y otra que es el trasfondo que modelamos. Experimentamos la doble dimensión (2D) en toda realidad, también en nosotros mismos.

—Somos animales hablantes,
—modelamos, como todos los vivientes, según nuestra necesidad,
—las necesidades se concretan según los modos de sobrevivir,
—tenemos la experiencia de una doble dimensión de todo lo real,
—no es posible disponer de una verdadera epistemología mítica (EM).
—con la experiencia de modelación y la experiencia de la imposibilidad de la EM,
—no se justifican conflictos entre modelaciones, principios de interpretación y valoración (PIV), proyectos de vida colectiva (PACs) o religiones.

Conclusión:

—Las sociedades de conocimiento (SC) gestionadas por los principios de interpretación y valoración (PIV) de sociedades agrarias o industriales son una incoherencia y un peligro grave para la especie humana y para la vida en general.

—Las sociedades de conocimiento (SC) deben ser gestionadas por los principios de interpretación y valoración (PIV) correspondientes a las sociedades de innovación y cambio continuo exponencialmente acelerados. Eso es lo coherente y lo adecuado.

—La forma de salir de la incoherencia peligrosa de aplicar a las SC los PIV propios de las sociedades preindustriales-industriales es llevarles a los hechos y las consecuencias que comportan nuestra condición de animales constituidos por la lengua.

Estos son los hechos:

—Somos animales, cuya diferencia específica es ser hablantes.

—Modelamos a la medida de las necesidades toda realidad, incluso la nuestra.

—No es posible una interpretación de nuestros conocimientos desde la epistemología mítica.

—Tenemos doble acceso en todas las realidades de nuestras modelaciones.

—Nuestros accesos son: uno relativo a nuestras necesidades, otro absoluto, no relativo a nada.

—La dimensión absoluta es una experiencia, también sensitiva.

Esos son los hechos de los que debemos partir.

La tecnología una intermediación desaxiologizante

Marta Granés[1]

Objetivo de este estudio

Partimos de las siguientes premisas:

a. Como animales que somos, nuestro medio cualitativo por excelencia es la naturaleza. Durante milenios hemos vivido únicamente en y de ella, y nuestros perceptores están en concordancia con ella: la perciben como el lugar en el que vivir, alimentarse, defenderse, etc. Nuestro aparato sensitivo se ha forjado para sentir la naturaleza.

Tomamos la naturaleza como el lugar primario de percepción sensitiva, como el entorno axiológico por excelencia.

b. Constatamos que clara y extendidamente las generaciones jóvenes (y no tan jóvenes) viven de espaldas a la cuestión de la cualidad humana (CH) o espiritualidad entendidas como algo importante, necesario, como algo polarizante en sus vidas.

c. En las últimas décadas se ha producido una implantación y uso extensivo de la tecnología en las vidas de todos pero especialmente en estas generaciones.

---

1   Es doctora en Ciencias de la Religión (UCM), Máster en Humanidades (UPF), licenciada en Estudios de Asia Oriental (UOC), ingeniera técnica agrícola (UPC). Investigadora del CETR.

La tecnología es una interfaz entre los sujetos y su mundo, una interfaz construida a partir de la ciencia.

d. Tanto ciencia como tecnología se construyen con metalenguaje abstracto, es decir abstrayendo lo cualitativo en su hablar de lo que nos rodea.

e. La cualidad humana o espiritualidad pertenecen al ámbito de lo cualitativo para los humanos.

Entonces, desde ahí, nos preguntamos por la relación entre la implementación masiva de la tecnología y la ciencia en la vida de las generaciones jóvenes y su alejamiento del interés connatural de nuestra especie por la naturaleza y la repercusión sobre el cultivo de la cualidad humana (CH), en definitiva, nos preguntamos si la implementación masiva de la tecnología afecta su sentir la realidad.

Porque si como afirma Corbí la vía de cultivo de la cualidad humana (CH) en nuestras sociedades actuales, que no pueden mantener ni religión ni creencias, tiene que pasar por volverse a las cosas para que escuchando lo que nos dicen, podamos cultivar la cualidad humana (CH); si solo experimentado y sintiendo la enorme diversidad y la inmensidad de la vida y de los cielos podremos encontrar fundamento para la cualidad humana (CH) y la cualidad humana profunda (CHP) , entonces necesitamos un acceso sensitivo a lo que nos rodea que no gire entorno a nosotros. (EA11 en preparación)

Nos preguntamos cómo podremos volvernos sensitivamente a las cosas si en esa relación intermedia la ciencia y la tecnología que elimina los elementos cualitativos de los objetos sobre los que opera desaxiologizándolos.

Y si somos animales y como tales nuestra relación con el medio es cualitativa-sensitiva-estimulativa, ¿qué pasa si esa estimulación sensitiva resulta disminuida por el uso de la tecnología? ¿Qué consecuencias tendría sobre todo en el cultivo de la cualidad humana (CH)?

En este trabajo intentamos dar respuesta a estas cuestiones.

La cualidad humana, la doble dimensión y lo cualitativo-sensitivo

Afirma la epistemología axiológica (EA) que por el habla la realidad para nosotros se desdobla, por un lado en lo que las cosas son para nosotros que viene vehiculado por las conceptualizaciones es decir por las palabras; y por el otro captamos que la realidad es independiente de cómo es para nosotros, que va más allá de toda conceptualización nuestra.

La realidad captada mediante palabras nos permite sobrevivir y organizarnos colectivamente, es lo que la epistemología axiológica denomina dimensión relativa a nosotros (DR); y a esa dimensión de la realidad desligada de nuestras conceptualizaciones la denomina dimensión absoluta (DA) entendida como suelta de nosotros. Esa dimensión absoluta desligada de palabras es percibida como un dato puramente cualitativo al que, por necesidad, acabamos dándole configuración aunque él mismo es pura cualidad.

Es precisamente esa captación cualitativa de la realidad desligada de palabras la que nos mantiene libres y creativos a diferencia del resto de animales. Por ello a la doble captación de dimensión relativa (DR) y de dimensión absoluta (DA) en la realidad es a lo que se llama cualidad humana.

Si la dimensión absoluta (DA) es dato desligado de toda conceptualización, será que es puramente cualitativo entonces, resulta entonces evidente que una relación cualitativa con lo que nos rodea abre la puerta a su captación. Aparece pues la pregunta de si vivir mediatizados por las abstractas ciencia y tecnología, como ocurre ya actualmente, tiene repercusión en la captación de la dimensión absoluta (DA).

Somos animales y como tales tenemos imprescindiblemente una relación cualitativa, de estímulo-respuesta con el medio que nos rodea, y como cualitativo que es para nosotros, nos proporciona continuamente experiencias sensitivas mediante las cuales nos constituye como individualidades frente a él. Necesariamente esto sigue siendo así hoy en nosotros. Pero que el medio resulte plenamente cualitativo para un animal implica percibirlo como grande, indómito, no gestionado por nadie, autoorganizado, en relación íntima con él.

Lo cualitativo-sensitivo del medio para nosotros, como animales que somos, supone una experiencia íntima y carnal capaz de desencadenar respuestas. Lo cualitativo-sensitivo nos mantiene en relación con el medio, nos hace partícipe del orden biológico, y a la vez nos aporta de manera directa el dato de la doble dimensión .

Entonces que la naturaleza se degrade tiene consecuencias: se degrada nuestra relación con ella y consecuentemente se degrada la estimulación que ella debería suponer para nosotros con lo que además de quedar reducidos sensitivamente, también se reduce la recepción del dato de la doble dimensión (2D).

Es necesario ser conscientes de que, a menos contacto con la naturaleza, y a menor cualidad sensitiva de ese contacto porque ha perdido su estado silvestre, se genera menor estimulación sensitiva. Y esta genera un empobrecimiento cualitativo-sensitivo en nosotros, lo cual implica menor captación de la doble dimensión (2D) que a su vez limita la noticia de la dimensión absoluta (DA) y todo junto conduce a una mayor despreocupación de la perdida de la naturaleza silvestre entrando así en un círculo que se retroalimenta.

Por todo ello es necesario para nuestra especie mantener una naturaleza silvestre que conlleve asombro, admiración y amor por ella para que de esta manera el nivel de lo cualitativo-estimulativo en la vida humana no decaiga. Reducir el contacto con lo sensitivo-estimulativo-cualitativo del medio reduce la profundidad de nuestro vivir puesto que reduce la sensitividad del medio dejándolo a medida humana, lo que reduce, a su vez, el asombro dejándonos encerrados en un mundo empequeñecido, dejándonos desconectados del resto de existires. Para un correcto vivir, nos es necesario intimar con lo que es rico cualitativamente y por tanto es estimulativo. Habrá que discernir en qué medida la intermediación de la tecnología[2] en nuestra relación con el medio interfiere en nuestro nivel cualitativo-estimulativo.

Como afirma el ecopsicólogo Andy Fisher, en nuestras relaciones con lo que nos rodea uno crea o descubre significados. En la sensación se da un intercambio, un encuentro, una transmisión con el mundo sin la cual no sería posible la vida ni la experiencia. Cada sensación supone una implicación de nuestro cuerpo, de nuestros sentidos. Es un conocimiento corporal primario que nos orienta en nuestra actuación y que nos aporta valoración del medio en el que estamos. La sensación nos pone en relación con el mundo aportando diferentes matices en esa relación con lo que nos rodea. Continúa afirmando que las condiciones de contacto con lo que nos rodea marcaran la riqueza de la realidad: si esas condiciones de

---

2   Doble dimensión de la realidad (doble dimensión (2D)) hace referencia al efecto que produce el habla en los humanos: al trasladar el significado de las cosas para nosotros a un significante (palabras, sememas que transporta los significados), desdobla la realidad en dos dimensiones: por un lado el significado de las cosas que viene vertido en el significante, que se genera desde la relación de sobrevivencia con ellas, es decir las cosas las comprendemos en relación a nosotros. Pero a la vez las realidades se muestran independientes de esos significados que les hemos dado, de ahí que las cosas se presentan con doble dimensión: la relativa y la suelta de nosotros o absoluta.

Disponemos ya de diversos tipos de tecnologías digitales relacionadas con la naturaleza: aplicaciones, juegos, pantallas interactivas, películas, documentales y programas de televisión, películas multidimensionales desde películas en 3D hasta películas en 7D. Que una película sea 3D, 4D, 5D, 6D o 7D depende del nivel de realismo. Durante las películas en 3D, se utilizan gafas 3D especiales que dan la ilusión de profundidad. Las películas en 4D también utilizan una silla móvil. Las películas 5D implican otros efectos físicos, como soplar viento y rociar agua. Las películas 6D y 7D son interactivas, lo que significa que la gente, por ejemplo, recibe una "pistola de interacción" que puede utilizarse para influir en la película. (Arredondo y otros, 2018, p.14).

contacto son mermadas, débiles o distorsionadas sufriremos una realidad disminuida y decadente (Fisher 65-66).

Fisher entiende que el contacto con nuestro entorno es en sí mismo uno de los grandes misterios del universo, como sugiere la variedad de metáforas utilizadas para describirlo. Para establecer un buen contacto, debemos relajar nuestros límites lo suficiente como para permitir que "entre" algo nuevo... dejamos que alguna realidad llegue a casa (Fisher 69).

Nos conocemos a nosotros mismos a través de nuestras relaciones con el entorno. Si esas relaciones son pobres, nuestro conocimiento tanto dentro como fuera de nosotros se verá empobrecido. Y como dice Fisher a falta de un contacto mejor, interpretamos distorsionadamente el mundo y mantenemos nuestras ilusiones respecto a él. Al identificarnos en gran medida con este reino de fantasía, gran parte de nuestra energía sólo va a parar allí, alejada de los sentidos e impidiendo otra manera de contacto con el mundo exterior. (Fisher 77)

Según Fisher algunos psicoterapeutas afirman que hemos entrado en la era de la "personalidad neuróticamente escindida", una era de "insensibilidad anodina", en la que el "yo interior de muchas personas enmudece y casi desaparece"; una era impregnada por una "sensación de pérdida, de añoranza de algo que no podemos nombrar, una sensación de estar descentrados, de echar algo de menos". Una era en el que las cosas vivas mueren para hacer crecer una cosa muerta. (Fisher 83).

Cuando experimentamos poco significado, profundidad, dimensionalidad en el mundo, entonces nosotros nos sentimos vacíos, aislados, sin hogar, sin un núcleo en el que apoyarnos, ante esta situación uno se desplaza a intentar ser alguien. En este sentido es apropiada la afirmación del antropólogo norteamericano Jules Henry "La vida en nuestra cultura es una huida de la nada" (Fisher 87).

La academia da por sentado que la exposición a entornos naturales o la contemplación de la naturaleza reduce los niveles de estrés[3] y contribuye a la restauración y recuperación de la fatiga mental[4]. Pero se ha querido comparar este efecto con el del contacto con la naturaleza virtual. Se han realizado numerosísimos estudios empíricos sobre experiencias con naturaleza virtual. Estos estudios sugieren que estas experiencias virtuales tienen beneficios evocando cualidades de restauración, reducción del estrés, intriga, asombro y hasta como capaces de generar sentimientos de conexión con la naturaleza. Algunos llegan a ver en las experiencias de naturaleza en realidad virtual (RV) que mantienen características de espiritualidad. Todo ello les lleva a afirmar que estos contactos resultan similares a las experiencias naturales en vivo.

Pero se ha comprobado, también empíricamente, que una disminución en las experiencias directas con la naturaleza puede tener efectos negativos en la salud de las personas ya que disminuyen los pensamientos, sentimientos y comportamientos positivos hacia la naturaleza los cuales son responsables de una mayor interacción social y mayor sentimiento de pertenencia. Estos estudios empíricos conducen a la conclusión que las experiencias directas con la naturaleza generan mayores niveles de conexión con la naturaleza que su experiencia en realidad virtual (RV) (Mayer et al., 2009; Sneed et al., 2021).

---

3   Se han realizado muchos estudios empíricos sobre las preferencias de las personas por visitar la naturaleza cuando se está estresado y/o cognitivamente fatigado respecto a muchos otros lugares, afirmando que se sienten más relajados y menos estresados cuando están en la naturaleza.
Algunos investigadores han descubierto que algunos entornos naturales son preferibles a otros. la mayoría de las personas prefieren entornos acuáticos (es decir, lagos, océanos, arroyos, etc.) sobre la naturaleza verde (es decir, parques, bosques, etc.). Algunos consideran que esa preferencia proviene de la supervivencia evolutiva en entornos naturales (Michaelis, 7)

4   Existen pocas teorías que describan los mecanismos por los cuales la naturaleza restaura, sin embargo, las dos más frecuentes la Teoría de la Restauración de la atención de Kaplan (1995) y la Teoría de la recuperación del estrés de Ulrich (1991). Ambas teorías se basan en la teoría evolutiva, según la cual la fisiología humana se desarrolló en la naturaleza y como tal puede procesar fácilmente el contenido natural, como en contraposición al contenido artificial que se encuentra en abundancia en las áreas urbanas. Aunque ambas teorías son similares en ese sentido, difieren en qué mecanismos son afectados por la naturaleza para provocar un efecto restaurador. (Chan y otros 2021, 2)

La dimensión absoluta (DA) es cualitativa

Si la dimensión absoluta es aquello que es vacío de todas las características propias de las modelaciones de los vivientes necesitados, entonces podemos preguntarnos si no teniendo forma puede ser experimentable. La respuesta es que, por efecto del habla, la dimensión absoluta (DA) solo aparece en el mundo de las modelaciones que necesitamos hacer para vivir, pero sin posible caracterización a riesgo de falsearla.

Así podemos afirmar que entre la dimensión absoluta y nuestras modelaciones no hay fronteras. Lo que son nuestras modelaciones, sensibles y perceptivas, eso es la dimensión absoluta. La dimensión absoluta se muestra siempre en nuestras modelaciones de animales necesitados. Por lo que el acceso doble a la realidad resulta ser la puerta a la DA, un ámbito que es vacío para nuestras conceptualizaciones pero lleno para nuestro sentir. (EA10, 132)

Ahondemos en que la dimensión absoluta es un dato, una noticia de naturaleza cualitativa. La noticia de la dimensión absoluta (DA) es dato sensitivo y por tanto cualitativo. Es aquello cualitativo más alejado de los intereses del propio ego, se trata de una noticia cierta pero no formulable. El hecho de que sea de naturaleza cualitativa y que esta sea sutil y no formulable significa que el individuo necesita, para detectarla, de un refinamiento en la captación de lo cualitativo en lo que le rodea. Y esto implica que pasa a través de los sentidos y por la sensibilidad entendida como sentir-mente.

Pero cuando lo cualitativo de calidad, de hondura, desaparece del ámbito cultural, como parece que ocurre ahora, entonces se dificulta enormemente la accesibilidad a la dimensión absoluta (DA). ¿A qué llamamos cualitativo de calidad? A aquello percibido con el sentir-mente a través de los sentidos:

- pero que no está directamente relacionado con resolver las necesidades,
- que nos desplaza del mundo creado alrededor del ego, tanto a nivel del sentir como del pensar y el actuar,

- que nos conduce a atender la realidad más allá de lo que lo haríamos instalados en el ego,
- que nos lleva a atender y comprender y por tanto a empatizar más profundamente con la realidad que nos acompaña,
- que nos hace vivir con más dimensiones porque nos abre la mente y el sentir más allá de la resolución de deseos y necesidades.

Si bien hacer la digestión o respirar no necesita de refinamiento, van solos, no pasa lo mismo con la recepción de esta noticia de lo cualitativo de calidad sea en el arte, la pintura, la música y hoy también en la naturaleza. Se necesita un cultivo del sentir de calidad que mantenga la intención clara y explícita de estar fomentando ese cultivo de lo cualitativo; o bien en las relaciones humanas siempre que no se busque nada para uno mismo.

Si la captación de lo cualitativo de calidad en la realidad desaparece significa que nuestro acercamiento a ella estará pivotando sobre uno mismo, es decir nos deja más cercanos a la pura animalidad, a la pura supervivencia. Eso significa que un vivir sensitiva y cualitativamente pobre va a redundar en un mayor sufrimiento porque pivotar sobre el ego significa orientarse desde sus requerimientos y no hay manera que estos se cumplan.

Por otro lado, sabemos que hasta nuestros días han sido las tradiciones religiosas las que principal y colectivamente han enseñado a cultivar la noticia cualitativa de la dimensión absoluta (DA). Lo han hecho configurándola con las formas del programa axiológico colectivo de cada tipo de sociedad. Las tradiciones religiosas le han dado una forma intocable (bajo los ropajes de las creencias) y colocándola en lo alto de la jerarquía (encumbrándola como un dios). Pero ahora la forma de sobrevivir ha cambiado y ha pasado a depender de la creatividad en ciencia, tecnología, productos y servicios, un modo de sobrevivir para el que las creencias y las jerarquías o el someterse a una ética fijada resultan perjudiciales por ser inmovilizadoras del pensar y sentir. Es por ello que en esta situación la epistemología axiológica (EA) postula que la noticia de la dimensión absoluta (DA) tendrá que pasar por la captación directa de la doble dimensión de la realidad. (EA10)

Pero ya hemos dicho que la dimensión absoluta (DA) es un dato cualitativo de la realidad, ¿cómo se podrá acceder y cultivar ese dato cualitativo cuando nuestra relación con la realidad mediatizada por la ciencia y la tecnología se empobrece cualitativamente en extremo?

Lo preocupante es que en las sociedades de conocimiento (SC) se tendrá acceso a lo sutil directamente con el sentir sin pasar por la formas con las que las religiones lo han configurado. Pero resulta que en las sociedades de conocimiento (SC) y en las de tránsito, el sentir está mediatizado por la pantalla abstractizante o desaxiologizante de la ciencia y la tecnología lo que impide o reduce el acceso a la DA, a lo sutil de la realidad.

Lo que aporta el atender a lo cualitativo

Toca, ahora, convencer de las ventajas del cultivo de lo cualitativo, de una vida cualitativamente rica.

Como afirman varios autores como Louv, Kahn, Fisher entre muchos otros, el contacto plenamente sensitivo con lo que nos rodea permite sentirnos parte de lo que se mira, se toca, se huele.

El tiempo y el mundo se amplifican cuando uno se mueve entre lo cualitativo. Ese es un tiempo de libertad, de intimidad, de creatividad, de empatía; y ese es un mundo amplificado donde la propia individualidad queda resituada reduciendo, realísticamente, el pensarse el centro del mundo. Vivir una vida cualitativamente rica permite darse cuenta de que hay en juego cosas mucho más grandes que uno mismo. Con lo que se gana distancia y ecuanimidad para enfocar la vida, los problemas, por lo que se puede afirmar que vivir lo cualitativo es un antídoto para el estrés emocional y físico.

Cualquier lugar natural, porque es plenamente sensitivo para nosotros como animales que somos, contiene un depósito infinito de información y por lo tanto el potencial para inagotables nuevos descubrimientos, para nuevas perspectiva en los que ejercer la creatividad. Enfocar su riqueza cualitativa hace salir de la manera cotidiana de acercarse a la realidad, abriéndose la posibilidad de poder contemplar fácilmente lo sutil, lo que no tiene fronteras y no está condicionado al tiempo.

Se podría argumentar que un ordenador con sus casi infinitas posibilidades de código es la caja de posibilidades más profunda de la historia. Más profunda que la realidad cualitativa. Pero el código binario compuesto de dos elementos el uno y el cero tiene sus límites, mientras que la realidad que nos rodea con la capacidad de excitar todos los sentidos, sigue siendo la fuente más rica de posibilidades. (Louv 2018)

Atendiendo a lo cualitativo nos damos cuenta de que en torno nuestro merodea la cualidad de la belleza, el encanto, la gracia, difíciles de definir pero generosas. La internalización del contacto con esas cualidades proporciona un núcleo interno de calma y un sentido de integración con todo. Seguramente es posible encontrar asombro sensitivo en el ámbito de lo tecnológico, pero el entorno construido no ofrece un abanico de posibilidades tan amplio y sensitivo como ofrece el espacio físico con el deambular y sentir con todos los sentidos. Se podría alegar que Internet ha sustituido a los bosques, en términos de espacio inventivo, pero ningún medio ambiente electrónico estimula todos los sentidos como puede llevar a cabo medios silvestres. (Louv 2018)

Percibir lo cualitativo concreto en lo que nos rodea nos hace patente que somos sentir, un sentir más amplio que el del mundo de nuestra individualidad, y que el mundo que nos ofrece la tecnología.

La vida tecnológica estrecha nuestros sentidos hasta que nuestro enfoque es mayormente visual, apropiado para las dimensiones de una pantalla de móvil, de un ordenador o de la televisión. Por el contrario, vivir, atender a lo cualitativo en lo que nos rodea agudiza todos los sentidos, y los sentidos son un anclaje para un sentir más hondo. La anchura y la profundidad de lo que nos rodea, en los sonidos, los olores y vistas es más grande que la relativamente corta y conocida lista de los estímulos que se presentan en lo mediado por la tecnología. Atendiendo a lo cualitativo en lo que nos rodea nos mantenemos abiertos.

A través de la interacción con la naturaleza, y especialmente con la naturaleza más silvestre, la mente se vuelve más alerta y consciente de una manera tranquila. Esa interacción permite una conciencia del espacio sin forma. Afirma Kahn "podemos examinar la evidencia de la proposición de que la naturaleza es esencial para la salud física y el bienestar psicológico y el florecimiento humano, pero en realidad no estamos analizando los aspectos más importantes. La naturaleza es un portal hacia formas de ser más profundas". (García, 2017)

Kahn recurre a la psicología evolutiva para explicar los beneficios del contacto con la naturaleza como la reducción del estrés, la depresión, la agresión, el crimen y los síntomas del TDAH, o la mejorar de la función inmune, la vista y la salud mental. Esto es posible porque como especie, llegamos a la mayoría de edad con un mundo natural rico y diverso, y hay pues que advertir que la necesidad de esa naturaleza todavía está dentro de nosotros, aunque ahora concentrándonos en las ciudades nos alejamos de ella, algo que no es saludable. Considera que la interacción con la naturaleza, el arraigo en la naturaleza permite que la mente se desarrolle de una manera más tranquila y equilibrada. (García, 2017)

Peter Kahn creó el concepto de amnesia ambiental generacional, que es la idea de que, cuando los niños nacen, construyen una línea de base de lo que es ambientalmente normal. El problema con esto es que, cuando los niños nacen en condiciones ambientalmente degradadas, como todos nosotros, lo ven como algo normal y no necesariamente viven nada como un problema o fuera de lo común. (Kahn, 2002, 2011; García,2017)

Schultz afirma que uno de los aspectos centrales de una relación cualitativa cercana, en referencia a la naturaleza, pero podría extenderse a toda relación cualitativa, es el sentimiento de intimidad, es decir, la sensación de cercanía y afecto en una relación (2002,69). La intimidad implica compartir uno mismo con el otro y un profundo nivel de conocimiento sobre el otro, siendo ese otro una persona, la naturaleza, un lugar, un animal. Es ese conocimiento íntimo el que produce un sentimiento de cercanía y afecto.

La afinidad emocional es el resultado de interacciones positivas con la naturaleza y de pasar tiempo con ella. La analogía con las relaciones interpersonales se aplica aquí: al igual que la relación entre dos personas se hace más íntima a medida que pasan tiempo juntas, lo mismo ocurre con nuestra relación con la naturaleza. (Schultz, 2002, 68)

Situación axiológica actual de las generaciones jóvenes

Corbí afirma que «Las generaciones más jóvenes no tienen creencias religiosas, ni ideológicas, carecen de procedimientos estandarizados para orientar sus vidas. Axiológicamente están completamente desmantelados. No tienen donde agarrarse.» (EA10,42)

Dado que los humanos somos animales con «una naturaleza no-naturaleza» que nos acabamos de programar culturalmente, es decir que son las narrativas las que programan nuestra estimulación según el modo de sobrevivir, veamos la situación en la que se encuentran las generaciones jóvenes.

Ni la religión ni las ideologías son apropiadas para la sobrevivencia de las sociedades actuales de conocimiento. En estas sociedades aún quedan en pie retazos de la ideología liberal-capitalista que por su fomento del individualismo, de las ganancias económicas al precio que sea, el mantenimiento de la estructura jerárquica tampoco se ha mostrado adecuada para las sociedades de conocimiento (SC). Dado que desde hace décadas no disponemos de otras narrativas, las nuevas generaciones viven de retales de las diferentes programaciones lo que en sí mismo ya supone una malformación importante tanto a nivel individual como colectivo.

Los Millennials y Zetas se encuentran sin programa adecuado a su manera de sobrevivir a través de la creatividad y esto los deja desmantelados axiológicamente. Nada de calidad estimulativa orienta su vida de manera unitaria ni a nivel personal ni colectivo, y eso supone una falta de orientación estimulativa bien estructurada y adecuada a la nueva sociedad, algo que va a resultarles estresante porque su sentir va a carecer de una profundidad capaz de proporcionarles estabilidad. Esa falta de estimulación de calidad provoca a su vez una reducción de lo cualitativo en lo que los rodea, en sus relaciones con otros y con el medio. Su vida es cualitativamente plana, sin apenas profundidad estimulativa de calidad.

Siendo esta su situación, la vida tiene un sentido axiológico mucho menor, podríamos decir que casi no tiene sentido: prácticamente pura sobrevivencia física y psicológica. Como no quedan en pie ni formulaciones religiosas ni ideológicas, y las que puedan quedar resultan ser solo retazos los adoptan aún sabiendo que son inadecuados, porque a algo deben agarrarse para vivir. A falta de otra cosa se agarran a las opiniones que corren por las redes sociales con el valor que puedan tener, escuchan a los que tienen más seguidores, a los que opinan como ellos que están tan desmantelados axiológicamente como todos los demás. En esta situación no hay manera de que se planteen preguntas de profundidad como qué es la vida, qué la muerte.

Para estas generaciones todo se vuelve cotidiano encerrado en el círculo de intereses de sobrevivencia, sexualidad, egocentrismo en competitividad con otros. Los medios de comunicación, la propaganda, la política, la educación todo muestra esa ignorancia de la dimensión absoluta convirtiéndolo todo en cotidianidad, plano, sin hondura, sin esperanza. Hay algunas excepciones, pero son pocas y no llegan a tener influencia en el conjunto. (Corbí: EA10, 277)

Respecto al contacto con la naturaleza dicen diferentes estudios empíricos que desde la década de los ochenta se ha reducido, para los niños casi totalmente, bien porque la naturaleza se ha alejado de los centros urbanos, bien por falta de tiempo, bien por precauciones de seguridad, bien porque la naturaleza no entra dentro de los intereses culturales a no ser que sea para hacer deporte.

La situación actual es que la naturaleza en realidad virtual ofrece una alternativa viable y atractiva para la población joven, que tiende a preferir los medios digitales a pasar el tiempo libre al exterior. (Chan y otros, 7). La psicóloga norteamericana Jean Twenge afirma que la era digital ha causado que los Z estén "ansiosos, deprimidos y solos porque están demasiado absortos en sus dispositivos, demasiado deficientes en habilidades de pensamiento crítico". (Katz y otros, 2021, 37)

El naturalista y escritor norteamericano Henry Beston escribió que el viento en la hierba *"ya no es parte del espíritu humano, parte de la carne y los huesos, el hombre se convierte, por así decirlo, en una especie de proscrito cósmico"*. Resulta evidente que no se pueden negar los beneficios de Internet y que ahora nos resulta impensable prescindir de él, pero advierten Louv que la inmersión electrónica, sin una fuerza que la equilibre, crea un agujero en el barco, agotando nuestra capacidad de prestar atención, de pensar con claridad, de ser productivos y creativos. Cuanto más alta tecnología manejamos, más naturaleza necesitamos (Louv 2011,47). Afirma Reyna Oleas la directora de la Escuela Berlanga, una escuela forestal en las Galápagos, el contacto cercano con la naturaleza proporciona más agudeza y una conciencia permanente, un estado que no tenía antes de llegar al Parque. Como afirma Louv parece bastante claro que cuando estamos realmente presentes en la naturaleza, utilizamos todos nuestros sentidos al mismo tiempo, lo cual es el estado óptimo de aprendizaje. El mundo natural nos ayuda a percibir conexiones y a afinar el conocimiento. (Louv 2011,47-48)

Afirma Louv que nuestros sentidos y sensibilidades mejoran a través de nuestra interacción directa con la naturaleza y que un entorno más natural parece estimular nuestra capacidad de prestar atención, pensar con claridad y ser más creativos, incluso en barrios urbanos densamente poblados. (Louv 2011 49)

Los humanos somos animales y, como tales, nuestro vivir es posible por nuestra acción a partir de nuestras percepciones sensitivas y la valoración que hagamos de ellas, lo que significa que la captación sensitiva de lo cualitativo es lo que nos posibilita vivir. Pero desde que la ciencia se estableció culturalmente de manera generalizada como la interpretadora de la realidad, ya plenamente en el siglo XX, la realidad ha perdido para la población industrializada una grandísima parte de sus rasgos cualitativos. Si a esto se le añade el establecimiento de la tecnología, cada vez más omnipresente en nuestra vida mediando entre nosotros y la realidad, una tecnología que como fruto de la ciencia que es, ha abstraído en su operatividad los rasgos cualitativos, el resultado es un aumento de la desaxiologización de todo lo que nos rodea.

De esto podemos concluir que *estamos viviendo en falso*, ya que nuestra relación con los otros y con el medio se ha alejado de la sensitividad. Todo ha perdido carga sensitiva quedando activas solo las sensitividades más básicas como las referidas a la comida y a las relaciones humanas, y considerando también algunas otras sensitividades que culturalmente se mantienen reconocidas como por la música, hoy muy orientada a generar estados de pérdida de conciencia o a fomentar sentimientos; o como algo de sensitividad hacia la pintura, pero poca hacia la literatura, poquísima hacia la poesía, … y poco más cultivamos hoy en el ámbito de la sentir. Así es que como fruto de nuestra cultura ha desaparecido casi completamente la relación axiológica respecto a lo no humano (a no ser por temas de ecología), y eso nos ha empobrecido sensitivamente. La consecuencia es que ha quedado afectada la captación de la doble dimensión de la realidad.

Nos percibimos como completamente desconectados del planeta y de los animales, vegetales, minerales con los que compartimos nuestra vida. Vivimos una pobre calidad de vida y a escala pequeña, así que podemos afirmar que *la nuestra es una vida patentemente incompleta sensitivamente.* Esto tiene efectos sobre nuestra psique y nuestra percepción de la doble dimensión.

Centrados en nosotros olvidamos ámbitos más grandes que nos rodean, como si pudiéramos salvarnos mientras desaparece todo lo que nos circunda, y a la vez nos hacemos indiferentes a todo lo que vive con nosotros (Roszak, 2001, 19).

La vida en nuestra cultura ha disminuido la libertad de los niños para vagar, las familias se han replegado sobre sí mismas, la naturaleza se ha convertido en una abstracción. Para Louv la idea que la gente tiene de la naturaleza es de una naturaleza "pasteurizada", sin dientes, garras ni aguijones, sin exigencias. (2011, 70).

Pero se ha demostrado que las personas tienen una perspectiva más positiva sobre la vida y una mayor satisfacción vital cuando están cerca de la naturaleza, particularmente para los urbanitas. (Louv 2011 67). Y como afirma Mardie Townsend, profesora adjunta de la Escuela de Salud y Desarrollo Social de la Universidad Deakin en Victoria, Australia "Ganamos vida al observar la vida". (Louv 2011, 74)

La Asociación Estadounidense de Psiquiatría afirma que "El trastorno de ansiedad por separación se define como una ansiedad excesiva relacionada con la separación del hogar y de las personas con las que el individuo tiene apego. Pero ninguna separación es más generalizada en la época actual que nuestra desconexión del mundo natural. Y que ya es hora "de una definición de salud mental basada en el medio ambiente". (Louv 2011 79)

En general vivimos de espaldas a la naturaleza, separados de ella, más acuciadamente en los que vivimos en ciudades. Pero somos naturaleza no venimos de fuera de ella, somos animales sujetos a ella, a los recursos que nos proporciona, condicionados por la relación que podamos mantener con ella. Sin embargo, como individuos, sociedades y como especie, pasamos nuestras vidas tratando de escapar de la naturaleza. De hecho, vivimos nuestras vidas como si el entorno natural fuera algo aborrecible, algo que necesita ser domesticado y controlado (Schultz 2002,61-62).

Todo eso significa una relación sensitiva con el entorno empobrecida, sumamente empobrecida a lo que hay que añadir la otra barrera respecto a la naturaleza que supone el uso extensivo y omnipresente de la tecnología. Todo ello implica una sensitividad general enormemente reducida.

Si uno pasa la mayor parte de su vida en un entorno construido, ¿para qué sirve la naturaleza? ¿qué papel va a jugar? Trabajamos, dormimos y nos recreamos principalmente en edificios, y por otro lado la tecnología intermedia en nuestras relaciones con otros y con el medio, entonces cabe sospechar que nuestra sensibilidad va a quedar disminuida por nuestro estilo de vida.

Y ese distanciamiento nos impide el conocimiento sensitivo de lo que nos rodea. Pero como afirma Schultz (2002) se olvida que el sentimiento de parentesco no viene de un conocimiento sino de una conexión mental-sensitiva. Y ahora que vivimos de espaldas a la naturaleza, olvidando nuestro origen y nuestra sensitividad respecto a ella, por extensión también nos parece que podemos vivir sin cultivar ni tener en cuenta lo cualitativo refinado o de segundo orden.

El ecologista Leopold en 1949 escribió: 'Abusamos de la tierra porque la consideramos una mercancía que nos pertenece. Cuando vemos la tierra como una comunidad a la que pertenecemos, podemos empezar a usarla con amor y respeto'. Añade Roszak que si el yo se expande para incluir el mundo natural, el comportamiento que conduce a la destrucción de este mundo se experimentará como autodestrucción" (Roszak, 1995).

La mediación tecnológica en el experimentar el entorno

Hoy nuestras relaciones con el entorno están permeadas por dispositivos electrónicos e información proveniente de medios electrónicos. La prevalencia de estos medios en nuestra vida cotidiana ha cambiado el equilibrio entre la experiencia mediada y no mediada. En el trabajo, así como en casa, estamos rodeados de dispositivos tecnológicos para la producción, la comunicación y el entretenimiento. Pasamos una gran parte de nuestro tiempo con estas tecnologías, mientras que el tiempo que pasamos sin ellas y con experiencias no mediadas por ellas, se está reduciendo. Las tecnologías móviles, como los teléfonos inteligentes y los dispositivos de navegación, superponen mediaciones a la experiencia que antes no estaba mediada. Cuando utilizamos mapas y herramientas de navegación de realidad aumentada para guiarnos por la ciudad o en la naturaleza, percibimos, al menos parcialmente, nuestro entorno inmediato a través de la superposición de información de esos medios.

La tecnología está fuertemente entretejida en la vida de los posmillennials. Ellos no han conocido la vida sin internet. No imaginan ni les gustaría vivir sin tecnología. La tecnología digital intermedia muy extensivamente en su comunicación. La tecnología digital ha afectado y moldeado sus hábitos de vida en línea, y también la vida fuera de línea llegando a fusionar las dos, de manera que se difumina la separación entre online y offline. (Katz y otros, 2021, 22)

Todavía no podemos saber si los nuevos hábitos que nacen de la implantación masiva de la tecnología que enfatizan la velocidad, la relevancia y la productividad socavarán las habilidades de reflexión honda, y en qué medida, pero diversos especialistas han advertido sobre los cambios en el cerebro causados por el uso de tecnologías y medios digitales. Afirman que la red es una tecnología potente que puede alterar la mente al llevarnos a recopilar elementos de información no conexa, lo que nos conduce a perder capacidad de lectura profunda sostenida en el tiempo y a una disminución de la capacidad de razonar. (Katz y otros, 2021, 35). En base a lo que hemos venido presentando, podemos afirmar que el uso de la tecnología transforma nuestra relación axiológica con el entorno.

Las tecnologías que median, simulan o aumentan la experiencia humana de la naturaleza tienen consecuencias en nuestra sensitividad. Con la tecnología simulamos la naturaleza mediante reportajes, películas, videojuegos y realidad virtual que nos trasladan, cada vez más a menudo, a realidades virtuales que simulan lugares silvestres y la vida silvestre. Hay que reconocer que las tecnologías, que a menudo nos benefician como especie, tienen costes que no son tan evidentes, especialmente cuando se trata de nuestras interpretaciones, valoraciones y actuaciones con lo que nos rodea como lo muestran muchos estudios empíricos que concluyen que la inmersión en sustituciones tecnológicas de la naturaleza silvestre no conduce a resultados similares a nivel de salud, de restauración de la atención, de bienestar a los que se producen cuando hay un encuentro con la naturaleza silvestre real. (Kahn & Hasbach, 2013, 207-208)

La realidad virtual (RV) se define como un entorno generado informáticamente que proporciona imágenes tridimensionales con las que los usuarios pueden interactuar. El espectador tiene la sensación de estar seguro sin exponerse al peligro potencial que le rodea. (Smith y otros 2018,

215). Para nosotros ahí radica una razón por la que se puede afirmar que la realidad virtual no genera el mismo efecto sensitivo sobre nosotros que el contacto con la naturaleza real, y por extensión podemos decir lo mismo de las experiencias mediadas por la tecnología.

Sabemos que somos una especie animal y también que necesitamos integrar la tecnología ya que hoy no podemos sobrevivir sin ella, cada vez es más omnipresente y compleja. Entonces cabe preguntarse por el papel que debería jugar la tecnología en la vida de la especie humana para de esa manera poder gestionar correctamente su implementación.

La mediación tecnológica y la desaxiologización del mundo

Veamos algunos rasgos que nos indican el proceso de desaxiologización que acarrea la mediación de la tecnología en nuestras percepciones.

Una escena virtual consiste en una descripción matemática de objetos geométricos en un espacio, se crea a partir de calcular los aspectos formales de escenas naturales, es decir a partir de aplicar a la computación el estudio matemático de la morfogénesis de formas. Llegándose a generarse escenas naturales fotorrealistas de alta calidad, así como la simulación dinámica de su desarrollo en el tiempo. (Kratky. 2012,94-95)

Vemos pues que todas las imágenes virtuales a las que se accede con tecnología digital han pasado por un proceso matemático lo cual significa que ha habido una deconstrucción y una reconstrucción en cuyo proceso se pierden aspectos axiológicos que las matemáticas por ser abstractas no pueden recoger.

Cuando nos orientamos mediante una aplicación GPS nuestros ojos van a fijarse en las pantallas digitales, lo que va en detrimento de la atención que se presta a las características silvestres del territorio, sea en la naturaleza sea en la ciudad. (Kahn, 2013, 225)

Con la tecnología simulamos la naturaleza en reportajes, películas, videojuegos que nos trasladan cada vez más a realidades virtuales que simulan lugares silvestres y la vida silvestre. Cabe preguntarse si pueden estas representaciones y simulaciones, ahora y en el futuro, sustituir de alguna manera significativa las experiencias con la naturaleza silvestre real. Es probable que parte de la experiencia de lo silvestre pueda crearse, inducirse y fomentarse a través de nuestras creaciones tecnológicas, pero por otro lado, ya hay trabajos empíricos y fundamento teórico para afirmar que la naturaleza silvestre tecnológica no puede recrear, inducir o fomentar de forma tan eficaz o completa la experiencia en la naturaleza silvestre real.

Pero por otro lado la aparición de la amnesia generacional medioambiental facilita que no pueda diferenciarse la experiencia real en la naturaleza de la virtual (Kahn, 2013,228). De ahí que la gente no crea fácilmente que, al perder la naturaleza silvestre se ha perdido algo importante y que sus vidas han perdido calidad axiológica con respecto al pasado. Ante la falta de contacto con la naturaleza real se refugiarán en la naturaleza virtual.

A esto se le añade que desde el pensamiento racional y la ciencia hemos separado el ámbito de la materia de lo cualitativo-sensitivo, lo objetivo fuera y lo subjetivo dentro, lo objetivo es seguro, cierto y lo de dentro, lo subjetivo, es un terreno resbaladizo, inseguro. A lo objetivo se dedica la ciencia, y lo subjetivo la psicología. De esta manera aparece una desconexión entre interior y exterior, entre lo personal y lo planetario, entre una orientación racional y una sensitiva. Desde inicios del siglo XIX aparece una dicotomía entre la emoción y la razón, lo primitivo contra lo civilizado, naturaleza contra lo urbano, lo orgánico contra lo mecánico, la poesía contra la ciencia. (Roszak, 2001, 16)

Roszak dice que para Galileo las experiencias de ver, oír, oler, gustar, tocar son innegablemente empíricas, pero no cuantificables, son meras "cualidades secundarias" suministradas por la mente al mundo del tamaño, la forma, el movimiento, el peso. Y que por tanto los sabores, los olores, los colores, etc., no son más que meros nombres en lo que respecta al objeto en el que los colocamos, y que residen sólo en la conciencia. (Roszak, 2001,46) Esa perspectiva de Galileo que permea nuestra cultura da origen a una postura frente a la realidad sin doble dimensión, plana, que da fundamento al utilitarismo tan presente en nosotros. Supone un suicidio epistemológico como afirma Roszak. Desde esta perspectiva se considera que las percepciones sensitivas de calado al verlas como subjetivas no tienen nada importante que aportar, y esta es una actitud que se encuentra en el trasfondo de la cultura actual. Pero, como ya hemos dicho, por la epistemología axiológica (EA) sabemos que esas percepciones son modelaciones que hacemos para sobrevivir pero que en ellas se muestra una doble dimensión: la utilitaria y la gratuita, y es a través de ellas que captamos algo que arranca de la pequeñez y utilitarismo con los que modelamos lo que nos rodea.

La intermediación de la tecnología en el uso de los sentidos y su repercusión en la riqueza axiológica de la experiencia

Hoy la ejecución de los sentidos está mediada por los aparatos tecnológicos. Pero la tecnología no inmiscuye todos los sentidos en ellas, lo cual es contrario a nuestra naturaleza animal cuya supervivencia debe pasar por tener todos los sentidos activados, solo así estamos plenamente vivos.

Tener la atención mediatizada por lo tecnológico reduce fisiológica y psicológicamente el uso de los sentidos. Reducir la participación de los sentidos conduce a una reducción de la captación de lo cualitativo, es decir restringe la riqueza cualitativa de la experiencia humana.

Cuando nuestro sentir se mueve en un medio tecnificado genera un mundo de pocas dimensiones, la prueba de ello es que lo percibimos como ya conocido. El estado de ánimo de saberlo todo es solo el resultado de estar en la superficie de todo. Nuestro sentir el mundo se ha hecho pequeño y conocido, no queda misterio, ya lo sabemos todo sobre él. Nos volvemos conocedores superficiales de nuestra realidad. El hecho de que nuestra sociedad perciba poco significado en el mundo natural se debe a que nuestras interacciones concretas con él son muy restringidas, a que no son relevantes y no la incluimos en nuestra vida cotidiana. Donde no hay contacto, participación o experiencia, no hay significado. Y lo que no tiene sentido sencillamente no importa.

Pero continuamos siendo animales, y por tanto movidos por el sentir. Por ello lo cualitativo continúa formando parte de nuestra manera de estar en el mundo. Es su principal ingrediente. Genéticamente somos animales con afinidad innata con el mundo sensitivo, que forma parte de la base biológica e integral de nuestro desarrollo. Pero hoy tenemos el sentir mediatizado por lo tecnológico que nos está impidiendo el acceso a lo cualitativo en el entorno, lo que va a repercutir en nuestra plenitud de vida sensitiva.

Con Louv podríamos afirmar que los jóvenes de ahora son la generación más amputada sensitivamente de la historia, salen poco de casa, y cuando lo hacen apenas disfrutan de actividades al aire libre.(Louv, 118) Y no notan la ausencia puesto que nunca han vivido otra cosa (Louv, Kahn), sufren la amnesia generacional ambiental. Lo cualitativo nunca ha estado ahí. Si no salen de casa para actividades al aire libre, su mundo es solo visual y auditivo y muy poco social. Un indicador de que no interesa lo cualitativo es considerar que destinarle tiempo resulta muy improductivo.

Vivir sin atender a lo cualitativo en lo que nos rodea conduce a un entendimiento crecientemente intelectual de nuestra relación con los otros, con el medio, con otras especies animales. Un efecto de esta manera de afrontar el mundo en la que lo cualitativo relativiza su valor es la desaparición de la línea que separa a máquinas y humanos (Louv, 120).

Lo cualitativo de nuestro entorno afecta profundamente a nuestro bienestar físico y mental, lo cual es un resto evolutivo de nuestra especie y los humanos modernos deberían entender la importancia de tenerlo en cuenta. (Kahn, 2002, 110)

Vivimos en un mundo en el que lo tecnológico lo tiñe todo pero no somos conscientes de lo que hemos renunciado para llegar a este estado, de tal manera que nos llega a parecer que relacionarse de forma virtual con lo cualitativo sintético puede substituir lo cualitativo real lo que, además, nos genera la sensación de que no merece la pena de que le prestemos atención.

La experiencia primaria para unos animales como somos nosotros, es poder ver, tocar, probar, oír, oler por nosotros mismos, directamente. Estamos empezando a perder la habilidad de experimentar nuestro mundo directamente. La experiencia primaria sensitiva está siendo sustituida por la experiencia secundaria indirecta, a menudo de distorsionada de solo dos sentidos la visión y el sonido. Así el acercarse al entorno queda sumamente empobrecido.

Como animales que somos las experiencias sensoriales generan íntimos vínculos del individuo con el entorno en el que se vive. Para que ocurran es necesario explorar, interactuar con todos los sentidos el medio en su propio espacio y tiempo. Un medio rico cualitativamente presentará continuamente alternativas para una interacción creativa. Y eso resulta esencial para el desarrollo de la cualidad humana. Un medio rígido, cualitativamente poco estimulante, limitará el desarrollo del individuo o del grupo lo que reducirá el acceso a la doble dimensión (DA y DR).

Separarse de lo plenamente sensitivo significa separarse de los otros humanos. Ninguna de las nuevas tecnologías de la comunicación implica contacto humano directo, todas tienden a situarnos a un paso de distancia de la experiencia directa.

Para una generación completa de chavales de hoy las experiencias directas han sido sustituidas por el aprendizaje indirecto a través de las máquinas, de manera que los jóvenes viven en un mundo con un aporte sensorial muy empobrecido, proveniente de un estrecho espectro de las posibilidades que podrían usar. Para esta generación gran parte del misterio natural a nivel vivencial íntimo, ha sido extirpado quirúrgicamente. (Louv, 192)

No atender lo cualitativo en lo que nos rodea tiene consecuencias: no se generan lazos, lo cual no es bueno ni para la persona ni para el entorno; no se recogen los beneficios psicológicos y de humanidad plena que aporta ese contacto; se produce una distancia entre las personas y el mundo natural.

Hay un montón de teorías que respaldan que el contacto con la naturaleza aporta beneficios físicos y emocionales: mejora la capacidad de reflexión, la capacidad de atención y el bienestar general convirtiéndose en un contrapeso importante a los desafíos de la vida urbana moderna. Las razones para estos beneficios algunos autores las sitúan en la biofília o tendencia innata a afiliarse con el mundo natural como resultado de nuestra evolución biocultural. Otros sitúan la razón para estos beneficios que aporta el contacto con la naturaleza en que son un producto del pasado evolutivo de los humanos que ha resultado en respuestas predispuestas a señales (por ejemplo, vegetación) que alguna vez indicaron una mejor supervivencia. Otros sitúan la raíz de estos beneficios en la capacidad de la naturaleza para restaurar el agotamiento de la atención dirigida, un recurso cognitivo que normalmente se agota en los entornos urbanos. Estas teorías se consideran complementarias en lugar de contradictorias entre sí (Chan y otros, 2021,2-3). Desde la perspectiva de la epistemología axiológica (EA) la tendencia innata a sentirnos afines a la naturaleza viene de que somos animales fruto de la naturaleza y que sobrevivimos por la interdependencia con ella. Y diríamos nosotros que también es la puerta de acceso al doble acceso a la realidad.

Efectos del uso de tecnología en nuestra sensitividad[5] y atención

Nos referimos a la tecnología de uso cotidiano como los teléfonos móviles, los ordenadores, los videojuegos, los GPS, los asistentes virtuales como Alexa y Siri, los robots de cocina, etc. Vamos a rastrear los efectos que tienen sobre nuestra sensitividad y nuestra atención.

Se han realizado muchos ejercicios empíricos que muestran que la realidad virtual (RV) produce beneficios sobre nuestra salud como en lesiones de la médula espinal, el estrés produciendo efectos de calma, relajación, reduciendo los dolores de cabeza, la ansiedad, favoreciendo el proceso de desarrollo de los niños, mejora las funciones cognitivas y reduce los síntomas del TDAH (Björling y otros 2022; Kaplan 1995; Kratky, 2012).

---

5   Sensitividad como capacidad sensitiva.

Al mismo tiempo, para muchos autores las experiencias de entretenimiento con realidad virtual (RV) tienen un nivel de calidad que las hace, hasta cierto punto y en ciertos aspectos como la calidad visual, indiscernibles de la experiencia no mediada de la realidad. **Las pantallas de alta definición y las tecnologías de renderizado fotorrealista de alta calidad ofrecen una experiencia convincente, visceral e inmersiva, que conduce a desvalorar la necesidad de salir a buscar experiencias reales en la naturaleza.**

Estas cualidades de la realidad virtual (RV) están teniendo efectos sobre el acercamiento a la naturaleza. Tras cincuenta años de aumento constante, el número de visitantes a los parques naturales norteamericanos empezó a descender en 1987. Diversos autores ven una correlación entre este descenso continuo y el uso creciente de los medios de entretenimiento electrónicos, así como el aumento de los precios del combustible. Describen el fenómeno como un cambio fundamental que se aleja de la tendencia innata a centrarse en la vida y los procesos que se parecen a la vida, consideran que **supone un cambio de la 'biofilia' a la 'videofilia'.** (Kratky 2012, 90)

Existen muchas tecnologías digitales a través de las cuales se puede experimentar la naturaleza virtual, incluidas aplicaciones, juegos, pantallas interactivas, películas, documentales y programas de televisión, películas multidimensionales, gafas de realidad virtual, realidad aumentada, paisajes sonoros, cámaras web, drones y redes sociales, las cuales mayoritariamente se valoran como maneras iguales o incluso mejores que la relación directa con la naturaleza. Además, ahora existe la posibilidad de implicar mayor número de dimensiones, así que dependiendo de cuántas estén involucradas, la experiencia puede incluso ser interactiva, lo que puede aumentar el impacto de la experiencia con la naturaleza. Cuantos más sentidos se involucren, más emocionante será la experiencia. Pero que sea más emocionante no significa que sea más real puesto que adentrarse en una selva de manera presencial resulta estimulante pero no genera la adrenalina que muchas representaciones virtuales quieren provocar.

El reemplazo de las experiencias directas de la naturaleza por las mediadas por la tecnología se considera un mal menor porque siempre es mejor tener algunas experiencias que no tener ninguna. (Truong y Clayton 2020). Pero muchos estudios advierten que las personas pueden adaptarse demasiado a la naturaleza virtual y acostumbrarse a la pérdida de exposición a la naturaleza. Con el crecimiento generalizado de los sistemas de realidad virtual, existe una urgencia por abordar los efectos positivos y negativos que la naturaleza virtual pueda tener en la relación de las personas con su entorno; y por conocer los efectos de las experiencias digitales de naturaleza respecto al desarrollo de la conexión con ella. (Arredondo y otros, 2018,26-28)

Por otra parte, se puede afirmar que la mayoría de las tecnologías digitales se utilizan individualmente o implican sólo una interacción social indirecta. Por tanto, la experiencia de la naturaleza en términos de socialización difiere mucho de las experiencias directas de la naturaleza. (Arredondo y otros, 2018, 24)

A todo ello se añade una confianza, casi total, de la mayoría de la población en que la tecnología puede resolver todos los problemas incluidos los que se generan con la degradación de la naturaleza. De ahí que dejemos de plantearnos que la naturaleza real beneficia a los individuos para pasar a sostener que la tecnología puede suplir la función de la naturaleza. Si consideráramos que los bosques generan el oxígeno que necesitamos para sobrevivir, y que esa función sólo la pueden realizar los bosques, entonces a pesar de la poca conexión con ellos, nos decidiríamos a protegerlos. Pero pensamos que la tecnología puede sustituir esa función generadora de oxígeno de los árboles y otras muchas.

Por otra parte, hay que ponderar que, si la tecnología sigue sofisticándose y generalizándose, y si los seres humanos seguimos degradando y destruyendo los lugares silvestres -y ambas situaciones parecen casi seguras-, en las generaciones se producirá un cambio a la baja, como ya ha ocurrido, en su base de referencia de lo que se considera naturaleza silvestre. Se genera lo que Kahn ha llamado *amnesia generacional medioambiental*, lo que significa que siendo que la degradación ambiental va a una velocidad mayor que la que necesitamos para recuperarla, resulta que cada generación toma la condición degradada en la que ha vivido su infancia como si fuera la condición normal de la naturaleza. Siendo eso así, entonces la gente deja de considerar que al perder la naturaleza silvestre se pierde algo importante. No somos conscientes que la relación estrecha con la naturaleza es fuente de sensitividad la cual, además de otras funciones, es necesaria para percibir el doble acceso como un dato. **Si la naturaleza se degrada, se degrada nuestra sensitividad. Y si esta se degrada la calidad del doble acceso también.**

Kahn pone una imagen para ejemplarizar la amnesia generacional ambiental. Si a las personas que han crecido sin estar expuestas a la música les decimos que les falta un medio de expresión y una forma de experimentar el mundo que es única, poderosa y bella en su vida, con mucha probabilidad responderían que no se pierden nada por no tener eso que se llama música. Probablemente no echarían de menos lo que nunca han conocido. (Kahn 2002,100). El decrecimiento de la sensitividad íntima con la naturaleza repercute en una mengua en el sentir humano y eso repercutirá en las relaciones con los congéneres y con el resto del entorno. **Si disminuye la sensitividad va a disminuir la evidencia de la noticia de la dimensión absoluta (DA).**

Podemos afirmar que todas estas tecnologías nos permiten realizar varias tareas a la vez y eso tiene afectación sobre nuestra atención: la distribuye en varios terrenos, es decir la divide. Eso nos satisface por sabernos eficaces pero va en detrimento de la atención enfocada, es decir a la capacidad de prestar atención a una sola fuente de información mientras se ignoran otros estímulos entrantes[6].

---

6   Es relevante el efecto del uso de la tecnología respecto a la capacidad y tipo de atención. El psicólogo William James en 1892 ya formuló la noción de "atención voluntaria" referida a aquella atención que va "contra la corriente", es decir la que voluntariamente atiende a aquello que no le atrae. Para conseguirla se requiere un esfuerzo de control voluntario y una inhibición de las distracciones. Stephen Kaplan padre de la Teoría de Restauración de la Atención (1995) añade que, al carecer de una atención dirigida efectiva, un individuo se vuelve altamente distraído, lo que resulta en una percepción deteriorada de material que no es inherentemente fascinante.
La atención dirigida es necesaria para dar un paso atrás y distanciarse de la situación a la que uno se enfrenta, para hacer una pausa y obtener una visión más amplia de lo que está sucediendo. Por lo tanto, sin la ayuda de la atención dirigida, es difícil abordar situaciones en las que la acción apropiada no es inmediatamente obvia. También es difícil planificar y seguir el plan. Esto deja al individuo atrapado en las demandas de la situación inmediata, incapaz de trascender las presiones y tentaciones

Un flujo interminable de estímulos fascinantes y diferentes de lo habitualmente captamos en lo que nos rodea no se consideraría un entorno restaurador de la atención por dos razones: porque no hay relación entre las impresiones y porque no permite involucrar a la mente, algo necesario para la restauración de la atención. El entorno debe proporcionar lo suficiente para ver, experimentar y pensar, de modo que ocupe una parte sustancial del espacio disponible en la mente. Estas condiciones no las estaría ofreciendo la experiencia con la naturaleza virtual, mientras que un contacto con la naturaleza real nos permite una atención ligera sobre el entorno lo que produce la restauración de la fatiga de la atención. (Kaplan, 160-162)

Y hay una relación directa entre una atención sostenida sobre algo y el incremento del reconocimiento de eso a lo que se atiende[7]. Hay una relación entre la atención a la realidad y su captación, es decir una relación con el sentir la realidad. El Yoga ya lo había constatado hace entre 10.000 y 5.000 años. **Un buen desarrollo de la atención es imprescindible para la captación de lo cualitativo. Y la capacidad de captación de lo cualitativo determina la percepción de la dimensión absoluta (DA).**

---

momentáneas.
La atención dirigida es, por tanto, un ingrediente clave de la eficacia humana. Pero esta atención dirigida se fatiga, y una de las causas es la dispersión a la que es sometida por los reclamos diversos que vienen del uso de la tecnología que plantea muchas posibilidades irrelevantes, lo que exige más atención dirigida y por tanto más fatiga. La fatiga de la atención dirigida es un ingrediente clave de la ineficacia y el error humano.
La atención dirigida desempeña un papel importante. Es esencial para una vida coherente y para la identificación y el cumplimiento de propósitos que valen la pena. La atención dirigida es un recurso psicológico clave, para enfrentar los desafíos. (Kaplan, 170-171)

7   Gran parte de lo que era importante para el ser humano en evolución, por ejemplo, los animales silvestres, el peligro, las cuevas, la sangre, a la vez era, y debiera continuar siendo, innatamente fascinante y, por lo tanto, no requiere atención dirigida. Sólo en el mundo moderno se ha vuelto extrema la división entre lo importante y lo interesante. Con demasiada frecuencia, el ser humano moderno debe esforzarse por hacer lo importante mientras resiste la distracción de lo interesante.
Resolver un problema requiere concentrarse en la pequeña parte del repertorio que es pertinente al problema en cuestión. Es esencial seleccionar adecuadamente entre el conocimiento, las posibles percepciones y las acciones potenciales. Irónicamente, cuanto mayor sea el acervo de posibilidades, más esencial es la capacidad de selección. (Kaplan, 170)

Conclusiones del apartado

De lo expuesto concluimos que la ciencia y la tecnología nos impiden volver a las cosas con la plenitud sensitiva de un animal.

Si el lenguaje científico es abstracto, es decir elimina los elementos cualitativos de los objetos sobre los que se enfoca; entonces la tecnología que opera desde principios y teorías científicas tiene que producir el mismo efecto: crea una relación con las cosas que obvia sus elementos cualitativos reduciendo el nivel axiológico de nuestras vidas. Y hoy la ciencia y la tecnología han invadido nuestras vidas.

En la comunicación con el medio, la naturaleza, las cosas y otras personas[8] mediada por la tecnología al no tener una percepción directa de las cosas se pierden cantidad ingente de rasgos cualitativos, quedando una relación empobrecida en la que el objeto se convierte más en un esquema, en una idea que en una realidad sensitivo-cualitativa. Por tanto, podemos afirmar que en la relación con las cosas mediada por la tecnología, de hecho, con lo que uno se relaciona es con la imagen que se tiene almacenada en la memoria de esos objetos y sujetos, razón por la que en la relación mediada difícilmente se produce un enriquecimiento axiológico, cualitativo, estimulativo y fresco. Esa relación queda empobrecida al reducir los elementos cualitativos de los interlocutores.

Este empobrecimiento ¿es puntual o tiene efectos duraderos? Nuestra intuición es que sus efectos de empobrecimiento en las relaciones con personas y cosas son extensivos y duraderos, nos lo certifica un caso en el que una maestra de párvulos en USA con 20 años de experiencia ha detectado que ahora los niños le hablan como si hablasen al robot Alexa, con frases cortas, bruscas, contundentes. Ella lo explica porque este es el

---

8   En caso de la comunicación entre personas mediada por la tecnología ocurre que el receptor de los mensajes está en nuestra imaginación por lo que es una reducción de lo que él es. Además, al ser una comunicación en diferido, se la puede retocar, pulir perdiéndose así la inmediatez y lo cualitativo presente en una relación real. Por otra parte quien escribe los mensajes muestra la identidad que le interesa mostrar, creándola a voluntad lo que a su vez la inmediatez cualitativa en esa comunicación. Y la respuesta que se recibe también está mediatizada por todos estos mecanismos. Resulta una relación desaxiologizada.

tipo de comunicación que se usa para hablar con la IA. (Katz y otros, 2021,35) ¿Sería esto indicativo del efecto de la intermediación de la tecnología en las relaciones? Parecería que sí. En lugar de hablarle a la IA como haríamos con las personas, un lenguaje que no podría entender, se opta por hablar a las personas como se habla con la IA, es decir con un lenguaje empobrecido axiológicamente. Podemos suponer que esta manera de relacionarse se hace extensiva a otros campos.

Si la tecnología es una pantalla que reduce o elimina elementos cualitativos en la relación sujeto-objeto, y en la relación sujeto-sujeto, entonces deberá tener una repercusión en la intensidad cualitativa de captación de la doble dimensión (2D), aunque sabemos que esta va a continuar porque va ligada al habla, pero ahora con un empobrecimiento en la vivencia de lo cualitativo.

Apoyados en lo que hemos planteado podemos secundar la hipótesis de Kratky de que existe una correlación entre una mayor profundidad experiencial de las vivencias interactivas, como los videojuegos, y el desapego de la naturaleza real. Y podemos suponer, además, que el hecho de que hayan surgido representaciones más sofisticadas de la naturaleza en el entretenimiento interactivo es signo de un deseo y una necesidad generales de tener una experiencia que se asemeje a la experiencia real de la naturaleza.

Y como sugirió Heidegger nuestro tiempo ya no es capaz de experimentar su propia indigencia. (Fisher, 89)

Disfunciones que aparecen por una desatención de lo cualitativo-sensitivo

Vivimos aislados de la naturaleza y de un mundo rico cualitativamente por lo que nuestro mundo cualitativo-sensitivo queda reducido a lo puramente personal y como mucho se asume lo social. Como afirma Roszak vivimos en el *Eigenwelt* (el yo en relación consigo mismo), este es nuestro mundo humano hoy donde nos desvinculamos de la naturaleza y de todo lo cualitativo que surge de ella, colocándonos por encima de ella y convirtiéndola en un mero entorno. Entonces lo que conseguimos es un entorno desnaturalizado, a modo de un fondo vacío, sin carácter, algo molesto para la vida real, que se ha reducido a lo social y personal. En este vivir la naturaleza se ignora y para los creyentes se toma como la prisión de la que se debe escapar en busca de un Dios que es considerado completamente otro. La tecnología nos refuerza esta postura pues nos empuja a quedarnos ahí donde el referente principal es uno mismo. (Roszak, 2001, 66)

Hemos perdido la relación de pavor y asombro respecto al poder majestuoso de la Tierra, y la naturaleza, cuando resulta que esa sería el lugar axiológico por antonomasia para un animal como nosotros. Hasta la época industrial esa relación es la que ha proporcionado la configuración axiológica a nuestra condición animal, algo que, con la industrialización, la urbanización, el uso de la tecnología y la ciencia como epistemología, hemos perdido.

Roszak afirma que como vivimos alejados de lo cualitativo, nos hemos tornado sordos a *los gritos del planeta* desde su degradación. Resulta significativo de nuestra pobreza axiológica que, por obtener riquezas rápidas, estemos extinguiendo, con tanta indiferencia, especies enteras de nuestros semejantes animales de los que tenemos su herencia genética. Vivimos como si la tierra y sus habitantes no tuvieran nada que ver con nosotros, como si nuestra sobrevivencia no dependiera de la suya. Es como si nos negáramos a percibir la realidad. (Roszak, 2001, 338)

Desde la ciencia, la psiquiatría de Freud y los existencialistas el universo es indiferente y sin vida, por lo que la psique humana queda atrapada en una desolación infinita donde no es posible encontrar consuelo, ni remordimiento, ni respuesta a la necesidad humana de calor, amor y aceptación. Podríamos decir que en la cultura actual se mantiene esta idea de un universo 'indiferente y sin vida' pero curiosamente eso no produce desolación, mantenemos una indiferencia sobre esta visión. Estamos viviendo en una cultura, que es mayoritaria, que concibe el mundo como si solo contuviera materia muerta, cosas y seres humanos racionales y que deja de considerar las otras formas de vida. Esto resulta en una vida cualitativamente reducida que conlleva una pérdida de sentido. A excepción de los humanos y de su mundo *Eigenwelt*, reducimos el entorno a la condición de nada, en el que la literatura, la filosofía, la historia, a veces las artes, sobreviven como un cuerpo de conocimiento guetizado estrictamente segregado de las ciencias[9]. (Roszak, 2001, 58)

Un ego encerrado en sí mismo difícilmente mirará hacia afuera y a su alrededor captando algo más grande, más majestuoso, más ennoblecedor; difícilmente será capaz de captar lo que pueda trascender las dimensiones humanas de tiempo y espacio. Sin embargo, la experiencia común a todos nos dice que un paseo solitario por la orilla del mar o unas pocas horas de calma en el bosque nos restauran y pueden producir una mayor serenidad. La tranquila contemplación del cielo nocturno antes de dormir puede hacer más por tocar la mente con una grandeza curativa que semanas, meses, años de excavación autobiográfica obsesiva. (Roszak 2001, 310)

En una realidad desaxiologizada el puente que nos puede reconectar con lo cualitativo en los otros, en lo que nos rodea, se encuentra en el ámbito del sentir que lo estamos considerando 'irracional', con lo que o bien le impedimos que se desarrolle adecuadamente o bien reducimos el ámbito del sentir a los sentimientos surgidos de la reacción al entorno. El cultivo de las ciencias y sus productos tecnológicos ha reducido cualitativamente la realidad para nosotros y como consecuencia se reduce nuestra calidad de vida sensitiva y por tanto nuestra misma esencia perceptiva. La sensibilidad está amenazada de reducción. Cuando por mor a un principio de realidad

---

9   Vivimos una situación que se puede considerar una enfermedad colectiva: una especie que des-truye su propio hábitat, en ignorancia voluntaria de lo que hace, está "loca", y más teniendo en cuenta que ahora nuestro poder de destrucción es enorme y prácticamente inmediato. Casi se podría concluir que como especie carecemos de algún reflejo instintivo necesario para responder a problemas de tal magnitud. En cambio, encontramos malas excusas para continuar con nuestras formas destructivas. *A culture that can do so much to damage the planetary fabric that sustains it, and yet continues along its course unimpeded, is mad with the madness of a deadly compulsion that reaches beyond our own kind to all the brute innocence about us.* [Traducción nuestra: Una cultura que puede hacer tanto para dañar el tejido plane-tario que la sustenta, y sin embargo continúa su curso sin impedimentos, está loca por la locura de una compulsión mortal que se extiende más allá de nuestra propia especie, a toda la inocencia brutal que nos rodea.] (Roszak Voice of Earth 68-70).

regido por patrones científicos lo que nos rodea no humano se ve reducido a pura materia, entonces nosotros nos reducimos también (Roszak, 2001, 82). Esa perspectiva no nos permite ver mayores dimensiones en la realidad, y aún menos en medio todo el hormigón y el tráfico que nos rodea en las ciudades[10].

Como recoge Louv cabe preguntarse si ¿podría la salud mental de las personas verse perjudicada por los cambios infringidos a la naturaleza? Muestra que algunos estudios ponen de manifiesto que los seres humanos que viven en paisajes que carecen de árboles u otros elementos naturales sufren patrones de descomposición social, psicológica y física que son sorprendentemente similares a los observados en animales que han sido privados de su hábitat natural. Por tanto, se puede afirmar que se produce un impacto negativo de la vida desnaturalizada en la salud y el bienestar humanos generándose una mayor agresividad, más delitos contra la propiedad, más grafitis, más basura. Se podría denominar como 'ensuciar el nido', lo cual no es saludable, ningún animal en buena forma hace eso. También se ha constatado que las personas con menos acceso a la naturaleza muestran una atención o función cognitiva relativamente deficientes, una mala gestión de los principales problemas de la vida, y un menor control de impulsos. (Louv, 2011, 80)

Como recoge Louv cabe preguntarse si ¿podría la salud mental de las personas verse perjudicada por los cambios infringidos a la naturaleza? Muestra que algunos estudios ponen de manifiesto que los seres

---

10   Vemos con Roszak que la ciudad moderna representa nuestro intento más audaz de vivir "más allá" de la naturaleza como su observador y amo. Hoy, la cultura de las ciudades se ha convertido en la única cultura del planeta, y todas las demás perduran como curiosidades como guetos. También la vida silvestre sobrevive en reservas por la tolerancia urbana, al igual que las pocas sociedades ancestrales que aún se preservan.

Las ciudades antiguas fueron declaraciones de una independencia biológica deseada respecto al entorno natural. Durante muchos siglos ese aislamiento fue solo parcial porque los entornos silvestres nunca estuvieron lejos. Con el paso del tiempo y el crecimiento de la tecnología, hemos adquirido el poder de materializar el deseo de la alienación de la ciudad con respecto a la naturaleza. Afirma el psicoanalista Wilhelm Reich discípulo de Freud que *"Vivir en ciudades se ha convertido en un mecanismo cultural colectivo que nos separa de la vitalidad espontánea y de la intimidad sensual, nos distancia del contacto cercano con el continuum natural del cual evolucionamos".* (Roszak 220). De esta manera la naturaleza se ha convertido para nosotros en una esquiva y hostil antagonista a la que hay que acosar y dominar. (Roszak 220)

humanos que viven en paisajes que carecen de árboles u otros elementos naturales sufren patrones de descomposición social, psicológica y física que son sorprendentemente similares a los observados en animales que han sido privados de su hábitat natural. Por tanto se puede afirmar que se produce un impacto negativo de la vida desnaturalizada en la salud y el bienestar humanos generándose una mayor agresividad, más delitos contra la propiedad, más grafitis, más basura. Se podría denominar como 'ensuciar el nido', lo cual no es saludable, ningún animal en buena forma hace eso. También se ha constatado que las personas con menos acceso a la naturaleza muestran una atención o función cognitiva relativamente deficientes, una mala gestión de los principales problemas de la vida, y un menor control de impulsos. (Louv, 2011, 80)

Conciencia de que se hemos perdido algo

Pero nuestra insensibilidad destructiva nos está paralizando nuestra capacidad de sentir, disfrutar, indagar y crear gratuitamente. Como afirma Roszak al volvernos tan agresivamente y magistralmente "humanos", perdemos nuestra 'humanidad esencial', y olvidamos que el valor de la naturaleza no se limita a su utilidad inmediata para los seres humanos (Roszak, 2001, 71). Tiene un valor intrínseco: el de activar nuestra sensitividad y con ello desplegar la doble dimensión (2D). Podemos ver que en la realidad de las sociedades preindustriales hay mucho más que ver y oír, una percepción más sofisticada de las realidades que la que proporciona la propia de la ciencia y posibilita la tecnología. Para esas sociedades la materia tiene profundidad y complejidad, como algo infundido de mente e intención. Estas sociedades nos muestran una posibilidad de relación cualitativa-sensitiva con la realidad desde una sensibilidad ahora perdida. En esas sociedades aparece la estima y la comunión con los demás seres que están llenos de vida. Nosotros hemos perdido la solidaridad instintiva con la naturaleza y con las otras especies vivientes, hemos perdido la reciprocidad con ella, la capacidad de asombro ante ella, algo que se encontraría en nuestros propios orígenes evolutivos. Y con ello la captación de la doble dimensión de la realidad se ha vuelto menos obvia.

Hasta el momento en que hemos mirado al cosmos como materia que se organiza mediante fuerzas que se pueden convertir en fórmulas matemáticas, lo interpretábamos de manera poética, metafórica. Esa aproximación la hemos perdido y hemos quedado mermados, amputados. Para Roszak hemos reprimido mucho de lo que es esencial para la persona. (2001, 202)

A pesar de vivir en esta coyuntura, las generaciones jóvenes que han vivido en un entorno desvinculado de la naturaleza, de lo cualitativo, intuitivamente comprenden que han perdido algo. Seguramente viven una disconformidad con la falta de elementos cualitativos en su vida por lo que algunos mantienen un anhelo de naturaleza que puede rescatarlos de la pobreza sensitiva en la que viven, y por ello, algunos, se resisten a deslizarse de lo real-cualitativo a lo virtual. 'No quieren ser los últimos niños en el bosque'[11].

Como especie, alcanzamos la mayoría de edad en las sabanas de África Oriental viviendo una vida más silvestre que la actual. Gran parte de esa vida salvaje sigue existiendo en la arquitectura de nuestros cuerpos y mentes, y es necesario redescubrirla para nuestro bien y el del planeta. (Kahn y otros 2013, 207)

Para Louv hay un inconsciente ecológico generador de un dolor psicológico e incluso físico que tantos de nosotros sentimos cuando vemos que los paisajes naturales que amamos son reemplazados por construcciones, urbanizaciones, extracciones o centros comerciales. Ese es un sufrimiento real. (Louv 2011 80)

El teólogo y rabino Abraham Joshua Heschel escribió: "Nuestro objetivo debería ser vivir la vida con asombro radical, mirar el mundo de una manera que no dé nada por sentado. Todo es fenomenal; todo es increíble; ser espiritual es estar constantemente asombrado". (Louv, 2011, 88) Nos parece una manera de hablar de mantener una sensibilidad plena respecto

---

11   Expresión acuñada por Richard Louv (2018, 12)

a lo que nos envuelve, lo que nos deja abierta la doble dimensión (2D) y consecuentemente el acceso a la dimensión absoluta.

A pesar de todo la gente joven que pertenece a lo que se podría considerar la primera generación desnaturalizada, ansía algo mejor. La semilla de la naturaleza se mantiene en ellos en estado latente y tiene la capacidad de desarrollarse con solo un poco de agua. Se les puede mostrar la riqueza cualitativa de lo que les rodea y hacerles vivir que forman parte en un todo cualitativo lo que supone una mayor plenitud de vida. (Louv, 2011, 92)

Buscando soluciones

Después de haber presentado los efectos de la mediación tecnológica en nuestro sentir la realidad y conscientes de nuestras limitaciones, es el momento de esbozar soluciones al problema. Recogeremos propuestas de diferentes autores así como alguna elaborada por nosotros.

Con Corbí nos preguntamos ¿Qué se podría hacer para que la cultura y las personas de las sociedades de conocimiento (SC) recuperen la doble dimensión de la realidad de nuestro vivir de humanos? ¿Qué se podría hacer para romper esa coraza de cotidianidad exclusiva, sin grietas, para que se pueda vislumbrar la luz de la otra dimensión? (Corbí, EA10, 278)

Él plantea que la primera dificultad con la que nos topamos para hacer consciente del doble acceso a la realidad y de la cualidad humana (CH) a la sociedad de hoy, es que ni las sociedades industriales, ni las sociedades de conocimiento (SC) se han ocupado seriamente de educar la sensibilidad de sus miembros. Hoy se procura formar profesionales en ciencias y tecnologías, pero no nos ocupamos de educar y ayudar a cultivar la sensibilidad de sus miembros. El desarrollo y el cultivo de la sensibilidad se considera una cuestión personal, un asunto individual, no algo del que depende la sobrevivencia de individuos y colectivos. Esta es la opinión que todavía prevalece, pero resulta peligroso pensar así en las sociedades de conocimiento (SC).

El cultivo de la sensibilidad debe preparar para que los procedimientos de cultivo de la dimensión absoluta (DA) y de la cualidad humana profunda (CHP) sean eficaces. Ese cultivo continuado de la sensibilidad debe acompañar a todo el trabajo por adentrarse en la cualidad humana (CH). (Corbí, EA5, 98)

Veamos algunas vías de cultivo del sentir para nuestras sociedades. Algunas resultan complementarias entre sí.

1. Volverse a las cosas

En una sociedad para la que la religión y las ideologías se han vuelto obsoletas, Corbí propone volverse directamente a las cosas individual y colectivamente para producir una fisura en nuestra cotidianidad, casi de una sola dimensión, que permita verla de otra forma de manera que pueda mostrar la noticia de esa otra dimensión, es decir para poder escuchar lo que ellas dicen y no lo que nosotros les hacemos decir. Se trataría de conseguir comprender y sentir que en este mundo humano nuestro "hay más, mucho más" que lo que nos dice nuestra interpretación cotidiana; que "hay más" de lo que nos dice nuestro saber científico; que "hay más" de lo que proclaman nuestras ideologías. Volverse a las cosas puede mostrarnos que toda nuestra realidad, incluidos nosotros mismos, tiene otra dimensión, otra cara, otra profundidad, otra lectura, que la que hace nuestra mente y sentir espontáneamente. Toda nuestra realidad tiene una dimensión gratuita, porque sí, absoluta. (EA10, 278)

Se trata de vivir esa noticia, y para conseguirlo bastaría con ponerse ante un cielo estrellado[12], frente al mar, las montañas, las flores, la variedad de especies vivientes, el cielo, la tierra, las nubes, la luna, las estrellas, los niños, los ancianos, frente a cualquier realidad. Si se llega a tener ese contacto íntimo con todo, si lo contemplamos con el máximo interés y en silencio,

---

12   Acceder sensorialmente al cielo nocturno es un encuentro primigenio. El cielo nocturno que vemos existe desde que hay sol y tierra. A veces la gente se adentra sola en la naturaleza, reconociendo que la propia soledad proporciona otro medio de renunciar al control y abrirse al Otro primigenio. Lo primigenio existe en nuestra relación con la naturaleza exterior. Pero los humanos también formamos parte de la naturaleza. Somos naturaleza humana y, por tanto, lo primigenio también existe dentro de nosotros y en nuestra relación mutua. (Kahn y otros 2013, 211)

el tiempo necesario, se le dirá a nuestro sentir que todo está ahí, fuera de la relación que pueda tener con cualquiera de nosotros; está ahí porque sí, absolutamente. Se trata de un volverse a las cosas con todo el corazón y la mente, para poder captar su belleza multiforme e inacabable y sentirse conmovidos por el milagro, la maravilla y el misterio de las humildes cosas de nuestro mundo, modelado por nuestra necesidad. Para Corbí esta es la experiencia capaz de agrietar la dura coraza de la cultura que nos rige, que es opaca, sin profundidad, sin esperanza, propia de la época tardía de las sociedades industriales, en las que arrancan las sociedades de conocimiento (SC). La doble dimensión (2D) de toda nuestra realidad es capaz de abrir la cerrazón que ha producido nuestra cultura actual. (EA10, 279)

Muchos ecopsicólogos como Roszak, Kanh, Luov estarían de acuerdo. Ellos constatan el 'déficit de naturaleza' y 'la amnesia de naturaleza no manipulada por nosotros' y las consecuencias que eso tiene a nivel psicológico y de salud para los humanos.

Pero se va a necesitar un cultivo de la sensibilidad para recorrer ese camino que pasa por atender a las cosas, la inmensidad de los mundos con la sensibilidad y la mente en punta. Para lo cual se debería fomentar el estar solo y en silencio en la naturaleza. Corbí añade que bastaría con adoptar una actitud parecida a la de los artistas. Los artistas precisan solo volverse, con todo el corazón y la mente, a las cosas, para poder captar su belleza multiforme e inacabable, la maravilla y el misterio que se presenta en las humildes cosas de nuestro mundo. Se trata de un observar en profundidad cada ser, sin buscar nada en esa observación, de manera plenamente gratuita, superando la impresión de perder el tiempo, para lo cual también habrá que fomentar el interés y la atención por toda realidad de manera gratuita. (Corbí EA8, 159)

2. Acercarse a la naturaleza desde la intuición, la sensibilidad estética

Esta propuesta es una variante de la anterior. Roszak afirma que nuestra cultura tiene una perspectiva científica reduccionista que siempre busca comprender atomizando las cosas en sus partes componentes; que hacemos un uso preponderante de la mente racional, lo que nos lleva a interpretar la vida y el ser humano con bajos niveles cualitativos. Ante esto sugiere Roszak que podríamos usar una facultad que es totalmente diferente y que supera la mente racional: la intuición, la sensibilidad estética, facultades que tienen que entrar en juego si se quiere entender correctamente la naturaleza. (166). Mediante estas facultades se puede llegar a percibir la compleja y asombrosa adaptación de las cosas entre sí en el mundo que nos rodea: la flor diseñada para la abeja, la abeja para la flor. Deberíamos poder observar el complejo orden en lo que existe hasta que provoque asombro. Para ver la maravillosa complejidad en lo que nos rodea, se necesita ser un gran observador y disfrutar con los detalles de las cosas y sus interrelaciones. (180). Y desde ahí llegar al asombro como primer paso para la doble dimensión (2D).

Para axiologizar nuestras vidas será necesario acercarse y comprender la naturaleza en toda su complejidad, un conocimiento sin duda esencial, pero con el conocimiento no es suficiente. Se necesita una sensibilidad entendida como cordura que socave la racionalidad científica y que desarraigue los supuestos fundamentales de la vida industrial. Es necesario adquirir un profundo respeto, incluso una veneración por todas las formas y modos de vida; para conseguirlo es necesario alcanzar una comprensión de estos modos de vida desde dentro, un tipo de comprensión como el que tenemos con nuestros semejantes humanos. Hay que llegar a comprender que la naturaleza nos contiene como especie y ese conocimiento eliminará la creencia de que los seres humanos están separados de la naturaleza y por encima de ella, ya sea como amos o como administradores[13].

Ese contacto íntimo con la naturaleza, esa inmersión sensorial en lugar de ser meros espectadores se podría conseguir practicando deportes al aire libre de formas inusuales y en lugares inesperados; realizar más de una

---

13 Si, como creían los poetas románticos, nacemos con el don de escuchar la voz de las cosas, de la Tierra, entonces hacer oídos sordos a su llamado debe ser un esfuerzo desgarrador y doloroso de mantener, al igual que todos los esfuerzos por escondernos de la verdad de nuestra identidad. La represión duele. A ese dolor lo llamamos "neurosis". Roszak se pregunta ¿cómo una psique que alguna vez estuvo simbióticamente arraigada en el ecosistema planetario produjo la crisis ambiental que ahora enfrentamos? ¿Cómo una psique que es de un animal se ha desarraigado tanto de su medio natural? (306)

actividad al aire libre al mismo tiempo (pescar más observación de aves = pesca, o pescar más fotografía de vida silvestre = phishing); combinar la recreación con la conservación (etiquetar tiburones, contar pumas); evitar el equipo más caro, preferir el equipo hecho a mano o restaurado y practicar el minimalismo; al pescar o cazar, matar para comer o no matar en absoluto (algunos pescadores con mosca ahora usan moscas sin anzuelos, para sentir solo la emoción del ataque). Y, sobre todo, desconectar el iPod y abrir los sentidos a la experiencia completa. (Louv, 2011, 90)

Dado que el problema de la amnesia ambiental generacional tiene su génesis en la infancia, Kahn sugiere que es necesario involucrar a los niños en una educación ambiental sensitiva para maximizar su exploración e interacción con la naturaleza que todavía existe dentro de su ámbito: insectos, mascotas, plantas, árboles, viento, lluvia, suelo, sol. (Kahn 2002, 105)

3. Fomentar una educación que haga ver lo cualitativo gratuito como más atractivo que lo puramente útil

Roszak propone que, por medio de la educación y la persuasión, llegar a conseguir que lo cualitativo gratuito resulte más atractivo que lo puramente útil dirigido a satisfacer necesidades primarias. Deberíamos reconducirnos hacia una reevaluación de lo cualitativo gratuito como una oportunidad para conocer en profundidad, crear, disfrutar del tiempo, de las cosas, de las personas.

El entorno cultural en el que vivimos nos exige una enorme extroversión de la atención y la energía con la finalidad de sacar el máximo provecho personal en las más de las situaciones posibles. Esto es fuente de insatisfacción. Habría que revertir esa tendencia. Acceder al mundo como lo conocíamos antes de que nos enseñaran que es una acumulación de cosas muertas y sin propósito, verlo como un algo infinito y misterioso detrás de cada cosa.

Las tradiciones nos proponen un ejercitarse en no buscar nada para uno, un acceso a todo en modo gratuito y en no movilizarse por los sentimientos sino cultivar el sentir hondo.

Fomentar el extender nuestra atención a lo que no nos resuelve las necesidades primarias como el arte, animales, el cielo, las personas de manera que se tornen en plenitud para nosotros. A través de atender a lo cualitativo llegar a darse cuenta de que en torno nuestro merodea la cualidad de la belleza, el encanto, la gracia, difíciles de definir pero generosas. Haciéndonos conscientes que interiorizar el contacto con esas cualidades proporciona un núcleo interno de calma y un sentido de integración con todo.

4. Evidenciar que todo existe por interdependencias

Hay que conseguir hacer evidente para todos que nada existe de manera aislada, que todo lo que vive es en tanto relación: los bosques, los humanos, los arroyos, las ciudades y pueblos, las economías de manera que se haga evidente que el mirar de manera atomizada o solo para sí mismo resulta inadecuado, inapropiado y perjudicial, mientras que mirarlo todo como interdependiente nos hace salir del pequeño mundos que nos hemos construido.

5. Reducir el dominio urbano-industrial

Fomentar el gusto por el contacto con la naturaleza y lo cualitativo en general. Una relación cualitativa con la naturaleza necesita que su presencia sea importante, viva y autónoma como querríamos que estuviera cualquier ser querido. Eso significa reducir el dominio urbano-industrial, lo utilitario para que las cosas silvestres y las no utilitarias puedan tener la autonomía que necesitan para su presencia entre nosotros.

6. Aprovechar la demanda popular de atención y reconocimiento educándola y reconduciéndola para transformarla en herramienta para el crecimiento cualitativo

El argumento de Roszak es que dado que como afirma el darwinismo estamos relacionados a lo largo del árbol biológico con los peces, los reptiles, las plantas, entonces habría que esperar que este linaje haya dejado sus residuos en nosotros. Si es así, entonces el ego, en su búsqueda de una identidad sólida e independiente, puede tener algo más grande a lo que recurrir. El individuo sano no se aísla, sino que se relaciona con el medio ambiente de tal manera que se puede decir que el individuo y el medio ambiente son interdependientes. (Roszak, 294).

7. Reconstruir el vínculo con lo cualitativo

Hay que ver y vivir lo cualitativo en lo que nos rodea como antídoto a la disminución axiológica de la vida cotidiana, como reducción del estrés, para una mejor salud física, un sentir más profundo, mayor creatividad. Éstos son algunos de sus beneficios, pues podemos añadir que en advertir y vivir lo cualitativo reside la posibilidad de experimentar la doble dimensión (2D). Aún es posible conectar con lo cualitativo en lo que nos rodea, para lo cual es necesario encontrar o redescubrir la alegría, el entusiasmo y el misterio en lo que nos rodea.

Para ello hay que estar en contacto con la naturaleza que puede ser desde el balcón de la casa hasta el parque urbano (Kahn, 2011, 105). Y allí realizar acciones sencillas en la naturaleza y hablar de los sentimientos significativos, profundos y a menudo alegres que generan como la satisfacción de recoger arándanos en un caluroso día de verano, la serenidad de pasear por la orilla del mar, el asombro de encontrarse con un animal salvaje o una babosa bajo los pies o de dormir bajo el cielo nocturno o incluso de ver el cielo nocturno en nuestros entornos urbanos. (Kahn 2011, 183).

8. Mediante los conocimientos científicos o cualitativos

La interacción con la naturaleza suele ser mejor cuando intervienen el cuerpo y la mente, pero incluso la mente por sí sola puede hacer algo.

El conocimiento científico puede ayudar a ver la grandeza y la complejidad de todo lo que existe en nuestra vida y desde ahí ayudarnos a reencantar el mundo y redescubrir lo cualitativo.

De la misma manera, rodearse del conocimiento y del sentir hondo de los grandes personajes del presente o del pasado nos ayuda a ampliar nuestra propia mente-sentir. Preguntarse si alguien de tiempos pasados viera esto, lo de hoy " ¿qué vería y qué diría?". (Kahn 2011,112)

9. Asumir que vivimos en un mundo modelado y desde ahí abrir el acceso a la segunda dimensión

Para Corbí la certeza vívida de que nuestro mundo es modelación nuestra, permite acercarse a él de manera más directa y limpia de supuestos, es decir es una vía rápida para una relación cualitativa mayor con todo. Comprender y vivir la no realidad de lo que damos por real, va a permitir que las cosas modeladas nos hablen de su incógnita, su misterio, su dimensión absoluta. Pero para llegar ahí hay que vencer una resistencia del sentir a abandonar la epistemología mítica que afirma que las cosas son, tienen realidad. Queda por investigar cómo quebrar esa resistencia del sentir para que pueda aproximarse más limpia y directamente a las cosas.

Se necesitaría unir mente y sentir, para poder vivir a fondo la doble dimensión y la realidad única de lo que hay: la dimensión absoluta. Para ello habrá que reflexionar seriamente sobre nuestra condición animal, que precisa modelar la realidad a la medida de sus necesidades: somos un animal al que la evolución dotó de competencia lingüística, como diferencia específica, sin nada más añadido.

Meditar profundamente en esa nuestra condición animal hasta comprender y sentir que como todos los animales tenemos que modelar la realidad según nuestras necesidades y tenemos que hacerlo según las diferentes formas culturales de satisfacer esas necesidades. Meditar hasta comprender y vivir la no realidad, la realidad vacía de todo, lo que va a permitir que las cosas modeladas nos hablen de la dimensión absoluta. Por consiguiente, llegar a ver que lo verdaderamente real es una incógnita, un gran misterio. (Corbí, EA10, 202-203)

Podría ayudar a acercar a la dimensión absoluta (DA) a la gente de hoy poner de manifiesto que vivimos encerrados en una modelación que nos impide, en un alto porcentaje, aunque no totalmente, percibir lo que nos rodea de forma nueva, libre, pacífica y sutil. Y una vez reconocido que todo en nuestro mundo es producto de la mente y fruto de modelos culturales poder desplazarse al lugar sin discriminaciones, a la dimensión absoluta.

10. Cultivar la atención involuntaria en la naturaleza

Aprovechar la necesidad de resolver la fatiga de la atención dirigida mediante el ejercicio de atención involuntaria que proporciona la naturaleza. Para que la naturaleza se convierta en terapéutica debe darse una *fascinación débil* (*soft*), que generan los rasgos espectaculares de las cosas. Por ejemplo, atender a los animales silvestres o a las cuevas no requieren atención dirigida porque provocan una fascinación de manera involuntaria. Si la naturaleza es rica constituye un mundo completamente diferente, lo que no significa un flujo interminable de estímulos fascinantes. El entorno debe proporcionar lo suficiente para ver, experimentar y pensar, de modo que ocupe una parte sustancial del interés de la mente. (Kaplan, 171-173).

Ciertos entornos provocan inherentemente reacciones emocionales positivas y resultan especialmente atractivos para nuestra atención como paisajes con agua, vegetación y vistas amplias. (Michaelis, 24). Aprovecharlo para reestablece el vínculo con la naturaleza, es decir con lo cualitativo que ella es.

11. *Veneración por todo*

Conducir a las personas a observar todo gratuitamente, a la naturaleza toda, a cada ser en detalle, con detenimiento, en conjunto, sin codicia de ninguna clase para hacer lugar, en su silencio, al sentir hondo de la dimensión absoluta. El cultivo de esta atención requiere el cultivo del interés gratuito sin perseguir algo para sí mismo. Se trata de una observación por largo espacio de tiempo hasta que surja la admiración e incluso la veneración. (Corbí, EA8 159-160)

CONCLUSIONES

En las sociedades de innovación y cambio continuado y acelerado necesitamos cultivar la cualidad humana, es decir el doble acceso a la realidad para poder así gestionar adecuadamente la marcha de la ciencia y la tecnología.

Ese acceso a la doble dimensión (2D), dimensión relativa (DR) y dimensión absoluta (DA), de la realidad implica una captación y valoración de lo cualitativo gratuito. Pero la intermediación de la tecnología nos limita en gran manera ese contacto íntimo con lo cualitativo que nos rodea, a lo no referido a los propios deseos y necesidades. Sin esa intimidad con lo cualitativo gratuito solo nos movemos por intereses individuales o colectivos sin apenas tener en cuenta al resto de vivientes.

La proximidad a lo cualitativo se obtiene del contacto cercano con la realidad misma, con lo que nos rodea atendiendo e interaccionando con ella. El lugar primordial para encontrarse con lo cualitativo es la naturaleza.

Y aunque es verdad que las nuevas generaciones están libres de principios religiosos e ideológicos de épocas pasadas lo que, a priori, les permitiría poder tener la experiencia más directa de la dimensión absoluta (DA) en el mundo que nos rodea sin las figuraciones de la dimensión absoluta (DA) del pasado, la mediación de la ciencia y la tecnología les distancia de lo cualitativo gratuito y con ello se dificulta la noticia de la dimensión absoluta (DA) dejando una cultura de una dimensión. Lo que resulta preocupante es la duda de si por la unidimensionalidad de su cultura, si por la inmediatez en la que viven, van a destinar suficiente tiempo e interés para que se produzca una fisura en su mundo que permita recibir una noticia más patente de la dimensión absoluta (DA). Y preocupa que para que se produzca esta captación de la dimensión absoluta (DA) es necesaria una sensibilidad y una mente en punta hacia un dato cualitativo algo que no tienen en su horizonte cultural.

La motivación para la reaxiologización a escala planetaria debe surgir desde dentro, de una necesidad genuinamente personal y colectiva de una nueva calidad de vida en la que todo quede redimensionado.

Para una reaxiologización del mundo hoy vemos necesario fomentar la presencia, el cultivo de un sentir profundo, lo que implica crear las condiciones para que esto suceda, es decir, incrementar imprescindiblemente una presencia y un cultivo de lo cualitativo de calidad para dejar abierta la posibilidad de la noticia de lo sutil. En nuestro trabajo hemos esbozado unas cuantas vías aunque claramente hay muchas más.

El cultivo de lo cualitativo y el acceso a la dimensión absoluta están imbricados. Hemos presentado que la dimensión absoluta (DA) es cualitativa, es aquello cualitativo más alejado de los intereses del propio ego; es una captación sensitiva y por tanto cualitativa; la captación de una noticia no formulable pero cierta.

Pero que la dimensión absoluta (DA) sea cualitativa, sutil y no formulable significa que el individuo necesita, para detectarla, de un refinamiento en la captación de lo cualitativo en lo que le rodea. Esto implica a los sentidos y la sensibilidad. El cultivo de la sensibilidad debe preparar para la noticia de dimensión absoluta gratuita que conduce más allá de uno mismo. Ese cultivo continuado de la sensibilidad debe acompañar a todo el trabajo por adentrarse en la doble dimensión (2D).

Cuando lo cualitativo de calidad, aquello que se percibe por los sentidos pero que no está directamente relacionado con resolver necesidades;

aquello que se percibe por los sentidos pero nos desplaza del mundo creado alrededor del ego; cuando eso sutil desaparece del ámbito cultural, entonces se dificulta enormemente la accesibilidad a la dimensión absoluta (DA) y quedamos encerrados en el mundo que solo mira por las propias necesidades, en la pura supervivencia.

Hay que revertir la tendencia cultural de distanciarse de lo cualitativo de nuestro entorno. Para conseguirlo sería una buena estrategia unir la preocupación social (de padres, maestros, etc.) por el aislamiento en el que viven sus hijos pegados a teléfonos y pantallas, con los estudios fundamentados sobre los riesgos de apartarse de lo cualitativo y con la epistemología axiológica (EA). Habría que aprovechar los movimientos sociales que tienen una creciente certeza de que tanto nuestra salud física como la mental están ligadas al entorno natural como son los movimientos neoagrícolas, la escuela verde, el urbanismo verde, el crecimiento inteligente, el decrecimiento, CETR... Todos estos movimientos comparten una profunda tristeza ante la creciente brecha entre la naturaleza y la vida cotidiana. Una brecha que significa vivir en un medio empobrecido cualitativamente.

Hay que hacer experimentar a las generaciones jóvenes la posibilidad de vivir en un constante asombro, un asombro que no viene tanto de nuevos conocimientos sino de mirar al mundo de tal forma que no se da nada por supuesto, nada es trivial, todo resulta un asombro.

Hay que hacerles vivir que el contacto cualitativo con lo que nos rodea nos hace ver que no estamos solos en este mundo, sino que existimos junto a otra realidades y dimensiones con las que vivimos en total interdependencia. Hay que hacer vivir que estamos expuestos a algo mayor y más antiguo que nuestra existencia humana inmediata.

Tenemos que estar alerta frente al celo acrítico, casi religioso, por aplicar el enfoque tecnológico a todas las facetas de la vida desconectando de lo plenamente sensitivo. Una invasión que no tiene en cuenta los efectos que va a tener sobre la vida de unos animales como nosotros. Por ejemplo, si, como indica la ciencia, la evolución de la mano y la del cerebro van emparejadas en los homínidos, vivir mediante la tecnología va a tener consecuencias importantes; o si lo cualitativo despierta la creatividad, entonces ¿qué sucederá cuando las generaciones futuras estén tan restringidas a lo electrónico y no cultiven el acceso a lo cualitativo-sensitivo pleno? El acceso al mundo tecnológico no puede ser a expensas del mundo plenamente cualitativo-sensitivo.

Para incentivar la búsqueda de soluciones al problema del decrecimiento de la sensibilidad respecto a lo cualitativo deberíamos imaginar el futuro que nos espera si no hacemos algo al respecto. Eso sería un incentivo.

Debemos ser lúcidos sobre el papel que debe jugar la ciencia y la tecnología para no dejarnos en sus manos, sin otra guía que lo que se puede hacer se hace sobre todo si aporta beneficios económicos. Pensar que ellas, desde esa orientación, pueden salvarnos de nuestros desvaríos es no conocer nuestra propia historia. No hay ninguna razón de peso para pensar que con la ciencia y tecnología que tenemos galopando a su libre criterio estamos en una posición privilegiada para resolver nuestros problemas. Debemos mostrar claramente que el cultivo de lo cualitativo es imprescindible para manejarnos individual y colectivamente, para reconducir la innovación científica y tecnológica.

Queda claro que reducir el nivel cualitativo-estimulativo del entorno a las relaciones humanas, como parece que es la tendencia, resultaría una vida artificiosa en la que habríamos perdido la mayor fuente gratuita y amplia de lo cualitativo-sensitivo.

Para que la especie prospere y con ella el resto de vida en el planeta es necesario redescubrir, retomar, desarrollar y vivir lo cualitativo-estimulativo en el medio que es el lugar privilegiado para encontrarlo.

No podemos renunciar a la tecnología, pero al mismo tiempo y con la misma intensidad debemos buscar el contacto y el cultivo de lo cualitativo-sensitivo de calidad para que haga de orientador del desarrollo científico tecnológico.

Disponemos de una oportunidad muy breve para transmitir a nuestros hijos nuestro amor por esta tierra, ese contacto cualitativo con ella y mostrarles que esos son los momentos en los que el mundo tiene sentido.

Conclusiones sobre el papel de la naturaleza virtual

Como hemos dicho en el trabajo, hoy hay una tendencia muy mayoritaria en considerar que la experiencia de la naturaleza virtual puede substituir el contacto con la naturaleza silvestre. Aunque se puede aceptar que la virtual tiene sus efectos beneficiosos sobre los individuos proporcionando entretenimiento, educación, emoción, aventura, relajación, y según el análisis de resultados empíricos también proporciona un cierto grado de filiación con la naturaleza, hemos mostrado diferentes razones por las que no puede sostenerse la defensa de esta sustitución.

Entre las razones que hemos citado destacaríamos que la naturaleza virtual busca generar información excitante, y rica estimulativamente y que se ajuste a los deseos y manipulaciones del sujeto; y que las experiencias en realidad virtual (RV) crean una sensación de control y brindan retroalimentación inmediata, todo ello no concuerda con la experiencia de la naturaleza silvestre. Para experimentar lo silvestre, hay que renunciar al control que proporciona la tecnología sobre nuestro contacto con la naturaleza. El contacto con la naturaleza silvestre debe implicar una vuelta al misterio, a lo que es sutil que conecta con nuestra propia sutilidad que nunca podremos conocer del todo.

Es evidente que las experiencias en la naturaleza en persona aumentan la conexión y los estados de interdependencia con ella en relación con las condiciones virtuales fuera de la naturaleza silvestre. Y si tuviéramos que comparar la captación de lo cualitativo en el contacto con ambas naturalezas, nos atreveríamos a poner un símil: así como el trigo de secano puede vivir tomando la humedad de la niebla, pero nunca va a desarrollase igual que si recibiera lluvia, así la captación de lo cualitativo en la realidad virtual nunca podrá desarrollase como en el contacto con la naturaleza silvestre.

Como animales que somos las experiencias sensoriales generan íntimos vínculos del individuo con el entorno en el que se vive. Para que ocurran es necesario explorar, interactuar con todos los sentidos el medio en su propio espacio y tiempo. Tener la atención mediatizada por lo tecnológico reduce fisiológica y psicológicamente el uso de los sentidos lo que conduce a una reducción de la captación de lo cualitativo, es decir restringe la riqueza cualitativa de la experiencia humana.

Un medio rico cualitativamente presentará continuamente alternativas para una interacción creativa. Y eso resulta esencial para el desarrollo de la cualidad humana. Un medio rígido, cualitativamente pobre o dirigido a niveles básicos de sobrevivencia, limitará el desarrollo del individuo o del grupo lo que reducirá el acceso a la doble dimensión (2D). Se supone que estas experiencias de realidad virtual (RV) permiten a los usuarios tener la sensación de aventura y la adrenalina sin involucrarse en los factores de riesgo. Sin embargo, se trata de una experiencia muy mediada que mantiene al usuario alejado de lo que es el contacto directo con la naturaleza.

Considerar que el contacto con la naturaleza virtual se asemeja al contacto con la naturaleza real supone ignorar el valor cualitativo intrínseco de la naturaleza que hemos ido desglosando en el escrito, y supone ignorar lo que significa la relación sensitiva directa con la naturaleza silvestre. Las personas tienen una amplia gama de estados emocionales y respuestas fisiológicas a la naturaleza real que no son reproducibles con la virtual como lo muestran muchos estudios empíricos. (Low y Otros, 2023; Levi y Kocher, 1999)

Las experiencias en realidad virtual (RV) tienen efectos perniciosos para el contacto con la naturaleza real porque con facilidad pueden conducir a considerar la naturaleza real como insulsa, molesta y poco interesante en comparación con la emoción de un vídeo o videojuego sobre la naturaleza. En consecuencia ¿por qué deberíamos tener que lidiar con los mosquitos y otros problemas de la naturaleza real? ¿Por qué deberíamos visitar entornos naturales que no son tan bellos como los simulados que podemos experimentar en casa? En consecuencia, es posible que las personas que han crecido en contacto con las pantallas no disfruten de la naturaleza porque no está a la altura de sus expectativas. Con un problema añadido: que utilizar la naturaleza virtual para satisfacer nuestros deseos psicológicos nos vuelve menos conscientes de lo que nosotros, como humanos, le estamos haciendo a nuestro entorno, como afirman Levi y Krocher, lo que supone una desconexión peligrosa.

Si se entiende la experiencia sólo como sensaciones, entonces la realidad virtual puede simular la experiencia de la realidad (al menos para la visión y el sonido). Pero si consideramos la experiencia como una interacción cualitativa "persona-mundo", entonces la naturaleza virtual es una experiencia inferior, le falta contexto, libertad, espontaneidad, dimensiones. Podemos afirmar que la experiencia en la realidad virtual (RV) ya no está conectada con nuestra relación con el mundo; ya no es una experiencia de aprendizaje sobre el mundo.

La capacidad de los ordenadores actuales para ofrecer simulaciones dinámicas altamente detalladas, con múltiples dimensiones de escenas y fenómenos naturales con los que los espectadores pueden interactuar en tiempo real es un cambio significativo en la forma en que se pueden percibir e interactuar las formas mediadas de la naturaleza. Ofrecen un grado de inmediatez y realismo sin precedentes que previsiblemente irán ampliándose. Pero por las razones expuestas no consideramos la posibilidad de que este tipo de aplicaciones sean potencialmente capaces de restablecer la conexión desvanecida del individuo y el entorno natural como afirman numerosos autores. No pueden resolver el actual déficit de naturaleza. Ni tampoco puedan favorecer una redimensión de lo cualitativo de calidad en nuestro mundo.

Debemos reconocer que lo cualitativo de calidad ha disminuido notablemente en nuestras vidas, y de esta manera colocar la realidad virtual (RV) en el lugar que debe ocupar en nuestras vidas.

Aunque la mediación científica y tecnológica nos ha cambiado el mundo y nuestra relación con él, se ha establecido como medio para afrontar el mundo, somos animales y lo cualitativo-sensitivo principalmente en la naturaleza se mantiene como una semilla esperando a brotar.

Bibliografía

Ahn, S. J., Bostick, J., Ogle, E., Nowak, K., McGillicuddy, K., & Bailenson, J. (2016). Experiencing nature: Embodying animals in immersive virtual environments increases inclusion of nature in self and involvement with nature. *Journal of Computer-Mediated Communication,* 21(6), 399–419. https://doi.org/10.1111/jcc4.12173

Aiken Mary. 2016. *The Cyber Effect. A Pioneering Cyberpsychologist Explains How Human Behaviour Changes Online.* Nueva York: Spiegel & Grau.

Alison Attrill-Smith ,Alison. 2019. *The Online Self. The Oxford Handbook of Cyberpsychology.* Oxford University Press . pp 17-33

Ancis, J. R. 2020. The Age of Cyberpsychology: An Overview. Technology, *Mind, and Behavior,* 1(1). https://doi.org/10.1037/tmb0000009

Arredondo, M., Bade, D., Bhattacharjee, D., Bus, A., Rake, F., Snethlage, A. M., Buijs, A. 2018. *Exploring effects of digital technologies on experiencing nature.* Wageningen:Wageningen Environmental Research

Attrill-Smith, A. 2019. *The Online Self. En: The Oxford* Handbook of Cyberpsychology .Oxford University Press . pp 17-33

Chan SHM, Qiu L, Esposito G, Mai KP, Tam KP, Cui J. Nature in virtual reality improves mood and reduces stress: evidence from young adults and senior citizens. *Virtual Real.* 2021 Nov 26:1-16. doi: 10.1007/s10055-021-00604-4. Epub ahead of print. PMID: 34849087; PMCID: PMC8617374. En: https://link.springer.com/article/10.1007/s10055-021-00604-4

Corbí. M. 2017. *Las sociedades de conocimiento y la calidad de vida. Principios de Epistemología Axiológica 5.* Madrid.Bubok.

Corbí. M. 2022. *La mente y la cualidad humana. Principios de epistemología axiológica 8.* Madrid. Bubok.

Corbí. M. 2024. *El colapso de los proyectos de vida colectivos. Principios de epistemología axiológica 10.* Madrid. Bubok.

De Witte, M. 2022. *Gen Z are not 'coddled.' They are highly collaborative, self-reliant and pragmatic, according to new Stanford-affiliated research.* Stanford Report. https://news.stanford.edu/2022/01/03/know-gen-z/

Deringer, A.S.; Hanley, A 2021 Virtual Reality of Nature Can Be as Effective as Actual Nature in Promoting Ecological Behavior. En: Ecopsychology 13(3):219-226 DOI:10.1089/eco.2020.0044 Disponible en: https://www.researchgate.net/publication/354766942_Virtual_Reality_of_Nature_Can_Be_as_Effective_as_Actual_Nature_in_Promoting_Ecological_Behavior ; https://www.academia.edu/59499836/Virtual_Reality_of_Nature_Can_Be_as_Effective_As_Actual_Nature_in_Promoting_Ecological_Behavior

Fisher, A. 2002. *Radical Ecopsychology. Psychology in the Service of Life.* State University of New York Press.

Folgado-Fernández, J.A., Rojas-Sanchez, M., Palos-Sanchez, P.R., Casablanca-Peña, A.G. 2023. Can Virtual Reality Become an Instrument in Favor of Territory Economy and Sustainability? En: *Journal of Tourism and Services* Vol. 14 No. 26, pp.92-117.

García, A. 2017. A Psychological Nature Walk With Peter H. Kahn Jr., PhD. En: *Psi Chi, the International Honor Society in Psychology Summer* .Volume 21 https://doi.org/10.24839/1092-0803.cye21.4.17

Hari, J. 2023. *El valor de la atención: por qué nos la robaron y cómo recuperarla.* Barcelona:Península.

Hartig, T., Van den Berg, A.E., Hagerhall, C.M., Tomalak, M., Bauer, N., Hansmann, R., Bell, S. 2011. Health benefits of nature experience: psychological, social and cultural processes. En: Nilsson, K., et al. (eds.) Forests, *Trees and Human Health*, pp. 127-168. Springer, Dordrecht. https://doi.org/10.1007/978-90-481-9806-1_5

Hidayat, Z., Hidayat, D. 2020 *Environmental Sense of Gen Z in Online Communities: Exploring the Roles of Sharing Knowledge and Social Movement on Instagram.* Communication Department, BINUS Graduate Program—Master of Strategic Marketing Communication, Bina Nusantara University, Jakarta https://luxiders.com/gen-z-the-most-sensitive-generation-2/ https://freemasonry.bcy.ca/civility/civility_infographic.pdf

Jacobsen, W. C., & Forste, R. 2011. The wired generation: Academic and social outcomes of electronic media use among university students. *Cyberpsychology, Behavior, and Social Networking*, 14(5), 275–280. https://doi.org/10.1089/cyber.2010.0135

Jung, S., Jang, J., Park, B., Lee, S. (2004). The study on avatar's conditions to creations to create an identity in cyber life. In *Proceedings Of The Annual Conference Of Jssd The 51st Annual conference of JSSD* (pp. C09-C09). Japanese Society for the Science of Design.

Kahn, P. H., Jr. 2002. Children's affiliations with nature: Structure, development, and the problem of environmental generational amnesia. In P. H. Kahn, Jr. & S. R. Kellert (Eds.), *Children and nature: Psychological, sociocultural, and evolutionary investigations* (pp. 93–116). MIT Press. https://depts.washington.edu/hints/publications/Childrens_Affiliation_Nature.pdf

Kahn, P. H., Severson, R. L., & Ruckert, J. H. 2009. The Human Relation With Nature and Technological Nature. *Current Directions in Psychological Science*, 18(1), pp. 37–42. https://doi.org/10.1111/j.1467-8721.2009.01602.x

Kahn, Peter H. 2011. Biophilia. En: *Technological Nature : Adaptation and the Future of Human Life*. Cambridge, Massachusetts: The MIT Press pg 12-35.

Kahn, Peter H. 2011. Environmental Generational Amnesia En: *Technological Nature : Adaptation and the Future of Human Life*.Cambridge, MA, MIT Press, pg 163-195

Kahn, P. H., Jr., & Hasbach, P. H. 2013. The rewilding of the human species. En: P. H. Kahn, Jr. & P. H. Hasbach (Eds.), *The rediscovery of the wild* (pp. 207–232). The MIT Press.

Kaplan, S. 1995.The restorative benefits of nature: Toward an integrative framework. En: *Journal of Environmental Psychology* Volume 15, Issue 3, pp. 169-182

Katz, R.; Ogilvie, S.; Shaw, J; Woodhead, L. 2021. GenZ, Explained. *The Art of Living in a Digital Age.* Ed. The University of Chicago Press. DOI https://www.bibliovault.org/BV.landing.epl?ISBN=9780226814988

Kellert, S.R. 2002. Aldo Leopold and the Value of Nature. En Knight, R. L.; Riedel, S. (eds), *Ecological Conscience* .New York: Oxford Academic https://doi.org/10.1093/oso/9780195149432.001.0001 pg 128-137

Kim, S. W., Jeong, I. K. 2005. A study on the influence of avatar on the immersion of elementary class homepage and the students cyber-self. *Journal of the Korean Association of Information Education*, 9(3), 473-482.

Kratky, A. (2012). Playing Nature – A Short History of Our Mediated Relationship to Nature. In: Cipolla-Ficarra, F., Veltman, K., Chih-Fang, H., Cipolla-Ficarra, M., Kratky, A. (eds) *Human-Computer Interaction, Tourism and Cultural Heritage*. HCITOCH 2011. Lecture Notes in Computer Science, vol 7546. Springer, Berlin, Heidelberg. https://doi.org/10.1007/978-3-642-33944-8_8

Levi, D. y Kocher, S. 1999. Virtual nature. The future effects of information technology on our relationship to nature. *Environment and Behavior* 31 (2): 203-226.

Louv, R. 2011. *The Nature Principle: Human Restoration and the End of Nature-deficit Disorder*. New York: Algonquin Books.

Louv, R. 2018. *Los últimos niños en el bosque: salvemos a nuestros hijos del transtorno por déficit de naturaleza.* Madrid: Capitán Swing Libros.

Low, A. H., Chung, C. Y. M., Cheong, I. J. Y., Loke, C. X. Y., Rosenthal, S. 2023. Growing Natural Connections: The Effects of Modality and Type of Nature on Connectedness to Nature. *Environmental Communication*, 18(3), 285–301. https://doi.org/10.1080/17524032.2023.2272300

Mayer, F. S., Frantz, C. M. 2004. The connectedness to nature scale: A measure of individuals' feeling in community with nature. *Journal of Environmental Psychology*, 24(4), 503–515. https://doi.org/10.1016/j.jenvp.2004.10.001

Michaelis, Jessica. 2019. *If a Virtual Tree Falls in a Simulated Forest, is the Sound Restorative? An Examination of the Role of Level of Immersion in the Restorative Capacity of Virtual Nature Environments Electronic*. Theses and Dissertations. University of Central Florida.

Mikropoulos, T.A.; Natsis,A 2011 Educational virtual environments: A ten-year review of empirical research (1999–2009)En: Computers & Education Hyperlink "https://www.sciencedirect.com/journal/computers-and-education/vol/56/issue/3"Volume 56, Issue 3, April 2011, Pages 769-780 https://doi.org/10.1016/j.compedu.2010.10.020

Orchard, L.J 2019. Uses and Gratifications of Social Media: Who Uses It and Why? *The Oxford Handbook of Cyberpsychology*. Oxford University Press .pp 331-346 .

Paas, F. G. W. C., and van Merriënboer, J. J. G. 1994. Variability of worked examples and transfer of geometrical problem-solving skills: a cognitive-load approach. *J. Educ. Psychol*. 86, 122–133. doi: 10.1037/0022-0663.86.1.122

Ramzi, H.; Hagerhall, C. 2024. The impact of viewing condition on landscape evaluations: Adding a feeling of presence to photo based studies using a large curved display. En: GI '24: *Proceedings of the 50th Graphics Interface Conference Article* No.: 11, Pages 1 - 11 https://doi.org/10.1145/3670947.3670984

Rickard, S. C., White, M. P. 2021. Barefoot walking, nature connectedness and psychological restoration: the importance of stimulating the sense of touch for feeling closer to the natural world. *Landscape Research*, 46(7), 975–991. https://doi.org/10.1080/0 1426397.2021.1928034

Roszak, T. 2001. *The Voice of The Earth. An Exploration of Ecopsychology.* Grand Rapids: Phancs Press,U.S.A

Sakhaei H, Biloria N, Azizmohammad Looha M.2022. Spatial stimuli in films: Uncovering the relationship between cognitive emotion and perceived environmental quality. *Frontiere in Psychology.* 13:940882. doi: 10.3389/fpsyg.2022.940882

Schubert, T; Friedmann,F; Regenbrecht, H. 2001. The Experience of Presence: Factor Analytic Insights. Presence: *Teleoperators and Virtual Environments*; 10 (3): 266–281. doi: https://doi.org/10.1162/105474601300343603

Schultz, P. W. 2000. Empathizing with nature: The effects of perspective taking on concern for environmental issues. *Journal of Social Issues*, 56(3), 391–406. https://doi. org/10.1111/0022-4537.00174

Schultz, P.W. 2002. Inclusion with Nature: The Psychology Of Human-Nature Relations. In: Schmuck, P., Schultz, W.P. (eds) *Psychology of Sustainable Development.* Springer, Boston, MA. https://doi.org/10.1007/978-1-4615-0995-0_4

Simran Alekar, S.; Pugalia, S.; Natu, S. 2017-2018. Cyber Selves + Real Selves: Nothing Instant About It! (A Study Of Millennials' Use Of Instagram). *Mindscape Volume Iii Progressive Education Society's Modern College Of Arts, Science And Commerce* Ganeshkhind, Pune-16 .Pp59-66. https://www.moderncollegegk.org/pdf/Psychology_ data/Mindscape%20III.pdf

Smith, M.D., Getchell, S., Weatherly, M. 2018. Human Connectedness to Nature: Comparison of Natural vs. Virtual Experiences. In: Wu, TT., Huang, YM., Shadiev, R., Lin, L., Starčič, A. (eds) *Innovative Technologies and Learning.* ICITL 2018. Lecture Notes in Computer Science(), vol 11003. Pg.215-219 Springer, Cham. https://doi. org/10.1007/978-3-319-99737-7_22

Sneed, J. C., Deringer, S. A., & Hanley, A. 2021. Nature connection and 360-degree video: An exploratory study with immersive technology. *Journal of Experiential Education,* 44(4), 378–394. https://doi.org/10.1177/10538259211001568

Teluma, ARL & Kartini, R. 2019. *Wajah "Lamaholot Cyber-Self": Catatan Etnografis Virtual atas Presentasi Diri Anggota Grup Facebook "Suara Flotim".* Makalah dipresentasikan dalam Seminar Nasional -Generasi Milenial dan Tantangannya di Era Revolusi Industri 4.0- di Universitas Nusa Nipa Maumere, 8 Juli 2019. En: https://www.researchgate.net/ publication/338900828_wajah_lamaholot_cyber-self_catatan_etnografis_virtual_atas_ presentasi_diri_anggota_grup_facebook_suara_flotim

Truong, M-X. A. Clayton,S. 2020. Technologically transformed experiences of nature: A challenge for environmental conservation?, En: *Biological Conservation,* Volume 244, https://doi.org/10.1016/j.biocon.2020.108532. https://www.sciencedirect.com/ science/article/pii/S0006320719311103.

Zhang,W.,and Zhang,L.2012. Explicating multitasking with computers: gratifications and situations. *Comput. Hum. Behav.* 28, 1883–1891. doi: 10.1016/ j.chb.2012.05.006

Motivación y atención.
El impacto de la "economía de la atención" sobre dos pilares de la cualidad humana

Teresa Guardans[1]

Cada momento cultural presenta sus propios retos en relación al cultivo de la cualidad humana. El escenario que vamos viendo desplegarse, fruto de la actual dinámica de las sociedades de conocimiento, repercute en varios factores clave. Dos de ellos nos parecen especialmente relevantes: la movilización del interés por la realidad y el cultivo de la atención. Desde hace años no los perdemos de vista, les hemos ido dedicando estudio y reflexión, especialmente en relación al ámbito educativo, y han sido ya el tema de algunas de nuestras participaciones en estos encuentros[2]. Hemos ido viendo cómo el alejamiento progresivo de los entornos y dinámicas "naturales" de socialización, ha incentivado una profunda revisión de los objetivos de la educación y de las metodologías empleadas.

Hasta ahora se trataba, sobre todo, de adecuar los procesos educativos a las nuevas condiciones y posibilidades, y de paliar algunos de los "efectos secundarios" que se iban detectando, fruto del asentamiento de ciencia y tecnologías en todos los ámbitos. Pero en los últimos años estamos presenciando –y viviendo en carne propia– los efectos de un fenómeno de una naturaleza muy diferente. Se trata de la llamada "economía de la atención" o "capitalismo de la atención", un modelo económico que basa la obtención de beneficios en la captación y manipulación de la atención de

---

[1]   Es doctora en Humanidades, Màster en Humanidades, licenciada en Filología. Ha publicado numerosas obras y ha creado el portal https://www.otsiera.com/ con recursos para el cultivo de la interioridad para niños y jóvenes..

[2]   Muy especialmente: *El cultivo de la cualidad humana, un reto pedagógico (2008); El desarrollo competencial y el cultivo de la cualidad humana (2010) y Los cuatro pilares del sistema educativo: abriendo paso al cultivo de la cualidad humana* (2017).

miles de millones de seres humanos. El espacio, o el medio, lo configuran redes sociales, aplicaciones, videojuegos, etc.

Apropiándonos de la alegoría que utiliza el psicólogo clínico Francisco Villar Cabeza[3], estamos bebiendo agua contaminada, quienes la contaminan lo saben, y no dejan de aumentar los índices de contaminación. Y lo que resulta todavía más grave: incorporan al agua sofisticados componentes adictivos para que prefiramos beber el agua del río contaminado que la de otros.

¿Cuál es la cuestión? El modelo económico al que nos estamos refiriendo desarrolla todo tipo de recursos y estrategias para capturar la atención humana en el entorno digital, fragmentándola y alejándola del entorno "presencial", para crear necesidades y dependencias que generen demandas que el mercado se encargará de satisfacer. Continuando con la alegoría del agua, las grandes tecnológicas obtienen importantes beneficios económicos comercializando el agua que han contaminado y la presentan teñida de colores y en atractivas botellas asociando su consumo con los conceptos de "éxito y felicidad". Esta política afecta a todas las edades, pero la industria sabe bien que cuanto antes comienza la adicción más asegurada tienen la fidelización de la clientela de por vida. Sin escrúpulos.

El psiquismo, el desarrollo cognitivo, la atención y el sentir, todo, se ve profunda y directamente afectado por el peculiar uso de las tecnologías que se está llevando a cabo desde este modelo económico. Lo cual está teniendo un fuerte impacto, ya no sólo para el cultivo de la cualidad humana, sino para la mismísima viabilidad de una vida humana saludable, de unas sociedades sanas.

Vamos a reflexionar sobre ello, presentando sumariamente algunos factores clave de esta nueva carrera por la acumulación de beneficios.

---

3   F. Villar Cabeza. *Com les pantalles devoren els nostres fills.* Herder, 2023, p. 11.

Una previa. La esencia de la cualidad humana

Echemos a andar con un breve repaso sobre la base de eso que llamamos "cualidad humana". Entendemos por cualidad humana un uso de las capacidades que no quede supeditado exclusivamente a las dinámicas de la egocentración. La comprensión del entorno, de la sociedad y de la propia existencia no "son" la programación y proyección que proporciona el ego al servicio de la supervivencia de los individuos y de la especie. El uso al servicio de la supervivencia es necesario, por supuesto, pero no exclusivo.

Percepción, mente, sentir, acción, todo aquello que configura el existir humano, se presenta y se activa de determinada manera en ese fragmento particular de vida que somos cada uno, pero ese conjunto compacto, en íntima interdependencia, no es "propiedad" de una individualidad, sus posibilidades y límites no son los que pueda llegar a imponer el dinamismo de la egocentración. La naturaleza de la cualidad humana es, precisamente, el cultivo y el fruto de un uso no egocentrado de las capacidades, un uso desde la gratuidad; o desde una egocentración no egoísta, una egocentración que no se identifica con el nacer y morir de un breve momento y fragmento de vida.

Cegada por la identificación con un cuerpo, una existencia surgida en el proceso de la vida, no veo, no percibo, no siento, no comprendo, que esa forma de la vida con la que estoy tan familiarizada, es la Vida, ilimitada, compleja, interrelacionada con todo, una única existencia en su infinito despliegue. Romper con la hipnosis que me mantiene en esa confusión (en ese "error necesario" –como lo llama Marià Corbí–), posibilita que el alcance de la combinatoria de percepción-mente-sentir-acción que tiene lugar aquí, en mí, resulte ilimitado, puesto que se ha diluido la frontera que separaba a la parte del todo. Y es ese giro radical de perspectiva el que me permite, nos permite, reconocer el doble rostro de la realidad: el de las modelaciones condicionadas por la necesidad, y el no-rostro, o el sabor sin nombre, el sin-forma en todas las formas, que se presenta ahí, con independencia del mirar necesitado.

Esa cualidad humana, ese cambio de perspectiva, sabe a comunión con todo, a interés sin límites, a profunda paz y gozo. Pues disolviendo la identificación con un fragmento inestable y frágil, se disuelven las causas de los miedos, rechazos, ansias, etc. La tal cualidad humana, por tanto, no radica en bloquear el dinamismo del deseo, en "matarlo", sino en reconducirlo hasta resituarlo en el eje real de la existencia. De algún modo, requerirá trabajar la comprensión para convencer hondamente al ego de que vale la pena que reconsidere su función, su radio de alcance: del mi al todo. Nisargadatta lo expresa con fuerza:

> «Usted está tan cegado con lo personal, que no ve lo universal. Esta ceguera no acabará por sí misma, debe ser eliminada hábil y deliberadamente. [...] Sólo hay vida. No hay nadie que viva una vida. Contemple la vida como infinita, indivisa, siempre presente, siempre activa, hasta que se dé cuenta de que es uno con ella.»[4]

> «Usted está todo el tiempo destruyéndose a sí mismo sirviendo a dioses extraños, hostiles y falsos. Sea egoísta del modo adecuado. Desee el bien para sí mismo, destruya todo lo que se interponga entre usted y la felicidad. Sea todo, ámelo todo, sea feliz, haga feliz. No hay felicidad mayor.»[5]

Entre los elementos que han de intervenir para propiciar ese "adecuado egoísmo" hay dos que se encuentran, más que nunca, en la cuerda floja: el deseo desinteresado y la atención.

Movilizar al deseo y a la atención más allá del campo de los automatismos del yo y sus necesidades, nunca ha sido fácil; insisten en ello, desde antiguo, voces de sabiduría en todos los rincones del planeta, orientando y ofreciendo recursos. Pero el motor económico que en el presente está empujando la evolución de las sociedades de conocimiento, depende, precisamente, de su éxito en fortalecer más y más la centralidad de la individualidad multiplicando los deseos personales, para generar una

---

4   Nisargadatta Maharaj. *Yo soy Eso*. Sirio, 2003. p.417.
5   *Ibídem*, p.167.

mayor demanda a la cual satisfacer; a costa, por otro lado, de alimentar la desatención, capturando la atención en el entorno digital, fragmentándola y alejándola de la realidad "real".

De ahí que en esta reflexión nos detengamos especialmente en estos dos factores, aunque sabemos que su radio afecta a la existencia humana en su conjunto, a toda ella. No vamos a inventar la rueda, ya hay mucha literatura sobre estos temas. Pero nos parece que no está de más poner de relieve algunas ideas clave y aportaciones, teniendo especialmente en cuenta estas peculiares condiciones culturales.

Cuatro pinceladas sobre el capitalismo de la atención

Ya hace unos años que nos movemos entre aplicaciones y redes sociales y que sabemos que nos entretienen y distraen. Pero en los últimos tiempos algo importante ha cambiado. Estas tecnologías aparecieron como medio de conexión y comunicación entre personas. En cierto modo, democratizaban el flujo de información y comunicación porque permitían compartir contenidos sin necesidad de contar con patrimonios ni infraestructuras costosas. Las empresas tecnológicas se ganaban la vida, claro, no eran oenegés, pero podría decirse que en una primera etapa el objetivo de la actividad era la comunicación. Para sostenerse, innovar y obtener beneficios incorporan anuncios. Y ahí es donde empieza el cambio de agujas. En poco tiempo, el objetivo pasó a ser el aumento del consumo, el satisfacer las expectativas de las empresas anunciantes. El intercambio de contenidos se convertía en el medio o escenario donde poder incentivar el consumo. Lo cual implica retener la atención del usuario el máximo tiempo posible en el entorno digital. Al coste que sea. Y el aumento de usuarios. Al coste que sea. La atención humana pasa a ser el bien más codiciado por las distintas plataformas y aplicaciones. Y se invierten ingentes cantidades de dinero en capturarla. De ahí que se hable de capitalismo o economía de la atención.

La base del modelo de negocio de la llamada "economía de la atención" es conocida: cuanto más tiempo pasa la gente en las plataformas, más dinero ganan las empresas, ya que venden más anuncios y recogen más datos de los usuarios que podrán vender a terceros. Por tanto, la atención resulta ser el bien más preciado, y todos los esfuerzos irán dirigidos a capturarla el máximo de tiempo posible. La dinámica económica perseguirá, pues, tres objetivos básicos:

- La "implicación" (*engagement*), definida por los minutos y horas que los usuarios pasan conectados al producto.

- El crecimiento, basado en garantizar el regreso del usuario, así como sus invitaciones a nuevos usuarios, en una cadena expansiva de "amigos".

- La publicidad (y ventas), que es el objetivo último, mediante el cumplimiento de los dos anteriores.

Los críticos con el sistema insisten en que el problema no son las tecnologías en sí mismas –teléfonos inteligentes u ordenadores portátiles– sino los objetivos que persiguen las aplicaciones desarrolladas en función de este modelo económico. A medida que los efectos "colaterales" se han hecho más y más evidentes, crece el número de voces de denuncia desde el interior del sistema, con el propósito de concienciar a la gente del *hackeo* al que estamos siendo expuestos. Una diversidad de ex profesionales de Silicon Valley está comprometiéndose muy activamente a través de todo tipo de iniciativas, insistiendo en que el modo en el que la tecnología actúa actualmente sobre nuestra atención es una opción, no la única: es la opción del capital y de la sociedad en general que se lo está permitiendo. Un ejemplo sería el documental de Netflix *El dilema de las redes (The social Dilemma*, 2020), o los libros de N. Carr y J. Hari, a los que vamos a referencia.

Una de las voces que se hace oír es la de Tristan Harris, un ex ingeniero de Google, cofundador del *Center for Humane Technology*. Quizás lo que más impacta de las intervenciones de Harris es la demostración de hasta qué punto la manipulación de la atención ocupa a los programadores y, al mismo tiempo, cómo se multiplican los efectos imprevistos de los que nadie se hace responsable. Harris[6] relata que hace unos veinte años, jóvenes programadores de todo el mundo soñaban con trabajar en Silicon Valley creyendo que podrían mejorar el mundo. Algunos, él mismo entre ellos, asistieron en el año 2002, a un curso que ofrecía el Laboratorio de Tecnologías Persuasivas de la Universidad de Standford, una formación para ayudar a diseñar tecnologías capaces de incidir en el comportamiento humano. Lo impartía J.B. Fogg, "un mormón afable", que les dio a conocer amplia literatura sobre los avances de la psicología del siglo XX en relación a la modificación de la conducta. Uno de los puntales era la filosofía de los "refuerzos adecuados" de B.F. Skinner, con los que había demostrado que se podía controlar y modificar el comportamiento de palomas, ratas y cerdos. Los alumnos debían aplicar los aprendizajes en sus ejercicios de programación. Fogg "enseñaba a sus alumnos que solo debían usar esos poderes para cosas buenas y les planteaba debates éticos durante el curso." Ahí nacieron las primeras aplicaciones basadas en el envío de fotografías on-line, por ejemplo. Y tomando en cuenta las ideas de Skinner de construir refuerzos inmediatos, surgió la idea de añadir la posibilidad que los usuarios recibieran corazones y *likes*. Nacía así Instagram, fruto del trabajo de dos alumnos del curso, M. Krieger y K. Systrom.

En la última clase a la que asistió T. Harris, los alumnos abordaron maneras de usar esas tecnologías de la persuasión en el futuro y un grupo se preguntó: "¿Y si en el futuro contáramos con un perfil de todas y cada una de las personas del mundo? En tanto que diseñadores, tendríamos acceso a toda la información que ofrecen en sus redes sociales y crearíamos un perfil detallado de ellas." Y la imaginación siguió cabalgando sobre la posibilidad de conocer los gustos, deseos, personalidades, estados de ánimo, etc., de las personas, para poderse dirigir específicamente a cada una de ellas. Todo lo que podría hacerse a partir de ahí. Harris cuenta que en ese punto empezó a asustarse, pero continuaba convencido del poder de la tecnología para favorecer a la humanidad. Él mismo diseñó, por ejemplo,

---

6 Johann Hari. *El valor de la atención. Por qué nos la robaron y cómo recuperarla.* Península, 2023, pgs. 148-183.

alguna aplicación para limitar la dispersión en los procesos de búsqueda de informaciones. Pero pronto vio cómo el objetivo de lograr la máxima "implicación" de los usuarios invadía el trabajo de los distintos equipos de Google. Los incentivos empujaban en una única dirección: a diseñar productos que implicaran al máximo número de personas posible. Y hoy ya vemos cómo fructificó aquella idea de un final de curso, cómo correos, mensajes, compras, búsquedas en Google maps, conversaciones, cualquier movimiento nuestro es rastreado hasta configurar perfiles personales que permiten no sólo adecuar la oferta a la demanda, sino predecir la demanda, provocarla, orientar decisiones y elecciones, etc.

No nos extenderemos ahora sobre el itinerario personal de Harris, sólo mencionar que llevó a cabo un pase de diapositivas de denuncia, dirigido a su equipo de trabajo en Google, que inmediatamente se hizo viral. Avisaba del más de once mil millones de interrupciones diarias que generaban en las vidas de las gentes, robando tiempo y destruyendo la capacidad de pensar con continuidad, la explotación sin límite de las vulnerabilidades humanas, etc. Su conclusión era que la intención de la dinámica de Silicon Valley podía no ser perjudicar la vida de la gente, pero que resultaba un efecto inevitable de su actual modelo de negocio. Google reaccionó creando para él el cargo de "diseñador ético". Harris lo aceptó, pensando que se avanzaba en la dirección deseada, pero cuando constató que no se tenía en cuenta ninguno de los análisis ni propuestas que se hacían, abandonó Google.

Cómo desestructurar la atención y la relación con la realidad

Vamos a recoger de manera sumaria algunos de esos factores que afectan a la capacidad de atención y a la motivación, propios de las aplicaciones que dan vida a la llamada economía de la atención.

La *aceleración* y *exceso* de los flujos de información no deja de aumentar, con dos consecuencias directas: la alternancia y la dificultad de filtración. La aceleración en los distintos órdenes de la vida es un fenómeno previo a internet. Pero, en lo que respecta al flujo de la información, Internet y el multicanal (la presencia de múltiples canales a un tiempo), la acelera y multiplica.

Pensar en la posibilidad de la multitarea, o la multiatención, es una falacia. La realidad es la alternancia entre tareas. Es decir, una constante interrupción de la atención, que va cambiando constantemente de objetivo. Esas interrupciones afectan mucho más que el tiempo que se tarda en reaccionar a tal o cual aviso que llegue desde cualquiera de las pantallas que podamos tener al alcance. Incluso sin entrar en una cadena de visitas, resituar la atención en el punto en el que se estaba, exige tiempo y esfuerzo; y a medida que se suceden las interrupciones esa reconexión resulta ser cada vez más superficial, menos compenetrada con aquello a lo que se estaba atendiendo y, por tanto, menos creativa y resolutiva.

N. Carr, en *Superficiales* (2017), analiza la ambivalencia del flujo de información digital. De una parte, con las redes sociales la capacidad de compartir se multiplica, se dispara a todos los niveles, permite mostrar creaciones, compartir pensamientos, estar en contacto, al tiempo que fomenta la interrupción, la alternancia, la falta de concentración y la capacidad de procesar la información. También él insiste en que el *quid* está en el interés de las empresas en que el usuario no se detenga en una información, que divida su tiempo de conexión en el máximo de visualizaciones distintas posible, atendiendo a los infinitos reclamos que se le presentan. Carr en una entrevista respondía que no había pretendido escribir un libro de autoayuda, sino que se limitaba a alertar sobre las consecuencias de la dirección que está tomando el mundo digital. La capacidad de distracción de los micromensajes, lanzados sin pausa, es enorme, debilitando más y más la capacidad de concentración. La habilidad de concentrarse en algo es clave para la memoria a largo plazo, para el pensamiento crítico y conceptual y también en los tempos que requieren las emociones para ser procesadas y, por tanto, para la posibilidad de desarrollar empatía. Para N. Carr el deterioro de la atención y la deshumanización van de la mano.

Deterioro de la función de filtraje. El exceso de inputs de informaciones genera que quede superada la función de filtraje por la cual la corteza prefrontal cerebral va dando paso a la incorporación de las informaciones que considera relevantes. De ahí que la atención quede ahogada por la presencia de esos excesos de información solapándose, lo cual impide un adecuado ejercicio de la atención. La constante respuesta de las capacidades cognitivas a la aceleración y al exceso conlleva deficiencias en la comprensión basada en la atención sostenida, deficiencias de interpretación, de imaginación, de establecer relaciones mentales, etc. Consecuencia importante de todo ello será la dificultad para poder lidiar con textos escritos que exijan una concentración algo continuada. La progresiva desaparición de la lectura sostenida se mostrará como síntoma y causa, a un tiempo, de la atrofia de la atención.

Small y Vorgan hablan del estado de "atención parcial continua" al que el entorno digital somete a nuestros cerebros. Se describe como estar permanentemente ocupados, siempre atentos, pero sin centrarnos nunca de verdad en algo concreto. Es un estado de vigilia constante que nos mantiene atentos a la aparición, en cualquier momento, de un aviso o información, y que nos hace sentir conectados al medio. De una parte, se nutre al ego, su sentido relacional y la valoración de sí mismo, al mismo tiempo que se produce un cansancio cerebral que dificulta la verdadera atención continuada, la reflexión y la toma de decisiones.[7]

Dificultades de lectura atenta. Maryanne Wolf ha estudiado detenidamente las consecuencias de la progresiva pérdida de capacidad de lectura profunda, o atenta, o crítica; es decir, la pérdida de la capacidad de comprender lo leído y poderlo explicar de un modo comprensible a otras personas. Es distinta de la lectura de escaneo, meramente informativa, en la que los ojos resbalan por encima de unas páginas o de una pantalla. Remarca que los seres humanos no han nacido para leer, no existe ninguna disposición genética que nos prepare para la lectura. Se requiere un aprendizaje posibilitado por la plasticidad del cerebro infantil. Este aprendizaje proporciona beneficios insustituibles en diversos ámbitos de la vida individual y social, ya que implica un complejo de actividades que contribuyen a la comprensión: procesos deductivos, la habilidad

---

7   Small, G.; Vorgan, G. *El cerebro digital.* Urano, pgs. 33-34.

para realizar analogías, el análisis crítico, la reflexión, la imaginación y la intuición. Y, en concreto, en lo que se refiere a las obras de ficción, el proceso de lectura atenta permite situarse en la piel de los personajes, en un ejercicio que contribuye a comprender la conciencia de otras personas, a compartir emociones y conflictos, a aumentar la capacidad de empatía.[8] Durante milenios la humanidad no ha sido lectora. Pero la mayoría de los beneficios que se le atribuyen a la lectura se producían de un modo similar en las culturas orales, cuando los grupos se reunían a escuchar y compartir relatos y crónicas.

También J. Hari dedica un capítulo a la caída de la lectura sostenida y presenta una serie de investigaciones centradas en la relación entre lectura y comprensión desde la empatía. Asimismo, compara los mensajes que transmiten los soportes por el que nos llegan los contenidos[9]. Tener un libro en las manos nos "habla" de la complejidad de la vida, nos "dice" que, si queremos entenderla, es necesario dedicar un tiempo a la reflexión. Un libro nos "dice" que vale la pena dejar de lado ocupaciones y preocupaciones para poder prestar atención a algo, página a página. Que la reflexión en profundidad sobre cómo viven y piensan otras personas nos enriquece. Las redes nos "dicen" algo muy distinto.

El mensaje de las redes. Tal como se están desarrollado las redes sociales (bajo el único criterio de la "implicación") y las informaciones que se absorben y se emiten a través de ellas, el mensaje que va calando más y más, es que bastan afirmaciones breves para explicar la realidad, que no hace falta más. Y que el grado de interés o aportación de una afirmación se corresponde con el aplauso inmediato de un alto número de personas. Que el valor de la vida y de las situaciones es en la medida en que sean mostradas al examen público y, por consiguiente, lo más valioso es lo que consigue la aprobación inmediata del mayor número de personas. "Amistad" se convierte o se traduce en "aplauso", en reacción positiva inmediata. La empatía y los lazos sociales se transforman en un cultivo de la "amistad" que consiste en atender permanentemente lo que los demás muestran, sin

---

8   Wolf, M. *Lector, torna als llibres: el cervell lector en un món digital.* Viena, 2021. pp. 55-89.
9   Hari, J. *Op. cit.* pp. 119-122.

dejar de aplaudir. Una red como Instagram subraya, además, que el factor más importante es como nos vemos y nos ven externamente. Como el espejo de Blancanieves, la pantalla se convierte en juez, en una constante comparación entre la propia vida y el propio cuerpo con el muestrario de cuerpos y modelos de vida que circulan ante nuestros ojos "pantallados".

Una imagen externa a la que una red como TikTok añade la acción. Los vídeos subidos en TikTok son perfectos para sumar todos esos mensajes en una actuación de unos pocos segundos. Independientemente de que los hay que pueden ser verdaderas obras maestras, el algoritmo de TikTok sabe muy bien lo que debe mostrar a cada usuario. Con los datos recopilados de antemano, el algoritmo es capaz de sugestionar, influenciar y modificar los hábitos y conductas de las personas, hasta un grado de sometimiento y explotación impensables. Nunca antes el mercado había tenido acceso a unos ámbitos vitales tan íntimos. Si a todo ello le sumamos que el tiempo dedicado a las pantallas reduce drásticamente el tiempo de interacción directa con el entorno y las personas, no cuesta imaginar los efectos. Nos dice Byung-Chul Han:

> "La comunicación a través del smartphone es una comunicación descorporizada y sin presencia visual del otro. La comunidad tiene una dimensión física. Simplemente por la falta de corporeidad, la comunicación digital ya debilita a la comunidad. La vista solidifica a la comunidad. La digitalización hace desaparecer al otro como mirada. La ausencia de mirada también es responsable de la pérdida de empatía en la era digital".[10]

Aunque no nos detengamos explícitamente en los videojuegos, son pieza importante de toda esta economía, no hay que olvidarlo. Ya antes de la expansión masiva de las redes, saltaron las alarmas acerca de algunos juegos por sus componentes adictivos y distorsionadores. Pueden lograr mantener capturada a la gente en el mundo virtual, entrenándola en comportamientos impensables en el entorno presencial, proponiendo

---

10   Byung-Chul Han. *No-coses. Canvis radicals del món en què vivim*. La Magrana, 2021, p.35-36.

retos y acciones que pueden llegar hasta la autodestrucción, pasando por el aislamiento social y el insomnio.

Los refuerzos positivos. Un factor más a tener en cuenta es la manipulación psicológica con la que trabajan las aplicaciones y sitios, adiestrando a las mentes a desear recompensas frecuentes: más y más dependientes de reacciones, corazones, *likes* y aplausos. Las transformaciones en los circuitos neuronales se afianzan con la repetición. Cualquier estímulo que se repita con la suficiente frecuencia establecerá el consiguiente conjunto de caminos en la red neuronal del cerebro, que se pueden convertir en permanentes. Una vez establecida la necesidad de aprobación inmediata hay que alimentarla y sostenerla constantemente. En caso contrario, la ola de frustración ocupa toda la atención y el ámbito emocional[11]. Esos refuerzos positivos son mucho menos evidentes y continuados en el mundo físico, de ahí a tender a refugiarse más y más en compañía de relaciones virtuales, rodeados de un número –que ha de ser siempre creciente– de "amistades" digitales.

Las amplias oportunidades de compartir, dar a conocer, dar voz, que ofrecen las redes, aún sin disponer de grandes medios para ello, tiene un abanico de consecuencias de distinta naturaleza. Hemos visto cómo se puede participar (o influir) en las dinámicas políticas y sociales, desde cualquier rincón del planeta. Hemos presenciado el surgir de movimientos espontáneos en reacción a determinadas situaciones, pero no ignoramos las ingentes inversiones de algunos Estados y corporaciones para lograr influir en la opinión pública y controlarla. O, también, el fenómeno de las microcelebridades (*influencers*) que alimenta y motiva la confianza en que cualquiera puede salir del anonimato si se lo propone. Y de ahí el consiguiente refuerzo de las dinámicas de la egocentración, polarizadas hacia la fama, el reconocimiento y el aplauso, al precio que sea, perdiendo de vista la realidad.

El sesgo negativo. Cuando alguien abre Facebook, YouTube, u otros sitios, son miles las cosas que podrían verse. Se crean, pues, programas para

---

11   Small, G.; Vorgan, G. *Op.cit*,. pp. 19-30.

decidir automáticamente lo que se muestra. Se podrían usar toda clase de algoritmos para orientar esa selección y el orden en que se ofrecen los contenidos. Pero la programación obedece al principio clave de atrapar la atención el máximo tiempo. Así que el algoritmo siempre se orienta a determinar qué es lo que seguimos mirando para administrar más de eso que atrae nuestra atención. Lo cual está teniendo unas consecuencias no previstas, de gran calado. Está más que comprobado que los humanos, de promedio, nos quedamos mirando más tiempo lo negativo o indignante que lo positivo y tranquilizante. Así pues, desde la balanza de la implicación es evidente la ventaja que supone el "sesgo negativo". Un algoritmo que prioriza mantener al usuario pegado a la pantalla prioriza también, sin pretenderlo, indignar e irritar. Basta con llenar las entradas de Facebook con expresiones de indignación para multiplicar los *likes* y el número de gente que va a compartir la entrada. La indignación, el rechazo y el odio van penetrando en el tuétano de las sociedades. Además de generar y alimentar la indignación, los distintos sitios hacen sentir la presencia de la ira de las otras personas, lo que desencadena respuestas psicológicas de defensa (y ataque) ante los potenciales peligros. En este momento, las afirmaciones falsas se propagan por las redes mucho más deprisa que la verdad, a causa de los algoritmos que esparcen contenidos indignantes más deprisa y con mayor alcance. Se activa una reacción en cadena que aleja de la comprensión de la realidad, dificultándola.

Los algoritmos "saben" que hay que diseminar *fake news* y teorías que aumenten las dosis de odio, miedo y rabia en los usuarios porque esto hace que la gente esté más tiempo en las plataformas y envíe enlaces para que sus amigos también se puedan enfadar, tengan miedo y permanezcan en la plataforma. Estamos presenciando profundos cambios en el tejido social y sus ideas compartidas, sin que nadie se sienta responsable de ello.[12]

O sin querer reconocer la responsabilidad.

---

12 Johann Hari. *Op. cit.*, pp. 178-187, 224-236.

Algo empieza a cambiar

En 2020 Facebook llevó a cabo una investigación interna ante la sospecha de que sus sistemas de recomendación potenciaban los extremismos, los grupos racistas y fascistas y que, de algún modo, tenían relación con otras disfunciones sociales. Los ejecutivos de la empresa ignoraron los demoledores resultados del informe, así como las recomendaciones de sus propios expertos y responsables. Lo cual impulsó a la ingeniera de Meta, Frances Haugen, a dejar la empresa llevándose consigo 21.000 documentos internos, que a continuación filtró al Congreso americano y al diario *The Wall Street Journal*. En base a toda esa información, el diario publicaba en 2021 una serie de artículos, poniendo al descubierto los resultados de la investigación llevada a cabo. Pudo saberse que se había comprobado que el 64% de las personas de todo el mundo que se unían a grupos extremistas lo hacían porque los algoritmos de Facebook se lo habían recomendado directamente. Que la plataforma se utilizaba para reclutar a terroristas y para gestionar las actividades de los cárteles de droga mexicanos. Capítulo aparte eran los efectos en la infancia y la adolescencia. Habían constatado con toda evidencia que los métodos empleados por Facebook e Instagram estaban detrás de los trastornos alimenticios e intento de suicidio de jóvenes en todo el mundo. Y cómo las estrategias comerciales de Instagram acentuaban la inseguridad y la depresión, en un mayor grado entre niñas y adolescentes. En los documentos filtrados por Haugen se podía leer, por ejemplo: "nuestros algoritmos explotan la atracción que el cerebro humano siente por la división", "si no se controlara, el sitio suministrará a los usuarios contenido cada vez más divisivo en un intento de obtener la atención del usuario". La propia investigación interna llegó a la conclusión que había que abandonar el actual modelo de negocio. Dado que su crecimiento estaba vinculado a unos resultados tóxicos, la empresa debía abandonar los intentos de crecer. La reacción de los directivos de la empresa fue ridiculizar el informe e ignorarlo.[13]

Las revelaciones de Frances Haugen impulsaron el inicio del cambio. Cuarenta y un Estados americanos interpusieron una denuncia contra

---

13 *Ibídem*, p. 228-229.

Meta por mentir y afectar a la salud mental de los jóvenes. Y el Congreso puso en marcha su propia investigación como base para el desarrollo de leyes en protección de la ciudadanía. En su declaración ante un comité del Senado, Haugen declaró que "la compañía sabe cómo hacer Facebook e Instagram más seguros, pero no harán los cambios necesarios porque han puesto sus beneficios astronómicos por delante de la gente. Es necesaria una acción del Congreso."

En Europa, en febrero de 2024 entró en vigor la Ley de Servicios Digitales, el código normativo de la UE que tiene por objetivo que el entorno online sea más seguro, más justo y transparente, en protección de los usuarios. Aunque no hay que bajar la guardia por el momento –insisten–, pues sin una presión pública sólida, las grandes tecnológicas no cambiarán de estrategia. Están dispuestas a dedicar una parte de sus beneficios a hacer frente a las multas correspondientes. Por ahora van aplicando algunos retoques de maquillaje, como incluir avisos a los adultos recomendando un uso responsable y especificando que no se trata de productos para menores, mientras siguen diseñándolos para atraer al público infantil y adolescente, asegurándose así su futuro comercial.

F. Villar Cabeza, especialista en prevención de la conducta suicida en la infancia y la adolescencia, no deja de denunciarlo. Hay demasiados ingenieros, diseñadores y psicólogos, especializados en comportamiento humano, todo un entorno industrial desarrollando estrategias para capturar la atención, estrategias pensadas por equipos multidisciplinares de expertos, pagados por las tecnológicas. Ni pequeños ni adultos estamos dotados de suficientes recursos cognitivos y emocionales como para combatir contra todo eso[14]. "Sin duda –escribe–, las pantallas y la digitalización NO son la causa única del malestar de nuestros adolescentes y jóvenes. Tampoco son la causa única de la obesidad infantil, ni de las pérdidas visuales, ni del insomnio, ni de los problemas de aprendizaje, ni de las dificultades de socialización, ni de la ansiedad y la depresión, ni del trastorno de la conducta alimentaria, ni del suicidio, ni del fracaso escolar, ni del conflicto con sus padres, ni de las diferentes formas de violencia

---

14   F. Villar Cabeza, *op. cit.*, pp. 76-93.

en las que se ven involucrados, como víctimas o como acosadores. Pero sí parecen contribuir negativamente en todos y cada uno de estos trastornos, no sólo agravando sus cuadros, sino también incrementando su prevalencia en muchos casos[15].

Ante este panorama vemos aparecer propuestas que aúnan decisiones a nivel personal y acciones para hacer frente al sistema. Como actitudes a nivel personal, J. Hari insiste en la importancia de no culpabilizarse, de tomar consciencia de hallarnos ante un monstruo, y de la necesidad de buscar estrategias y tomar decisiones para que no nos devore. Mantenerse lejos del teléfono, desconectarse del wi-fi a horas convenidas, desconectarse de las redes en algunos períodos anuales, dedicar ratos a pasear, a dejarse tocar por el aire y el sol, tomarse en serio la imperiosa necesidad de dormir y descansar. En el campo de la lectura, Maryanne Wolf propone intentar una doble alfabetización con el objetivo de construir un circuito cerebral pluripotencial. Siguiendo el modelo aplicado al bilingüismo cree que, educando en lectura de escaneo y en lectura atenta, podría desarrollarse la capacidad de cambiar de un código a otro con rapidez y eficacia. Cómo mínimo serviría para mejorar la comprensión lectora.

Pensando en las distintas etapas de la infancia se insiste, también, en la importancia del juego. Favorecer espacios y condiciones para que niños y niñas puedan jugar, jugar moviéndose, jugar arriesgándose, jugar en libertad, jugar porque sí. El juego como interrelación, como contacto con la naturaleza, o con la realidad urbana, como práctica que ejercita la coordinación, la atención, la concentración, la flexibilidad, la imaginación, la creatividad, etc. etc. Y así redescubrir, o no olvidar, la satisfacción que aporta el contacto directo con los congéneres y con el entorno. El juego como conexión y aprendizaje de vida.

Pero, además, se necesita una "rebelión de la atención" –defiende J. Hari. Nunca las transformaciones sociales se han dado por sí mismas. Sin la lucha feminista, o las luchas de género, u otros movimientos sociales, la sociedad sería muy distinta hoy. "No somos campesinos medievales que

---

15 *Ibídem.* p. 125-126

suplican a la corte del rey Zuckerberg unas migajas de atención. Somos ciudadanos libres en democracias, somos dueños de nuestras propias mentes y de nuestra propia sociedad y, juntos, vamos a recuperarlas."[16] Este autor y Francisco Villar Cabeza coinciden en citar unas palabras de James Williams:

> "Yo creía que ya no quedaban luchas políticas... Qué equivocado estaba. La liberación de la atención humana podría ser la batalla moral y política definitoria de nuestro tiempo. Su éxito es la condición previa para el triunfo de prácticamente todas las demás luchas."

Cuánta razón lleva. Sin capacidad de atención, y sin margen para un interés genuino por la realidad, no se dan las condiciones mínimas imprescindibles para un desarrollo humano verdaderamente humano. Y sin él, ¿cómo podríamos hacer frente a los retos de la vida, la [17]personal, la social y la planetaria?

Ahora que hemos visto y comprendemos un poco mejor la lógica (o la no lógica) de este escenario, echaremos todavía un vistazo hacia las consecuencias que pueda tener para el cultivo de la calidad humana.

Capitalismo de la atención y desarrollo de la cualidad humana

Si, como hemos mencionado, la naturaleza de la cualidad humana tiene relación con el interés por la realidad, con aquello que pueda llegarnos desde la existencia real que se despliega ante nuestros ojos, no cuesta mucho deducir que todo este conjunto de dinámicas propias de la economía de la atención no le son especialmente favorables. Alejan de la realidad y fortalecen una egocentración egoísta. Y si resulta, además, que ese interés por la realidad ha de ser gratuito, desligado de la ganancia personal, un interés por la realidad en sí misma y no por lo que ese interés me va a

---

16   J. Hari. *Op. cit.*, p.382.

17   J. Williams. *Stand out of our light.* Cambridge University Press, 2018, p. XII

aportar, el reto será doble. ¿Cómo hacer salir al deseo de lo que parecería ser su carril natural: servir al yo? Podríamos afirmar que, en cuanto a la gestión del deseo y de la atención, la carrera por los beneficios y el cultivo de la cualidad humana se mueven en direcciones radicalmente opuestas. En un caso se programa explotando la vulnerabilidad para fortalecer los mecanismos de dependencia y egocentración. En el otro, se tiende hacia la liberación de las sumisiones propias de la egocentración trabajando estratégicamente desde la vulnerabilidad para poder superarla: sería la dirección del "adecuado egoísmo" –propuesto por Nisargadatta.

Recordemos la base biológica de esa función emocional que es el deseo y que se puede orientar y reforzar tanto al servicio de la egocentración (como ya hemos visto en el apartado anterior) como de la desegocentración. El deseo, a través de las reacciones emocionales a las que da lugar, es el motor de la vida. Las emociones son una herramienta muy eficaz para garantizar la supervivencia. Todo ese conjunto que da forma al deseo impulsa a la acción, orienta la reacción de ese ser vivo en interacción con el medio. Miedo, rechazo, asco, atracción, estima, rabia, alegría, tristeza, angustia, etc. son reacciones localizadas en distintas partes del cuerpo que actúan como sistema de señales orientando la actuación del ser vivo. Lo describe muy bien David Matsumoto, neurocientífico:

«Las emociones son producto de la selección natural y funcionan como sistemas de procesamiento de la información rápidos, diseñados para ayudarnos a lidiar con el entorno y los acontecimientos. Si no tuviéramos emociones, no sabríamos cuándo atacar, defendernos, huir o rechazar un alimento, respuestas tan útiles en el origen como ahora. […] Cuando una emoción se dispara provoca sentimientos. Gracias a los sentimientos, uno se da cuenta de que se ha despertado alguna emoción (o, para ser más precisos, que ha ocurrido algo que requiere una respuesta). Cada emoción concreta nos provoca un sentimiento y unas sensaciones fisiológicas específicas. Los sentimientos nos revelan aspectos significativos de nuestras experiencias interiores u de nuestra relación con el entorno, pues nos informan sobre nuestras metas, prioridades, motivaciones, deducciones y decisiones.»[18]

De ahí que no parecería muy acertado asociar el cultivo de la cualidad humana con ahogar o ignorar el mundo emocional, el deseo. Solo podría dar como resultado un fantasma, un muerto viviente. Pero sabemos que hay, ha de haber, otras salidas, pues ese interés "sin interés propio" ha existido siempre en la historia de la humanidad, dando lugar a creaciones, realizaciones y vidas de profunda cualidad. Recogeremos algunos de los consejos que obedecen a ese propósito, orientaciones de la era pre-Internet que quizás puedan seguir resultando útiles en el presente.

Marià Corbí nos pone sobre la pista cuando insiste en que el ser humano no cuenta con dos estructuras emocionales, una egocentrada y otra gratuita, se trata de una sola (la misma hacia la que apuntan las aplicaciones de las tecnologías digitales). En un caso, el sentir está funcionando como sistema de señales de cara a la supervivencia; en el otro, es el sentir de la unidad desde la unidad, el sentir de la existencia más allá de las modelaciones de la necesidad: dos dimensiones del sentir de ese ser que somos. En sus palabras,

«El sentir sistema de señales, que es el padre de los sentimientos, odios y afectos, es el instrumento que sirve al ego, el gestor de la vida humana, para orientarse y operar en el medio de forma que sobreviva y no muera. [...] Sin ese sentir que modela e interpreta no podría darse el sentir hondo. Quien bloqueara su sentir superficial, bloquearía también la posibilidad del sentir hondo. El sentir hondo es la noticia, implícita o explícita, de la dimensión absoluta de la realidad. Solo puede darse en el seno del sentir sistema de señales para un viviente. [...] Desde ese acceso primero el sentir hondo se admira, se extraña y ama. El sentir hondo y el sentir sistema de señales no son dos, son una unidad. Lo que siente y expresa esa dimensión honda de nuestro sentir invade por completo toda nuestra capacidad sensitiva y nos enfrenta a todo el misterio, la maravilla, la extrañeza, la exultación

---

18 David Matsumoto. *La evolución de las emociones*. National Geographic, nº especial, 2012. pp. 38-42.

y el temor del mundo en que vivimos. El sentir hondo es *descender a la hondura del sentir, desde el sentir sistema de señales.* Es ver y admirar todos y cada uno de los seres, sin buscar nada en ellos, si no es mirar, admirar, amar y venerar. Es estar agradecido a la presencia de todo lo que es.»[19]

El sentir hondo se da pues en el sentir egocentrado, en el sistema de señales emocional, pero cuando irrumpe en él, lo relativiza, lo desplaza de su centralidad: ahí está la clave de la fuerza cualitativa propia de esa hondura. La cuestión es "descender a la hondura del sentir desde el sentir sistema de señales"… ¿Qué motivo puede haber para llevarnos a hacer ese "descenso"? ¿Cómo podría propiciarse? Al no estar, ese sentir hondo, condicionado por unas expectativas personales, queda al margen del radio de los automatismos de la estimulación y sus reacciones emocionales: «tiene que ser cultivado directamente, ¿cómo? Ejercitándolo, tomando conciencia de él explícitamente, intentando expresarlo, descubriéndolo en todas las realidades y en sí mismo.»[20]

Ahí está la paradoja. La cualidad humana es vivir la vida desde esa hondura, que es fruto de un intenso interés por todo, pero gratuito, que no espera ni busca, que hay que cultivar explícitamente antes de haber podido tomar conciencia de su valor. Una paradoja ha dado lugar a un cúmulo de consejos y propuestas estratégicas. Propuestas que, de algún modo, se relacionan con:

a) No dejar escapar la noticia inesperada, la aparición de ese perfume de hondura en momentos en los que la realidad parece colarse por alguna grieta del sólido escenario de nuestras construcciones y de su sistema de señales.

b) Partir del interés interesado, que sea el propio interés interesado por la realidad el que facilite que la realidad pueda mostrarse y generar

---

19 Marià Corbí. *El sentir hondo de la vida.* Bubok, 2022. pgs. 127-143, fragmentos.

20 *Ibídem.*

un interés por ella misma, hasta el punto de relegar a un segundo término las expectativas personales.

a) Recoger la noticia: los "momentos conductores"

Vamos a situarnos en el supuesto de alguien sin más noticia o conciencia de la realidad que la que ofrece la cotidianidad. Alguien que, por tanto, no está en búsqueda, ya que no percibe que pueda haber algo que buscar. ¿Cómo salir de esa encerrona?

Cuando hace unos años nos interesamos –desde una perspectiva pedagógica– por cuáles podían haber sido las semillas o chispas que habían despertado algún tipo de interés gratuito por la realidad, repasamos referencias autobiográficas de poetas, artistas, gentes de ciencia o implicadas en cuestiones sociales.

Vimos cómo se repetían algunos factores. Breves o largas enfermedades en la infancia que habían interrumpido las actividades escolares, desplazamientos familiares, o cualquier otro motivo que hubiera supuesto un paréntesis en el ritmo establecido, un paréntesis que había propiciado momentos de no-actividad reglada, ocasiones de no-hacer, de pasar simplemente las horas, a menudo en contacto con la naturaleza, en algunos casos cerca de algún adulto que acompañaba esos paréntesis. Convivencia estrecha con animales, juegos inventados desde nada. Da Vinci tumbado en la hierba observando el vuelo de las aves migratorias. Cristino de Vera admirando el "verdadero espectáculo" de las nubes junto a su abuelo... Paréntesis ofreciendo la oportunidad de jugar, observar, preguntarse, explorar, mirar, pintar, relacionar, escuchar, sin motivo, porque sí, gratuitamente. Y ahí es cuando la realidad puede colarse y darle un toque al sentir, un toque que dejó en esos niños y niñas el recuerdo de unos momentos de profunda felicidad, de sorpresa, de bienestar, de proximidad, que, de alguna manera, les irá acompañando y guiando, más o menos conscientemente en los años venideros. En unas ocupaciones (y profesiones) con sus dosis de intereses egocentrados, pero con la mirada puesta en la realidad. Desde ahí, la realidad podrá tener la posibilidad de atrapar más y más ese interés, conduciéndolo más y más hacia lo hondo.

La conclusión, de cara a la práctica pedagógica, es obvia: procurar propiciar situaciones de esas características. Otra cosa son las posibilidades reales de hacerlo. Si no era fácil antes, menos todavía en la era digital. Pero de momento, recogemos este elemento.

Equivalentes a esos recuerdos de infancia, personas de cualquier edad evocan momentos de gran peligro, de enfermedad grave, de susto. Situaciones que irrumpen en un momento dado, golpeando de pronto la línea de flotación del yo, haciendo enmudecer la mirada cotidiana bajo la que todo resultaba tan familiar y conocido. También en ese "pararse el mundo" el sentir recibe el toque de la realidad, se asombra, se admira, se deja alcanzar por su presencia inexpresable, infinitamente valiosa, bella.

En algún grado u otro, suele haber alguna huella de estos dos tipos de vivencias en el hecho que alguien dedique tiempos continuados a mirar, a estudiar, a estar, a interesarse… hasta que realmente empieza a cobrar más fuerza el sentir hondo que el sentir sistema de señales, o suficiente fuerza como para decantar la balanza hacia el lado de la cualidad humana y de las actitudes y sentires que desde ella se despliegan.

Una vez se haya despertado en la persona algún interés por la realidad, algún interrogante, algo más allá de la obediencia a los mecanismos básicos de la supervivencia (bienestar material y emocional, éxito social, reproducción), es cuando podrán entrar en juego los consejos y estrategias procedentes de las distintas tradiciones de sabiduría. Sugerencias que, partiendo de ese interés incipiente, por tenue que pueda ser, podrán ayudar a abrir la verja del mundo cerrado de la egocentración y a alimentar un interés más y más gratuito.

A veces el despertar a esa "noticia" puede haber venido propiciado por alguna intervención externa. Cristina Kaufmann, por ejemplo, sitúa el punto de partida de su búsqueda espiritual en un profesor de literatura (ateo) que le abrió la mirada a la "transparencia de la realidad". El arte de algún maestro o maestra puede haber logrado alimentar un interés suficientemente fuerte por la realidad, un interés capaz de ir despertando el sentir hondo del "aprendiz" aún sin ser éste muy consciente del proceso.

Sería también el caso, por ejemplo, de Castaneda y su maestro yaqui don Juan. Ante la imposibilidad de agrietar el interés interesado de Castaneda, don Juan se da cuenta de su facilidad por la caza y comprende que ése podrá ser el "camino con corazón" mediante el que motivar a Castaneda a pasar horas y horas en contacto estrecho y atento con la realidad. Si eso se logra, la realidad podrá "mostrarse transparente", dejar traslucir su misterio.

Geneviève Lanfranchi (1912-1988) aconseja dar valor a esos momentos de vislumbre. Los llama "momentos conductores", instantes en los que el ser humano (de cualquier edad) ha podido sentir esa sensación de profundidad, de peculiar felicidad en hondura, de algo valioso presente ahí, en ti, en todo, sensación de certeza. Gratitud. Recordar esos momentos, fijarlos, darles el valor que tienen. No por añoranza, sino para que puedan servir de bitácora, de orientación y sostén en los momentos de duda o desánimo. La confianza encontrará apoyo en la propia experiencia, pues esos vislumbres nos avisan que "eso" está ahí, es la realidad y, por tanto, puede ser vivida siempre. Vivir puede ser eso, sean las que sean las circunstancias.

b) Abrirse a la realidad desde la mirada interesada

La mirada atenta hacia la realidad, exterior o interior, busca algo. Y el motivo de esa búsqueda tiene muchas posibilidades de ser interesado, cargado de expectativas: recoger unas informaciones, conseguir unos resultados, algún propósito profesional, desde la especialización de la ciencia que sea. O ser feliz. Pero más se mira, más posibilidad habrá de poder recibir algún aviso de la presencia de la realidad y, por tanto, que comience a cobrar importancia e interés por ella misma. El problema no será una mirada condicionada por la caza, o por la ciencia, o por lo que sea, el problema es no mirar, es no ponerse al alcance de la realidad. Porque, estando al alcance, los velos pueden caer, sean los que sean, y aquel ser humano puede vislumbrar algo de lo que ahí se dice. La percepción de la cara misteriosa de la vida es la cuna del verdadero arte y de la verdadera ciencia —escribía Einstein. O Carlo Rovelli: "aquí, en el límite de lo que sabemos, en contacto con el océano de cuanto no sabemos, brillan el misterio del mundo, la belleza del mundo, y nos dejan sin aliento."[21]

Pero "en contacto". Hace falta ese "contacto" con todos los sentidos para que la presencia de la realidad pueda mostrarse. Y ahí está la dificultad añadida de nuestros tiempos, como insiste Marta Granés en el estudio que se recoge en este mismo volumen. El imaginar que las "informaciones" y "recreaciones" puedan sustituir el "cuerpo a cuerpo con la realidad". Desde las páginas de un libro o en una pantalla, conocimientos conceptuales y realidad no se oponen, se complementan cuando son camino que conduce a la mirada en presencia de la realidad. Me viene a la memoria Albert Schweitzer (médico, músico, teólogo, pacifista…) cuando, ya anciano, recordaba cómo odiaba en sus años escolares unos libros de ciencia que pretendían dar respuestas definitivas y cerrar interrogantes. Mientras que, para él:

> "Cuanto más fina y penetrante es la descripción científica, mayor es la admiración ante el misterio de la existencia, ante el irresoluble enigma de la presencia de una gota de lluvia, o de un copo de nieve. Me esfuerzo por no dejar morir la capacidad de soñar, espoleándola con los mil prodigios que se pueden contemplar a cada instante y cuantos más años pasan, más se multiplican éstos… .[22]

Usar las construcciones de las ciencias para callar la construcción de la mirada cotidiana –insistía Corbí hace ya unos años[23] –. Usarlas, no para quedarse encerrados en ellas, sino para desplazar al sentir, para dejarlo a la intemperie cósmica. Y de ahí el sentido de un amplio conjunto de reflexiones, metodologías y propuestas pedagógicas que se orientan hacia conseguir aquello que Kieran Egan consideraba el "éxito educativo", todo lo contrario de "convertir lo extraño en familiar": "convertir lo familiar en extraño, hasta llegar a contemplar la maravilla que esconde aquello que

---

21   Carlo Rovelli. *Siete breves lecciones de física.* Anagrama, 2016. p.93

22   Albert Schweitzer. *Souvenirs de mon enfance.* Paris, Librairie Istra, 1951. p.66.

23   M. Corbí. *"Las grandes puertas del sentir"* en *El camino interior más allá de las formas religiosas,* pp. 176-187.

parece tan evidente"[24]. Pero no vamos a alargarnos por ahí ahora, pues queremos centrarnos en el tránsito del interés interesado al desinteresado, y es en ese sentido que mencionamos el papel de un interés que parte de la mirada científica. El sentir hondo, gratuito, solo puede darse desde el sentir que modela e interpreta, desde ahí la persona se admira, se extraña y ama –nos decía M. Corbí más arriba. Y ese sentir hondo "se cultiva tomando conciencia de él explícitamente, descubriéndolo en todas las realidades y en sí mismo."

Con ese propósito encontramos todo tipo de consejos en las tradiciones de sabiduría: descubrir esa posibilidad en sí, reconocerla, cultivarla, manejando estratégicamente al yo. "Es menester mucho saberlo negociar" –dirá Teresa de Jesús, "con amor y poco a poco, si no nunca haremos nada."[25] Negociar consigo mismo, pues se trata de motivar al yo para ir cambiando de carril. Ya hemos mencionado más arriba la estrategia de Nisargadatta de reorientar al deseo, combinando comprensión y acción, su "sea egoísta del modo adecuado". Indagar para poder constatar la falsa entidad que se le da al yo, en la inútil identificación con una pequeña parte (el cuerpo), de tal modo que se llegue a diluir vivencialmente las fronteras que consolidan a ese yo y poderse saber sin límites. El yo no dejará su función de velar por la vida, pero "siéndolo todo", y de ahí, interesándose por todo, amándolo todo. El campo del deseo queda transformado, comprensión que modifica el sentido del sentir, del actuar. "Y si no llego a verlo, ¿cómo puedo hacer para ver?" –le pregunta alguien. Haga como si, como si fuera así, como si su existencia no tuviera límites, como si toda existencia fuera su existencia, y la acción llevará a la comprensión:

> "A un príncipe que se cree mendigo, sólo puede convencérsele de un modo: tiene que comportarse como un príncipe y ver lo que sucede. Compórtese como si fuera verdad lo que yo digo; y juzgue por lo que realmente suceda".[26]

---

24 K. Egan. *Fantasía e imaginación: su poder en la enseñanza*. Madrid, Morata, 1994. p.69.

25 *Camino de Perfección*. 43.3

26 Nisargadatta Maharaj. *Yo soy Eso*. Sirio, p. 348.

Ese poder del comportamiento para modificar la comprensión, y de ahí a modificar el sentir, el ámbito emocional, la motivación, el deseo, lo conoce bien Nisargadatta, pero no es tampoco ningún secreto en Silicon Valley. La cuestión es con qué finalidades se aprovecha la maleabilidad humana.

c) Estrategias de liberación, políticas de sumisión

A través de un ejemplo podremos ver mejor cómo una misma estructura psíquica humana puede fortalecerse hacia la sumisión a los propios automatismos o en la dirección contraria. Nos fijaremos en un aspecto concreto del psiquismo humano: los dos modos de motivación a los que puede responder: intrínseca o extrínseca, y la práctica que describe la filósofa y pedagoga Geneviève Lanfranchi.

En la línea de "negociar" con nosotros mismos, propone una serie de análisis prácticos para que ese yo nuestro aprenda a reconocer los distintos deseos que vive, ponga orden, establezca prioridades. Un reconocimiento necesario para que la fuerza del deseo deje de empujar la vida sin más dirección que sus propios automatismos. Se trata de distinguir, en uno mismo, entre los deseos directos y los indirectos.

Deseo directo es desear alguna cosa por sí misma. Deseo indirecto es desearla por sus frutos o resultados, no por sí misma. En terminología psicológica suele hablarse de motivación intrínseca (directa) o extrínseca (indirecta). Si me gustan las espinacas, el deseo de comerlas es directo, intrínseco. Si no me gustan, pero me las como para conseguir aprobación, el deseo que ha motivado la acción de comer es indirecto, o extrínseco: deseo de aprobación, no de saborear unas espinacas.

Puedo tocar el piano deseando complacer a alguien, o para sobresalir: son deseos indirectos en relación a esa acción. Pero quizá a base de tocar, llegue el día en que el piano me guste de verdad, y que lo toque por el placer y la felicidad que me aporta, por el interés que despierta en mí. Si es así, el deseo ahora ya es directo. Los deseos indirectos pueden motivar y sostener actitudes y actividades que alimenten el deseo directo.

¿Por qué es importante tener en cuenta esta distinción? Porque el interés genuino por una realidad, por un tema, sólo puede sostenerse sobre el deseo directo, sobre el verdadero interés por algo. No por la perspectiva de unos resultados, no por las expectativas de valoración externa. Como el amor; se tratará de amor en la medida en que sea más y más gratuito, sin esperar nada a cambio. Nuestra dimensión de hondura, de profunda cualidad, se define por su gratuidad. Por tanto, se define por el verdadero interés por algo, por alguien. Es decir, vivir desde la profundidad gratuita conlleva que los deseos indirectos pierdan fuerza o que, incluso, lleguen a desaparecer. Que pierdan fuerza las expectativas en relación a unos resultados o logros, mientras va enraizándose el interés directo por el ámbito que sea de la vida, porque sí, porque lo vale.

G. Lanfranchi, con su propuesta, persigue que la persona pueda darse cuenta de hasta qué punto puede ser que se esté moviendo condicionada por una serie de deseos indirectos o secundarios, o extrínsecos, sin consciencia de ello; condicionada tanto por unas expectativas propias, personales, como por las expectativas de los demás hacia ella, sin llegar a descubrir, a escuchar, o a poner en valor, algún deseo directo valioso ahogado en algún rincón, algo que ama de verdad, que de algún modo atrae verdaderamente su interés. Y que dedicarle atención, le proporcionaría verdadera felicidad. Porque vivir bajo expectativas y miedos, es decir, vivir bajo la dependencia de los deseos indirectos, es vivir en un vacío de sentido, sin amar de verdad lo que hacemos, lo que somos y lo que los demás son.

En la infancia, en la juventud, en la edad adulta, son los intereses directos, intrínsecos, los que invitan al verdadero interés. Si algo resulta interesante, importante, atractivo, la implicación es mayor, y más fácil resulta sostener ahí la atención, a pesar de las dificultades que puedan aparecer. Si existe interés directo, la realidad, interior y exterior, puede cobrar fuerza, hacerse presente. En una vida emocional dominada por la dependencia a los motivos extrínsecos, todo queda invadido por las ansias de la egocentración. Sin olvidar que unas motivaciones relacionadas con alguna expectativa o resultado podrían quizás llevarnos a practicar algún tipo de actividad que finalmente despertara una motivación directa o intrínseca, en algún grado.

Situémonos ahora en la perspectiva de las estrategias que utilizan las empresas tecnológicas, que conocen muy bien los dos tipos de motivación que se hallan en la base de las decisiones humanas. La política de los "refuerzos inmediatos" con sus *likes* y corazones, busca fortalecer más y más los mecanismos de la motivación extrínseca, sometiendo más y más la dinámica del deseo a la sumisión, a la dependencia de esos refuerzos inmediatos. El circuito neuronal se reafirma y fortalece con la repetición. Si con un simple gesto de un dedo, el deseo queda recompensado, la persona está cada vez menos capacitada para atender a lo que sea si no recibe una recompensa inmediata. Esté o no la persona interesada en algo, la motivación extrínseca pronto conduce su vida, mientras que los motivos intrínsecos que pudieran existir se irán marchitando, quizás sin haber llegado ni a descubrirlos o probarlos.

Si el desarrollo de intereses directos (es decir, de algún tipo de atracción por parte de la realidad) ya estaba quedando dificultado por la falta de contacto "cuerpo a cuerpo" con la realidad (contacto con todos los sentidos, ratos de no-hacer, de juego, de divagar, etc.), la "inoculación" continúa de refuerzos inmediatos, así como el secuestro permanente de la atención a través de tácticas y estrategias muy precisas, conduce a que las probabilidades de que la realidad pueda hacerse sentir, queden reducidas a niveles mínimos. En la historia de la humanidad, nunca se habían alcanzado unos niveles tan bajos.

Concluyendo

Si, Recapitulemos. Cualidad humana y desarrollo de la profundidad del sentir son uno. Despertar de esa profundidad del sentir es conducir al sentir hacia el interés por la realidad, interés gratuito, genuino. El cultivo de la cualidad humana es, pues, cultivo del interés que nace y crece en presencia de la realidad, prestándole más y más atención.

Vemos que a las naturales resistencias que presenta el sentir egocentrado a hacer esa transformación, hay que añadirle la "distancia" de la realidad propias de la omnipresencia de ciencias y tecnologías, la vida urbana, etc. etc. Pero todavía hay más. La llamada economía de la atención va más allá de generar distancia en relación a la realidad, la distorsiona. Distorsiona el desarrollo emocional humano, así como la posibilidad de establecer conexiones con la realidad, la natural y la humana. Hemos visto cómo actúa sobre la atención, también sobre el deseo y el interés. Al tiempo que distorsiona la percepción de la realidad.

Cuando una supuesta felicidad basada en el constante exhibicionismo deja las riendas en manos de la motivación indirecta, más y más dependiente de la reacción externa, difícilmente habrá ocasión de saborear la peculiar felicidad de aquellos momentos de real implicación en un tema o tarea, fruto de la concentración, del estar presentes, en profunda comunión con algo. La necesidad de reconocimiento inmediato va invadiendo progresivamente el pensar, el sentir y el actuar. No solo en los momentos precisos en que colgamos mensajes o reaccionamos a los de las "amistades", sino que la mente no deja de proyectar, preparar, ensayar, elegir, valorar, en función de ese horizonte único dominado por el culto a la imagen personal, obedeciendo a las dinámicas del "personaje" con el que nos sentimos identificados. Todo lo contrario de la movilización que procuran las estrategias de gestión del deseo al servicio de la cualidad humana, llevando al deseo y al interés más allá de la identidad personal.

Atrapada en captar los signos de valoración externa, la atención no puede focalizarse realmente en un tema, en algo o en alguien. Interés y atención van de la mano. Interesarse por algo implica prestarle atención, atender esa realidad desde la mente, el sentir, el actuar. Como apuntaba Josep Mª Esquirol:

"Sin la atención, el mundo permanece, para nosotros, en el horizonte de lo indeterminado, mientras nuestra conciencia distraída está como en otra parte. Gracias a la atención notamos lo valioso, lo bueno y lo bello de este mundo, mientras que, distraídos, dejamos escapar como cosa baladí las verdaderas perlas de la vida." [27]

---

27   Josep Mª Esquirol. *El respeto o la mirada atenta: una ética para la era de la ciencia y la tecnología.*

La atención sostenida es condición de posibilidad de la cualidad humana. Como facultad, el uso concentrado y focalizado de la mente ni es ni deja de ser egocentrado o gratuito: dependerá de la actitud del yo que guía esa atención. El arte para motivar esa atención sostenida, más allá de la atención instrumentalizada por el radio de las demandas, automatismos y reacciones del yo, es del mismo orden que todo lo visto en relación al interés desinteresado. Hasta cierto punto, ese reto siempre ha estado ahí, se desprende de la propia naturaleza humana, lingüística y egoica. Pero el uso del poder de las tecnologías para dominar y someter las voluntades a unos intereses económicos, penetrando en las mentes y deteriorando profundamente la capacidad de atención, eso ya es harina de otro costal.

Quisiera acabar con una mirada esperanzada. La literatura sobre el tema insiste en que no son las tecnologías en si mismas, sino cómo se programan, el uso que de ellas se hace al servicio de un determinado modelo de beneficio; hay que estudiar otras posibilidades como pueden ser sistemas de suscripción, participación pública, etc. Más allá de ese modelo, se describen infinidad de

aplicaciones posibles al servicio de alimentar el profundo interés por la realidad, por las personas, por el planeta. Aplicaciones que favorecerían los encuentros presenciales de calidad, alimentando la interrogación y el asombro, conectando a personas para compartir intereses y compromisos, etc. ¿Estamos a tiempo de cambiar de rumbo? Difícil, pero no imposible si se produce una amplia movilización social urgiendo cambios. No serán los ejecutivos de las distintas empresas implicadas los que darán marcha atrás o renunciarán al crecimiento de sus ganancias. Eso ya se ha constatado.

Conclusión: ciencias y tecnologías no son enemigas de la cualidad humana. El capitalismo de la atención sí. Deshumaniza.

Gedisa, 2006. p.115-116.

Orientación bibliográfica

Aiken, Mary. *The Cyber Effect. A pioneering cyberpsychologist explains how human behavior changes online.* John Murray, 2017. 387 p.

Blakemore, S.J.; Frith, uta. *Cómo aprende el cerebro. Las claves para la educación.* Ariel, 2011. 351 p.

Bueno, David. *Neurociència per educadors.* Rosa Sensat, 2019. 176 p.

Byung-Chul Han. *No-coses. Canvis radicals del món en què vivim.* La Magrana, 2021. 160 p

Carr, Nicholas. *Superficiales ¿Qué está haciendo Internet con nuestras mentes?* Taurus, 2017. 344 p.

Corbí, Marià. *El sentir hondo de la vida.* Bubok, 2022.

Csikszentmihalyi, Mihaly. Fluir (Flow). *Una psicología de la felicidad.* Kairós, 2000. 447 p.

Hari, Johann. *El valor de la atención. Por qué nos la robaron y cómo recuperarla.* Península, 2023. 442 p.

Immerwahr, Daniel. *What if the attention crisis is all a distraction?* (The New Yorker, 20.01.2025)

Jubany, Jordi. *¿Hiperconectados? Educarnos en un mundo digital.* Lectio Ediciones, 2017. 158 p.

Lanfranchi, Geneviève. *De la vie intérieure à la vie de relation.* Paris, Éditions Sociales, 1966. 170 p.

Pagès, Eugènia de. *La generació Google: de l'educació permissiva a una escola serena.* Pagès, 2011. 142 p.

Small, Gary; Vorgan, Gigi. *El cerebro digital. Cómo las nuevas tecnologías están cambiando nuestra mente.* Urano, 2009. 254 p.

Villar Cabeza, Francisco. *Com les pantalles devoren els nostres fills.* Herder, 2023. 152 p.

Wolf, Maryanne. *Lector, torna als llibres. El cervell lector en un món digital.* Viena, 2021. 272 p.

Retos y desafíos de la bioética global y de la epistemología axiológica en las sociedades de transformación y cambio continuo

Sergio Néstor Osorio García Ph.D[1]

Proyecto IMP-HUM-3742 Universidad Militar Nueva Granada [2]

Resumen de la ponencia

La ponencia en un primer momento ubica el conocimiento humano desde una perspectiva epistemológica y ontológica, para mostrar desde allí que tanto la Bioética Global BG como la Epistemología Axiológica EA tienen su "fundamento" en la revolución contemporánea del saber. Y sólo en esta "revolución contemporánea del saber", se pueden comprender estos "territorios del conocimiento" como "puentes" hacia el futuro.

---

1   Con pregrado en humanidades, filosofía y teología de la Pontifica Universidad Javeriana, Bogotá-Colombia; especializado en Docencia Universitaria, en Filosofía de la Ciencia y en Bioética Clínica por la Universidad El Bosque, Bogotá-Colombia; Magíster en Programación Neurolingüística por la Sociedad Colombiana de Programación Neurolingüística, SCPNL (título no-académico); Magíster en Bioética Global por el Instituto Tecnológico de Santo Domingo, República Dominicana; Ph.D en Teología por la Pontificia Universidad Javeriana, Bogotá-Colombia. Posdoctor en Derechos Humanos por la Universidad de La Paz de las Naciones Unidas con Sede en Costa Rica. Profesor asociado de tiempo completo en la Facultad de Educación y Humanidades de la Universidad Militar Nueva Granada UMNG de Bogotá. Líder del grupo de investigación en Bioética (BioethicsGroup), categoría B ante Minciencias; Investigador Asociado ante Minciencias. Coordinador académico del programa de doctorado en Bioética de la UMNG.

2   El presente escrito es un avance de investigación del proyecto de investigación IMP-HUM-3742: Orientaciones éticas, bioéticas y filosóficas para direccionar los cambios tecnológicos de cara a los objetivos de desarrollo sostenible ODS, avalado y financiado por la Vicerrectoría de Investigaciones de la Universidad Militar Nueva Granada, Bogotá-Colombia, Sudamérica.

En un segundo momento, muestro como la Bioética Global BG y la Epistemología Axiológica EA se encuentran hermanadas desde la dimensión epistemológica y ontológica del conocimiento humano.

En un tercer momento postulo las semejanzas y diferencias entre la BG y la EA de cara la dimensión axiológica que se puede y se debe cultivar en las sociedades de transformación y cambio continuo para que la humanidad se pueda hacer viable y sostenible.

Los estudios universitarios, cuando están limitados a una sola materia, tienden a contraer la inteligencia. Cardenal J. H. Newman

El conocimiento es navegar en un océano de incertidumbres a través de archipiélagos de certezas Edgar Morin

Nuestras horas son minutos cuando esperamos saber, y siglos cuando sabemos lo que se puede aprender. Antonio Machado

¿Hay algo más filosófico que meditar acerca del tiempo, el espacio, la formación del universo, el infinito, el sentido de la vida, etc.? Todos esos temas han sido abordados por la física. Fernando Mires

Apreciadas(os) colegas de la Red Internacional de Epistemología Axiológica, cordial saludo.

Lo que intento decirles hoy, lo que intentaré comunicarles hoy, no es nada distinto a lo que he venido tratando de decir desde mis proyectos de investigación y desde mis clases, tanto en los programas de pregrado como de posgrado a lo largo de más o menos de 30 años de experiencia profesional. Es decir, suena casi que, a testimonio, aunque desde luego no tiene ninguna pretensión de serlo. Por tanto, lo que les quiero comunicar hoy, no es nada nuevo, lo pueden encontrar en mis libros, en mis artículos y en mis conferencias y ponencias a las que sé que algunos de ustedes, han accedido. Pero, quizás, si hay una novedad y es que lo que voy a intentar comunicar, -espero lograrlo-, lo voy a comunicar con la pretensión de ser una posible síntesis conceptual y temporal a la altura de este encuentro.

Obviamente que este esfuerzo de síntesis, como todas las síntesis, no será final, ni definitivo. Dentro de algunos años, algunas cosas habrán cambiado, pero no por ello habrán perdido el valor de haber sido un hito en el camino. Como diría el poeta Antonio Machada: *"Caminante, son tus huellas el camino, y nada más; caminante no hay camino, se hace camino al andar"* (Proverbios y cantares, XXIX).

Por tanto, esta comunicación, no dirá todo lo que se puede decir sobre algún aspecto de la realidad, sino que dirá, de una manera organizada, lo que en este momento les puedo decir con cierta certeza conceptual. Aunque teniendo en consideración aquella bella invitación del profesor Morin en la que nos hace conscientes de la fragilidad del conocimiento humano. *"Una vez más, repitámoslo, el conocimiento es navegar en un océano de incertidumbres a través de archipiélagos de certezas"* (Morin, 1999, 43).

Ahora bien, ¿Qué es lo que deseo dilucidar con ustedes en esta oportunidad? Voy a dilucidar sobre un asunto que pasa, casi desapercibido, cuando damos nuestras clases; sobre un asunto, que, siendo invisible para nuestros ojos, se hace profundamente diáfano para nuestro espíritu, es decir, para nuestra comprensión reflexiva del conocimiento humano. Se trata de los "presupuestos" epistemológicos y ontológicos a partir de los cuales deriva nuestro conocimiento cuando se aproxima a aquello que llamamos "realidad". Se trata entonces, como diría el físico de partículas Fritjof Capra de las "visiones" que nos acompañan y desde las cuales percibimos la realidad. No olvidemos que, para Capra, el Siglo XX ha sido el siglo de los grandes cambios ontológicos y epistemológicos de la percepción de la realidad. Y por ello, el Siglo XX, está atravesado justamente, por lo que el mismo Capra llama una "crisis de percepción" (Capra, 1985; 2003). Crisis que experimentaron, hasta los tuétanos, los pioneros del nuevo paradigma en física y que han hecho estremecer las "bases" categoriales de todo el edificio del saber occidental.

Capra quiere, analógicamente, extender la "crisis de percepción" acontecida en el mudo de la física a las distintos mundos, dimensiones y niveles del conocimiento de la realidad, para demostrar que no se trata únicamente de una "crisis de percepción", a nivel conceptual, sino de una verdadera metanoia en la que lo conocido y el cognoscente son transformados simultáneamente en el ejercicio del conocer. En este sentido, lo que quiero compartir, no es nada distinto a la manera como yo, he estado comprendiendo lo que Capra llama "crisis de percepción" en la cultura occidental, y lo haré aprovechándome de una ocasión: el Encuentro No. XVI de la Red de Investigación científica que tiene como foco la construcción y aplicación de una Epistemología Axiológica EA.

Le agradezco al profesor Marià Corbí, Director del Centro de Estudios de las Tradiciones de Sabiduría CETR, el haberme invitado, una vez más, a estos Encuentros tan ricos en Cualidad Humana CH y sobre todo en Cualidad Humana Profunda CHP. Profesor Corbí, Estimados colegas, muchas gracias.

Antes de entrar en la dilucidación, quiero hacer unas precisiones conceptuales que nos pueden permitir navegar mar adentro. Precisiones conceptuales sobre el uso que voy a dar a dos términos: el término Real y el termino realidad. Aquí, nuevamente, me apoyaré en la percepción de los físicos cuánticos. ¿Por qué en los físicos cuánticos y no en los filósofos, por ejemplo? Porque como les decía hace un momento fueron los físicos, que hoy llamamos físicos cuánticos, quienes experimentaron abiertamente un cambio en la "percepción de la realidad", que fue concebida, -hasta comienzos del Siglo XX de una manera esencialista- y simultáneamente mecanicista. Y también, porque fueron los físicos, los que como como nos dice Fernando Mires en un bello libro escrito durante un frío invierno alemán, trajeron en medio de la ciencia dura, nuevamente la dimensión reflexiva al "espíritu" humano (Mires 1982, 167-170)[3]. Los físicos cuánticos

---

3   Mires, Fernando (1996). La revolución paradigmática, En: *La revolución que nadie soñó o la otra posmodernidad,* Caracas: Editorial Nueva Sociedad, pp., 151-170. Allí afirma Mires, con lo cual estoy de acuerdo, que los físicos cuánticos fueron los nuevos filósofos al admirarse de la nueva manera como se nos da la realidad.

nos mostraron que la epistemología, es decir, la capacidad reflexiva del conocimiento humano se descubre hoy al lado de la experimentación.[4]

Por lo dicho anteriormente, voy a entender por Real aquella dimensión de lo que es, que, en principio, se resiste a ser comprendida por la racionalidad humana. Pero que, siendo en principio resistente a la racionalidad humana, siendo en principio in-inteligible para el "espíritu" humano, para el "bicho" humano que somos, tienen que asirla, tiene que concebirla, tiene que percibirla para poder hacerse viable. Es decir, para sobrevivir.

El "bicho humano" que somos no puede vivir en la inmensidad de la Real y por tanto tiene que delimitarla, acotarla, modelarla, simularla, conocerla. La realidad, en este sentido, es el modelamiento que hacemos de la Real para no perdernos en esa inmensidad que somos y nos embarga. El conocimiento humano de la realidad es el acceso interesado, modelado que podemos y debemos hacer de la inmensidad de lo Real que somos y nos constituye.

La realidad, es entonces, aquella dimensión de lo Real que ya hemos acotamos, que ya hemos modelado por el acto a partir el cual conocemos. Y, aunque lo Real se resista a su comprensión, lo podemos conocer y simbolizar ya sea de manera conceptual o de manera metafórica. Es decir, el conocimiento es la percepción que tenemos de lo real a partir de la modelación lingüísticamente mediada. Por tanto, nosotros los "bichos" humanos, nos constituimos modelando lingüísticamente la inmensidad de la real. La diferencia entre nosotros, los "bichos" humanos de aquellos bichos no-humanos está en nuestra capacidad de comprender lingüísticamente, simbólicamente la inmensidad de la Real.

Así las cosas, para el "bicho" humano la realidad no puede ser concebida ni percibida si no a través de aquello a partir de los cual filtramos de lo Real y, por tanto, lo Real siempre podrá ser de otra manera, porque siempre podremos simbolizarlo de otra manera. Lo simbolizado no es lo Real,

---

4   Heisenberg refiriéndose al Niels Bohr dice de aquel que "era ante todo filósofo, más que físico, pero sabía que en nuestro tiempo la filosofía solo tiene valor a través de los criterios de la experimentación» (Heisenberg citado por Arnau, 2021,1).

sino el modelamiento que hacemos de lo Real para hacernos viables. Por ello, el "bicho" humano no puede ser sin el modelamiento que hace de lo Real. Nosotros, los "bichos" humanos no podemos adquirir nuestra propia identidad, si no nos pensamos a sí mismos. Pero, siempre teniendo en mente que, lo que somos, no se puede reducir a aquello que pensamos. En este sentido, nosotros, los humanos, no podremos ser sin aquello que pensamos, y al mismo tiempo, siempre seremos mucho más que aquello que pensamos.

Esta forma de conocer que caracteriza al "bicho" humano nos permite comprender, hablando en lenguaje médico, las dos grandes enfermedades del conocimiento humano: la enfermedad de la racionalización y la enfermedad de la mitologización. La primera, la racionalización, puede devenir y de hecho ha devenido en el ámbito del conocimiento científico en lo que vamos a llamar cientificismo, objetivismo o positivismo. Es decir, la sutil confusión entre la comprensión que podemos y tenemos que hacer de lo real a fin de hacernos viables, con lo que está "más allá" de toda modelación; lo segundo, la mitologización, es confundir la dimensión absoluta de lo real, con la simbolización metafórica que podemos y tenemos que hacer para hacernos viables. Aquí, la simbolización metafórica que hemos hecho a lo largo del tiempo con el vocablo Dios nos puede servir de ejemplo. Cuando pronunciamos la palabra Dios, en cualquiera de las acepciones culturales que lo hagamos, críticamente no nos estamos refiriendo a la entificación de la dimensión no-simbolizable de lo Real, sino a la manera de nombrar lo que, en principio es in-nombrable, in-decible, e-norme. Es decir, lo que no puede ser simbolizado. Pero que tenemos que simbolizar para poder hacernos viables, para sobrevivir. Por tanto, el vocablo Dios no se utiliza, para entificar la inmensidad de lo real, sino para señalar hacia aquella inmensidad de lo real que somos y nos constituye. Es lo que, en las tradiciones religiosas y espirituales de la humanidad, hemos llamado el misterio. En este caso, la mitologización es creer que lo señalado en el lenguaje es lo real sen cuanto tal, y no una simbolización que tenemos que hacer de la inmensidad de lo Real para sobrevivir.

Como sé que esto parece un juego de jeringonza, voy a avanzar en esta reflexión diciendo lo siguiente: epistemológicamente, reflexivamente hablando, la realidad es la modelación simbólico-conceptual que podemos y tenemos que hacer de lo Real para hacernos viables, para sobrevivir, para hacernos sostenibles. Pero, no podemos confundir la inmensidad lo innombrable de la real con lo simbolizado y conceptualizado por nosotros para poder sobrevivir. El ser humano, como nos dice el filósofo vasco Xavier Zubirí, es un ser de realidades, y sólo se hace viable en tanto que construye la realidad en la cual va a vivir.

Los mundos socio-culturales de vida, por ejemplo, son modelaciones, programaciones a partir de las cuales el "bicho" humano se ha hecho viable y a futuro se seguirá haciendo viable a partir de otros modelamientos o programaciones socio-culturales de vida humana. Hoy el gran desafío para el "bicho" humano es procurar su supervivencia, su sostenibilidad a través o a partir de la racionalidad tecnológica, que entre otras cosas, cambia permanentemente y al cambiar permanentemente, cambia nuestra manera de modelar la realidad y al cambiar nuestra manera de modelar la realidad, cambia nuestra manera de relacionarnos, y al cambiar nuestra manera de relacionarnos, cambia nuestra manera de organizarnos en sociedad y por tanto, nuestra manera de proyectar hacia el futuro los escenarios posibles para para hacernos viables. Es decir, la racionalidad tecnológica no sólo cambia nuestra manera de ser, sino también nuestra manera de construir nuestros proyectos de futuro, nuestras valoraciones, nuestras axiologías.

De allí que hoy se hable del pluralismo axiológico de las sociedades tecno-industriales y de la necesidad sentida de crear una nueva estimativa moral que comprenda o pueda ayudar a comprender este pluralismo axiológico. La Bioética, es este contexto y sentido, es una muy buena candidata, para pensar y discernir el valor y sentido de dicho pluralismo axiológico a partir de un atractor moral: la sostenibilidad humana y no-humana de una civilización tecno-industrial que ha convertido a la humanidad, pro primera vez, en una sociedad de destino: en una sociedad planetarizada. La Bioética, como suele decir el pensador español Diego Gracia, será con bastante plausibilidad, la ética para del género humano para el Siglo XXI. Y no porque nos diga cómo debemos actuar en términos prescriptivos o porque nos diga cuáles serán los límites normativos de nuestras acciones, como quisieran algunos bioeticistas que confunden la Bioética con sus propias y personales posturas morales, muchas veces religiosas o fundamentalistas, sino porque la Bioética como nuevo territorio del saber, nos señala e indica desde todas las modelaciones que podemos y debemos hacer de la inmensidad de lo Real, la dimensión axiológica (y por tanto, reflexiva) del conocimiento humano.

En las formas socio-culturales de vida que se hicieron (y se hacen viables) evitando el cambio, era normal y necesario que la estimativa moral llevará a evitar el cambio, pues de lo contrario, no se lograría la sobrevivencia. Ahora bien, en las sociedades actuales que viven del cambio permanente de sus modelamientos tecno-lógicos, la Bioética ya no podrá estimular la reacción al cambio, sino que tendrá que acompañar el cambio, desde una actitud reflexiva y desde una dimensión axiológica.

En las sociedades que sobreviven y se siguen haciéndose viables evitando el cambio, hay que paralizar todo cambio y para ello la moral, como dispositivo religioso y social de conservación y de control, era el mejor invento para que el "bicho" humano se hiciera viable. Pero, en las sociedades pos-industriales, en las sociedades tecno-lógicas, en las sociedades de la información, (estoy hablando desde varios registros categoriales), en las sociedades que sobreviven de los cambios permanentes de sus modelamientos cognoscitivos, la humanidad se hará viable, sobrevivirá, se hará sostenible aprendiendo a discernir el cambio. Y esto requiere de una altísima capacidad de conocimiento reflexivo. Requiere, como lo dice Corbí en sus escritos, de un conocimiento muy sutil que dará a la Bioética un nuevo y excepcional conocimiento de la inmensidad de lo real. A este tipo especial de conocimiento, le llama Corbí desde hace algunos años, Cualidad Humana Profunda CHP y lo relaciona, o contrasta, con la antigua espiritualidad.

La Bioética, en estas nuevas condiciones de sobrevivencia del "bicho" humano, introduce en el actuar humano tecno-lógico la dimensión axiológica y reflexiva para aprender a vivir discerniendo permanentemente el cambio. En este sentido, la Bioética estará más cercana a la epistemología, en tanto capacidad reflexiva del conocimiento humano, que de la ciencia. Pero, en ningún caso se dará por fuera de la racionalidad tecno-científica.

La Bioética, podría pensarse como un nuevo tipo de saber que camina de la mano con las creaciones científicas, filosóficas, culturales y religiosas. El bioquímico norteamericano Van Rensselaer Potter, de la Universidad de Wisconsin en Madison, intuyo en un primer momento de su reflexión crítica del conocimiento humano, a la Bioética como una *"sabiduría de largo alcance"* que balancearía los progresos de las ciencias con los progresos de la modelación de los valores humanos, es decir como "un puente" entre dos tipos de racionalidades: la científico-técnica y la humanística, que en ese entonces aparecían como irreconciliables.

Pero, si vamos más allá de esa primera reflexión, Potter intuyo a la Bioética como una *"ciencia para la supervivencia"*, como un *"conocimiento de cómo usar el conocimiento"*, de cara a la supervivencia de la humanidad y del planeta. Por ello, sin dejar de ser "sabiduría", sin dejar de ser "puente", la Bioética podrá concebirse como "nueva ciencia", la ciencia de un Conocimiento de cómo usar el conocimiento tecno-científico para la supervivencia humana y planetaria. (Potter, 1971; 1998).

La Bioética, así entendida, actúa como una epistemología de segundo orden que, introduce al cognoscente en todo lo conocido, cuestionando y desdibujando la separación positivista entre el sujeto cognoscente y objeto de conocimiento y, dándole al conocimiento humano una saber profundamente axiológico.

Hasta aquí, espero haber dilucidado no sólo la dimensión ontológica y epistemológica del conocimiento humano, sino también, haber mostrado como la Bioética analiza desde el punto de vista axiológico la dimensión ontológica y epistemológica de todo conocimiento humano. Y de manera especial, del conocimiento tecno-científico. Por esta razón, la Bioética, lo que originariamente podemos llamar Bioética, es una hija legítima de la *"revolución contemporánea del saber"* (Delgado, 2006). Ella nace en medio de la "crisis de percepción" de la que nos habla Capra. Si no hubiéramos tenido una "crisis de percepción", con bastante certeza, no hubiera nacido la Bioética. La Bioética se origina a contraluz de la revolución contemporánea del saber. Es decir, a contraluz de lo que Capra llama la "crisis de percepción". Por ello, no es conveniente ubicar la Bioética, únicamente como una ética aplicada en el ámbito de las ciencias de la salud, sino como una buena candidata a convertirse en la ética para el Siglo XXI.

Mi experiencia personal en la enseñanza de la Bioética, me dice que la mayoría de las personas que hablan de Bioética o incluso, que enseñan Bioética, no son suficientemente conscientes de lo que implica el cambio de paradigma científico para percibir la realidad y por esta razón, asocian el termino Bioética a una nueva ética médica que resignifica el "juramento hipocrático" para el ámbito de las ciencias de la salud o entienden la Bioética, yendo rio abajo y no en su nacimiento, como una "ética aplicada" a las ciencias de la salud. Esto, desde luego, puede ser plausible, siempre y cuando tengamos en consideración que la Bioética no es primaria, ni originalmente, un sustituto para la ética médica, ni una ética aplicada al campo de la salud. Esto se da, sin lugar a duda, en un nivel superficial de la comprensión de lo real, pero difícilmente se puede dar en un nivel de mayor profundidad, como veremos más adelante.

La Bioética, siguiendo la analogía del cambio de percepción de realidad que se produce con la física cuántica, es la introducción, si se me permite hablar así, de la dimensión axiológica y reflexiva del conocimiento humano, en aquellas áreas del conocimiento de la realidad, que eran tratadas de manera independiente por las éticas o las morales construidas al margen del conocimiento científico siguiendo la ya clásica separación entre los "hechos" (conocimiento objetivo de la realidad) y los "valores (Juicios de valor). Por tanto, como nos dice el filósofo alemán Hans Jonas, hablando en este caso de la ética de la responsabilidad, (nosotros hablaríamos de Bioética global), la ética necesaria para responder a los desafíos axiológicos propios de una civilización tecnológica, surge una vez que hemos entendido la insuficiencia moral de las éticas habidas hasta el presente.

En este sentido, la Bioética, originariamente hablando, surge para discernir las acciones humanas en sociedades para las cuales las éticas habidas hasta hoy, se han vuelto insuficientes. La Bioética, originariamente considerada, es la "introducción" (pido disculpas por la vaguedad del vocablo), de la dimensión axiológica en todas las dimensiones de la realidad en las que se determina nuestra manera humana de ser. Pero, de una manera mucho más precisa, en las dimensiones de la realidad en la que la vida humana se constituye tecno-lógicamente.

Con lo hasta aquí dicho he afirmado dos cosas: primera, que la Bioética originariamente emerge a contraluz de la revolución contemporánea del saber, es decir, surge en "la crisis de percepción" como lo dice Fritjof Capra; segundo, que la Bioética "introduce" al "bicho" humano (Corbí, 2010), en los distintos niveles y dimensiones de la realidad para discernir la dimensión axiológica de los impactos de la racionalidad tecno-científica, que convierte a las sociedades tradicionales en sociedades planetarias, es decir, en sociedades interconectadas a un nivel global, planetarizado, mundializado. Y ello con a la pretensión de introducir en los campos de acción mediados tecno-lógicamente, la sostenibilidad humana y planetaria.

Ahora me gustaría centrarme en la dimensión ontológica del conocimiento humano para ubicar en esa dimensión el origen y los desafíos de la Bioética contemporánea. Para ello me voy a dejar guiar por el pensador francés Edgar Morin quien en un libro escrito en el año 1988: *El Método III: El conocimiento del conocimiento,* en la introducción del mismo, nos dice algo profundamente revelador. Nos dice que el ser humano, solo puede conocer lo que él llama, también soportado en los físicos cuánticos, *"la franja media de la realidad".* Y ¿Por qué lo llama la franja media de la realidad? Porque, según este pensador, el "ser" humano que somos, no puede captar ni lo infinitamente pequeño, ni lo infinitamente grande de la inmensidad de lo real, tan sólo puede percibir y modelar lo que cabe de esa "franja media" de la inmensidad de lo Real. Es decir, el "ser" humano (el "bicho" humano en expresión de Corbí) tan sólo puede modelar la inmensidad de lo real desde sus propios intereses cognoscitivos.

El "ser" humano que somos, no puede simbolizar el ámbito de la infinitamente pequeño de lo Real, como tampoco puede simbolizar el ámbito de lo infinitamente grande de lo Real, tan sólo puede simbolizar aquella dimensión de lo Real que cabe, (digámoslo ahora más fuerte) dentro de su competencia lingüística. Así las cosas, más allá del lenguaje, que desde luego no es solamente gramatical, nos topamos con lo in-

inteligible de la Real, que no es desde luego algo diferente a lo que somos nosotros mismos, sino aquello que somos desde el misterio indescifrable que nos constituye. "Aquello", "Eso", "lo que es", en su inmensidad no lo podemos simbolizar. Aunque en algunos casos, muy específicos, como nos lo han mostrado las tradiciones religiosas y espirituales de la humanidad, lo podamos metaforizar.

Volvamos entonces al ejemplo religioso. Dios como vocablo, no es en ningún caso una realidad aparte, una "cosa" que está más allá de todas las cosas, ni el fundamento no-creado de las demás cosas, como lo diría la perspectiva metafísica occidental, sino un término para señalar hacia "aquello" otro de la realidad, que permanece más allá de nuestra competencia simbolizadora. Dios, en el mejor de los casos, es una metáfora para referirnos a aquella dimensión de lo Real que es in-inteligible, in-concebible, in-nombrable. Es decir, que no se puede asir desde el punto de vista lingüístico. Dios, como metáfora, solo se puede usar para referirnos a aquello in-nombrable que queda fuera de toda simbolización. A esa dimensión de lo que se somos más allá de la "franja media" de la realidad, simplemente no la podemos nombrar y permanecerá en nuestro conocimiento como el "misterio" que nos constituye.

Por tanto, siempre que conozcamos en tanto que conozcamos nos estamos refiriendo siempre y de manera simultánea, hacia aquello que somos y nos constituye y que podemos percibir simbolizándolo y hacia aquello que somos y nos constituye, pero que permanece como "misterio". Esta percepción simbolizada y simbolizadora de la inmensidad de lo Real, se hace posible en el "bicho" humano si y sólo sí, comprendemos que el "bicho" humano que somos se constituye simbólicamente y porque gracias a la modelación simbólica de la inmensidad de la Real el "bicho" humano se hace viable.

Esta ontología del conocimiento humano nos puede permitir, para finalizar, dar un paso más y comprender el cambio de ontología ya no del conocimiento humano, sino de la realidad misma que podemos y debemos simbolizar pare hacernos viables. Para comprender el paso de una ontología de esencias hacia una ontología relacional o dicho en otro registro a una ontología compleja, nada mejor que introducir el famoso "principio de complementariedad" (*Contraria sunt complementa* -los contrarios se complementan-) del físico danés Niels Bohr.[5]

El contexto científico de dicho principio, dicho *grosso modo*, fue el siguiente: en los inicios del Siglo XX los físicos discutían acaloradamente, si la luz era un corpúsculo o una onda. Es decir, si la luz podía ser percibida como algo material (partícula) o como algo inmaterial (onda). Y si esta percepción de la realidad podía ser trasladada a niveles diferentes a la realidad física. Werner Heisenberg, introdujo el "principio de incertidumbre" según el cual la realidad no es ni una cosa, ni la otra, es decir, la realidad no es una esencia objetiva, ni una creación puramente subjetiva, sino más bien una percepción que involucra inevitablemente tanto al observador como a los instrumentos de lo observado. Niels Bohr profundizo estas posibilidades teóricas propuestas por Heisenberg y contario a Louis-Victor De Boglie que sostenía que las dos teorías eran irreconciliables, Bohr propuso una interpretación diferente a partir del "principio de complementariedad".

Para Bohr la realidad no está ahí a fuera esperando ser conocida (ontología esencialista), sino que la realidad es propiamente hablando, una construcción dialógica entre, por un lado, un observador-conceptuador. Y, por otro lado, la formalización que puede hacer ese observador-conceptuador de "aquello" que puede ser movido experimentalmente con el objetivo de ser conocido. La realidad depende, entonces de los intereses que ponga el investigador sobre "aquello" que puede ser investigado a sabiendas que "aquello" que puede ser conocido configura, constituye al cognoscente en sus rasgos ontológicos.

Dicho de otra manera, lo que comenzó siendo una "discusión cuántica", terminó siendo una transformación radical de la ontología tradicional,

---

5   Niels Bohr fue premio nobel de física en 1927, 20 años después de haber recibido el premio nobel del física, es decir en 1947, Niels Bohr recibió la *Orden del Elefante danesa*, máxima condecoración en el reino de Dinamarca, solo otorgada en principio a la familia real y en casos muy excepcionales a personajes distinguidísimos. y tuvo que diseñar un escudo de armas para que fuese colocado en el castillo de Frederiksborg. Bohr en escudo colocó la frase «*Contraria sunt complementa*» y, en el centro del escudo colocó, el símbolo del *Yin y el Yang* para significar su gran aporte epistemológico y ontológico de lo real.

pues, si no hay un "algo" allí afuera que se pueda conocer y no hay un "alguien" que lo pueda conocer, separados ontológicamente, sino que todo depende de la interrelación, la ontología esencialista, la ontología de las "cosas" que están ahí "afuera" y que el entendimiento capta de manera objetiva, a la manera como un espejo refleja las cosas que se ponen frente de él, se desploma. Y con ese desplome, también colapsan otras características de la ontología clásica como lo es la separación tajante entre el sujeto y el objeto típica de la ciencia clásica, y la escisión irreconciliable entre los juicios de hecho y los juicios de valor. Toda esta ontología se derrumbaba estrepitosamente. Como nos dice Berman, "Todo lo sólido se desvanece en el aire".

Para Bohr, y para nosotros hoy, aunque también hay que decirlo no para todos, la realidad es un constructo de la inmensidad de la Real desde la "banda media" de la realidad en la que es posible que el "bicho" humano pueda modelar, es decir, conocer. Y pueda conocer desde muchas perspectivas y de muchos niveles desde los que se construye dicha realidad. La perspectiva de quienes conocen a través de los diferentes intereses del conocimiento, de los diferentes momentos históricos y de los diferentes modos socio-culturales de vida y también desde los diferentes "instrumentos" de modelación; y desde los tres grandes niveles de la realidad que podemos científicamente modelar: el nivel físico, el nivel biológico y el nivel antropo-social.

Esta ontología relacional, es lo que a su vez nos muestran las teorías de la complejidad cuando nos dicen que la naturaleza no es lineal. Y cuando afirman que pueden existir dos tipos de sistemas; los sistemas cerrados en los que se dan muy bajos niveles de libertad y por tanto mayor determinismo y, los sistemas abiertos en los que lo emergen mayores niveles de libertad. Dicho de otra manera, los sistemas que se mueven cercanos al equilibrio y los sistemas que se mueven lejanos al equilibrio. Volviendo al ejemplo de la dualidad onda-partícula, la luz es una partícula cuando la percibimos a partir de un detector de partículas y registramos el impacto de la partícula. Y la luz es una onda, si la percibimos desde un dispositivo de interferencia. En la naturaleza de la pregunta está la de la respuesta. La pregunta determina la respuesta que "encontramos" en la realidad.

La luz se nos da como partícula o como onda dependiendo de si la analizamos desde dinámicas cercanas o alejadas del equilibrio. Como diría Bohr, *"contrario sunt complemente"*, los contrarios no sólo pueden ser irreconciliables, sino también y al mismo tiempo, complementarios. La complementariedad de las diferentes percepciones de lo real nos permitirá una mejor y mayor comprensión de la inmensidad de lo real.

Bohr se preguntó si este *"principio de complementariedad"* opera únicamente en la percepción física de lo Real o si opera también en la percepción biológica o en la percepción antropo-social de la realidad y al descubrir que operaba en todos los niveles, no dudo en hacer aplicaciones de este principio en todos los niveles de la realidad.

El "principio de complementariedad" se soporta sobre dos grandes constataciones: la primera, es que la realidad, tal y como la hemos descrito, siempre se nos da, se nos muestra de manera de manera poliédrica. Como diría el profesor Aristóteles hace más de 25 siglos: "el ser nunca se da a sí mismo como tal (y, menos, en su plenitud), sino sólo por medio de diferentes aspectos o categorías". De allí que "el ser de diga de muchas maneras". Y la segunda, es que, a la realidad, sólo accedemos desde la selectividad de nuestra percepción individual y social. Es decir, siempre "construimos" la realidad desde una determinada mirada que se construye experimental, histórica y socio-culturalmente. De allí la necesidad cognoscitiva de complementar y de complementarnos desde diferentes miradas. Esta complementariedad y flexibilidad de las miradas es lo que va a dar origen a un tipo de conocimiento que no es compartimentado, sino que el inter y transdisciplinar.

La Bioética, vista desde una ontología relacional, es propiamente hablando, un conocimiento transdisciplinar que no se refiere única ni exclusivamente a un nivel de realidad desde una perspectiva científica (disciplinar) y desde una perspectiva no-científica (cotidiana) de la realidad, sino que se refiere, también y al mismo tiempo, el sentido y valor que esta percepción de la realidad puede tener para que el "bicho" humano se haga viable, para que el "bicho" humano pueda construir modos de vida sostenibles.

La supervivencia de la civilización mundial -nos dice el viejo Potter-, será imposible a menos que haya algún acuerdo sobre un sistema de valores común, especialmente sobre el concepto de una obligación para con las futuras generaciones del hombre... Si las naciones del mundo han de encontrar un "puente hacia el futuro", tendrán que darse cuenta que deben unirse para preservar la frágil red de vida no humana que sostiene a la sociedad humana. A partir de este momento, estamos librando una guerra desesperada por la supervivencia, y no podemos permitirnos incursiones fratricidas para defender sistemas de valores que tal vez ya no sean relevantes. (Potter 1998, 192-193)

Expuesto todo lo anterior, espero haber dilucidado, es decir, haber mostrado que el origen de un tipo de sabiduría que llamamos Bioética, que hace explícito en todos los niveles de la realidad la dimensión axiológica (reflexiva) del conocimiento humano, y que tiene por desafío alcanzar un modo de vida relacionalmente sostenible.

Por ello, en este contexto, se hace urgente y necesario relacionar el conocimiento de la Bioética, tal y como la hemos concebido, con el "conocimiento de cómo conocer el conocimiento" en la perspectiva que lo está haciendo la Epistemología Axiológica" EA del pensador español Marià Corbí. Pienso que la EA le puede brindar a la Bioética y en concreto a la Bioética Global BG, las "herramientas conceptuales" para discernir la dimensión axiológica de todo conocimiento humanos en tanto que humano y de encontrar y hallar en todos los registros cognoscitivos la dimensión axiológica del conocimiento humano.

En efecto, Corbí y su grupo de trabajo en el Centro de Estudios de las Tradiciones de Sabiduría (CETR), con sede en Barcelona, ponen de manifiesto cómo y en qué sentido el "bicho humano" es un bicho que se constituye en cuanto tal lingüísticamente hablando y la manera como se han venido construyendo las deferentes axiologías humanas en los diferentes modos socio-culturales de vida. La BG podría fortalecerse muy significativamente desde la EA si logra poner en relación dos o tres aspectos muy bien construidos en la EA. Me referiré a dos o tres de ellos, a saber:

1. Los modos como se han construido las axiologías y las ontologías humanas para que el "bicho humano" pueda haberse viable.

Los estudios corbinianos sobre la manera como el "bicho humano" se ha hecho viable en el tiempo y en las manifestaciones históricas y culturales y, de manera especial, la construcción de las axiologías en las sociedades estáticas y en las sociedades dinámicas o en cambio permanente, le permitirá a la BG precisar el espíritu del discernimiento axiológico de la realidad. Le permitirá descubrir cómo y de qué manera la BG puede llevar a cabo un discernimiento axiológico de la realidad teniendo en consideración las deferentes lógicas socio-culturales y los diferentes momentos de construcción de la realidad, mostrando en cada caso, en que consiste o en qué puede consistir el discernimiento bioético de la dimensión axiológica de la realidad.

2. La relación entre la diferenciación analítica de lo que a EA llama Cualidad Humana CH y Cualidad Humana profunda CHP (antigua espiritualidad).

Uno de los aportes, si no el mayor, de la EA a la BG consiste en integrar en sus análisis de la realidad, lo propio la identidad humana teniendo en consideración la dimensión de la CH y de la CHP. A sabiendas que no sean dos tipos de conocimiento metafísicamente distintos, sino dos dimensiones de una y única realidad: la realidad que constituye lingüísticamente al "bicho humano".

Si la BG integra en sus análisis la dinámica egocentrada (CH) y la dinámica desegocentrada (CHP) de la constitución humana, podrá también discernir en qué sentido se pueden o no construir Proyectos Axiológicos Colectivos PACs. Dicho en terminología Bioética, podrá discernir en qué sentido se pueden construir acciones colectivas que le permitan al "bicho humano" postular una supervivencia (sostenibilidad y/o insostenibilidad) humano-planetaria. La EA tiene un "instrumental" altamente cualificado para poder determinar las dinámicas socio-culturales que puede llevar a la humanidad hacia una dirección "inmanente" (egocentrada) y "trascendente" (desegocentrada) y medir en que cosas se puede postular PACs.

Adicional a esto, en las sociedades que viven del cambio permanente de sus estrategias cognoscitivas, la EA puede brindar a la BG los criterios para establecer cuándo y de qué modo la construcción de los PACs se pueden implementar desde axiologías religiosas y desde axiologías laicas, logrando con ello una muy buena relación con la eticidad concreta de los modos socio-culturales de vida.

Muchas gracias.

Bibliografía

Corbí Mariano, *Análisis epistemológico de las configuraciones axiológicas humanas. La necesaria relatividad cultural de los sistemas de valores humanos: mitologías, ideologías, ontologías y formaciones religiosas,* Ediciones Universidad de Salamanca-Instituto interdisciplinar de Barcelona, 1983.

Corbí, Mariano, *Proyectar la sociedad-Reconvertir la religión. Los nuevos ciudadanos,* Barcelona: Editorial Herder, 1992.

Corbí, Mariano, *Religión sin religión,* Madrid: PPC, 1996

Corbí, Mariano, *Hacia una espiritualidad laica. Sin creencias, sin religiones, sin dioses,* Barcelona: Editorial Herder, 2007.

Corbí, Marià, *La construcción de los proyectos axiológicos colectivos. Principios de epistemología axiológica 1.*Barcelona: Bubok-CETR, 2013c.

Corbí, Marià, *La sabiduría de nuestros antepasados para sociedades en tránsito. Principios de epistemología axiológica 2.* Barcelona: Bubok-CETR, 2013d.

Corbí Marià, *Protocolos para la construcción de organizaciones creativas y de innovación. Principios de epistemología axiológica 3,* Barcelona: Bubok-CETR, 2015.

Corbí Marià. *El cultivo colectivo de la cualidad humana profunda en las sociedades de conocimiento globalizadas. Principios de Epistemología Axiológica 4.* Madrid: Bubok, 2015.

Corbí Marià. *Las sociedades de conocimiento y la calidad de vida. Principios de Epistemología Axiológica 5.* Madrid: Bubok, pp. 88-113, 2017.

Morin, Edgar, *El Método I: La naturaleza de la naturaleza,* Cátedra, Madrid, 1981.

Morin, Edgar, *El Método II: La vida de la vida,* Cátedra, Madrid, 1983.

Morin, Edgar, *El Método III: El conocimiento del conocimiento,* Cátedra, Madrid, 19882.

Morin, Edgar, *El Método IV: Las ideas. Su hábitat, su vida, sus costumbres, su organización,* Cátedra, Madrid, 1992.

Morin, Edgar, *El Método V: La humanidad de la humanidad. La identidad humana,* Cátedra, Madrid, 2003.

Morin, Edgar, *El Método VI*: Ética, Cátedra, Madrid, 2005.

Morin, Edgar-Kern Anne Brigitte, *Tierra-Patria,* Kairós, Barcelona, 1993.

Morin, Edgar, *Introducción al pensamiento complejo,* Gedisa, Barcelona, 1994.

Morin, Edgar, *Los siete saberes necesarios para la educación del futuro.* Texto original publicado en el mes de octubre de 1999 en París por la UNESCO. El texto se da a conocer en Colombia con motivo del "I Congreso Internacional de Pensamiento Complejo", Bogotá, Universidad Externado de Colombia, octubre 8, 9 y 10 de 2000. Impreso por la Imprenta Nacional del Colombia en colaboración de UNESCO-ICFES-MEN. Traducción de Mercedes Vallejo-Gómez, 2001. Posteriormente aparece en UNESCO-Editorial Magisterio, 2001.

Morin, Edgar-Roger, Emilio, Motta, Raúl, *Educar en la era planetaria*, Gedisa, Barcelona, 2003.

Osorio García, Sergio Néstor et al. (2022). *Individuación y Bioética global. Implicaciones para la sostenibilidad humana y planetaria*, Bogotá: Editorial Áula de Humanidades ISBN: 978-958-5196-64-3 Versión impresa; 978-958-5196-65-0

Osorio García, Sergio Néstor-Macraigne, Steve, Castillo, Álvaro. (2020). *Riesgo y responsabilidad planetaria en perspectiva bioética*, Bogotá: Editorial Neogranadina (2019). ISBN: 978-958-5103-05-4

Osorio García, Sergio Néstor. (2014c). *La bioética a la luz de las epistemologías de segundo orden III: implicaciones para la comprensión de la sociedad y la educación*, Bogotá: UMNG-Digiprint Editores S.A.S.

Osorio García, Sergio Néstor. (2014b). *La bioética a la luz de las epistemologías de segundo orden II: El aporte crítico de Edgar Morin, Marià Corbí y Carlos Castaneda*, Bogotá: UMNG-Digiprint S.A.S.

Osorio García, Sergio Néstor. (2014a) *La bioética a la luz de las epistemologías de segundo orden I: El aporte crítico de Iván Illich y Hans Jonas*, Bogotá: UMNG-AF&M Producción Gráfica S.A.S. 209 p. ISBN: 978-958-8796-29-4

Osorio García, Sergio Néstor. (2013c). *Pensar con Marià Corbí: El conocimiento silencioso de la realidad.* Bogotá: UMNG-Multi impresos S.A.S, 2013c, 217 pp.

Osorio García Sergio Néstor-Maldonado Castañeda, Carlos Eduardo-Delgado Díaz, Carlos Jesús. (2013b). *Ciencias de la complejidad, desarrollo tecnológico y bioética ¿Para qué sirve la bioética global?*, Bogotá: UMNG-Multi-impresos S.A.S.

Osorio García, Sergio Néstor. (2013). *Bioética y pensamiento complejo I: un puente en construcción, segunda edición*, Bogotá: UMNG-Afán Gráfico Ltda, 113 pp.

Osorio, García, Sergio Néstor. (2010a). *Pensar desde la educación superior. Una reflexión transdisciplinar*, Bogotá: UMNG-Alvi Impresores, 410, pp.

Osorio, García, Sergio Néstor. (2008b). *Bioética y pensamiento complejo II: Estrategias para enfrentar el desafío planetario*, Bogotá: UMNG-Archel publicidad, 226 pp.

Osorio, García, Sergio Néstor. (Coord). (2008a), *Bioética y pensamiento complejo I: Un puente en construcción*, Pedagógica y Humanística Serie 12. Bogotá: UMNG-Prontoprinter Ltda, 2008a, 146 pp.

Potter, Van Rensselaer. (1971) *Bioethics: Bridge to the Future.* Prentice-Hall, Englewood Cliffs, New Jersey.

Potter, Van Rensselaer. (1988), *Global Bioethics. Building on the Leopold Legacy.* Michigan State University Press.

Van Rensselaer, Potter. (1984), Bioethics and the human prospect. In, Brock, D.H. (Ed.), *Studies in Science and Culture*. Vol, 1, *The Culture of Biomedicine*. Newark, Univ. Delaware Press, pp. 124-137.

Potter, V.R. (1996). Global Bioethics: Origin and Development, In: *Handbook for Environmental Risk Decision Making. Values, Perceptions, and Ethics.* Cothern, C.R. (Ed.), Boca Raton: CRC Lewis Publishers, pp. 359-373.

Potter, V.R. & Potter, Lisa. (1995). "Global Bioethics: converting sustainable development to global survival". In: *medicine & global survival,* vol. 2, no. 3, pp. 185-191.

Potter, V. R. (1962). Bridge to the future: The concept of human progress. *Journal of Land Economics* 38:1-8.

Van Rensselaer, Potter. (1964), Society and Science, *Science*, New series, vol 146, No. 3647, (Nov. 20), pp. 1018-1022.

Potter, V.R. (1964). Society and Science: can science aid in the search for sophistication in dealing with order and disorder in human affairs. *Science*, 146: 1018-1022.

Potter, V.R. (1970). Bioethics, The Science of Survival. *Persp. Biol. Med.*, 14: 127-153.

Potter, V.R. (1975). Humility with Responsibility -A Bioethic for Oncologists. (Presidential Address). *Cancer Res.*, 35: 2297-2306.

Potter, V.R. (1990). Getting to the year 3000: Can Global Bioethics Overcome Evolution 's Fatal Flaw? *Perspect. Biol. Med.*, 34: 89-98

Potter, Van Rensselaer. (1998a), Bioética Puente, Bioética Global y Bioética Profunda. *Cuadernos del programa Regional de Bioética*, OPS, División de Salud y Desarrollo Humano, No, 7, pp. 23-35. https://iris.paho.org/handle/10665.2/48080

Sotolongo Codina Pedro Luis y Delgado Díaz Carlos Jesús. (2006). *La revolución contemporánea del saber y la complejidad social: Hacia unas ciencias sociales de nuevo tipo.* Buenos Aires: Biblioteca CLACSO.

Las ideas: Humano e Inteligencia Artificial

Queralt Prat-i-Pubill[1]

No hay nada más práctico que una buena teoría.
Kurt Lewin

Nada es más poderoso que una idea a la que le ha llegado su hora.
Víctor Hugo

Tarde o temprano, son las ideas, no los intereses creados,
las que son peligrosas para el bien o para el mal.
John Maynard Keynes,

Escribo este texto en un momento de avance acelerado de la Inteligencia Artificial ("IA"). Este fenómeno no solo afecta nuestra manera de trabajar o de comunicarnos, sino que incide en nuestra concepción del conocimiento, la realidad y el mundo. En resumen, en nuestras concepciones, y por tanto, afecta a la creación de nuestro futuro. Dos aspectos fundamentales me animan: por un lado, la comprensión de cuáles son las ideas que se socializan sobre la IA y, por otro, algunas reflexiones sobre nuestra concepción de lo que significa ser humano cuando los sistemas de IA pueden desarrollar tareas "inteligentes" mejor que nosotros.

Recordando las palabras de J. M. Keynes y Víctor Hugo, quienes explicitan que las ideas tienen un poder mayor del que imaginamos. También, que las teorías son prácticas porque nos permiten dar sentido al mundo de manera

---

1   Doctora en Ciencias de la Gestión por ESADE Business School de la Universidad Ramon Llull (España), Doctora en Filosofía por la Copenhagen Business School (CBS) (Dinamarca), Master de Investigación por ESADE Business School, MBA por Insead (Francia), Master CEMS, Licenciada en Dirección y Administración de Empresas y MBA por ESADE Business School de la Universidad Ramon Llull (España).

práctica. La entrada de la IA en nuestra vida nos está pidiendo repensar qué significa ser humano, qué humanidad queremos construir y, por tanto, cómo deberíamos orientarnos como especie. Así, estas reflexiones no son un ejercicio teórico, alejado de la vida diaria que estamos viviendo, sino que inciden a nivel práctico en cómo el conocimiento, la ciencia y la tecnología se desarrollan con IA y cómo eso tiene un impacto en cómo pensamos y organizamos nuestras vidas, y por tanto, en la orientación de los sistemas de valores colectivos. Estos dos elementos, los valores y el conocimiento, orientan nuestra prosperidad y, más brutalmente, nuestra supervivencia; por tanto, entender cómo pensamos sobre esta tecnología, la IA, es crucial.

Hace más de 25 años que, a nivel práctico, me interesé por entender qué significa conocer el mundo, qué es la realidad, es decir, la epistemología. En aquellos momentos, todo era mucho más simple; me interesaban los textos de sabiduría, me explicaban una manera diferente de entender el mundo. Al inicio, de manera fortuita, investigando en una librería en Londres con el Advaita, después con el Budismo Zen y, posteriormente, cinco años más tarde, empecé a ampliar, gracias a la guía y al trabajo metódico del CETR, mi conocimiento de todas las demás tradiciones, como por ejemplo, la cristiana, la musulmana y la taoísta.

La extraordinaria aportación del CETR ha sido explicitar cómo separar las configuraciones culturales, los sistemas de valores, de esas tradiciones, de la sabiduría que quieren comunicar. Para hacer esto, al inicio, necesitábamos realizar un trabajo epistemológico, con el fin de poder profundizar en este trabajo de comprensión personal de la sabiduría, así como en la capacidad para comunicarlo a otros. Poder entender y desarrollar la Cualidad Humana, eso que intentan mostrarnos las tradiciones, esta capacidad humana de vivir en el mundo más allá de las comprensiones automáticas provenientes de la estructura psicológica, resultado de toda una serie de azares que me sitúan en un espacio-tiempo determinado, dentro de una cultura, dentro de una familia, con otra serie de azares personales, experiencias, memorias, expectativas, deseos y miedos, ha sido un gran regalo.

Así, para poder realizar esta investigación de los textos de sabiduría, es necesario cuestionar las hipótesis de base desde donde se hace la lectura;

de lo contrario, trabajaremos sometidos a nuestra configuración cultural, una prisión epistemológica de la que no se puede escapar, a no ser que uno la conozca. Una de las creaciones fundamentales de Marià Corbí (1983) ha sido establecer como hipótesis de su trabajo de investigación que la antropología del animal humano debe basarse en hechos científicos, no en especulaciones. Así, comenzar el desarrollo teórico definiendo al animal humano como constituido por el lenguaje, es decir, modelado en su comprensión del mundo y en su actuación dependiendo de las necesidades de supervivencia del colectivo, significa que el animal humano es flexible en lo que valora y, por tanto, en cómo actúa. Flexibilidad no quiere decir que todo valga o que todo sea relativo. Significa que el animal humano, como colectivo, creará aquellos valores que le aseguren la supervivencia, de manera más o menos consciente. Si no es capaz, entonces esa civilización, o incluso la especie, no prosperará.

Esta flexibilidad en la valoración y, por tanto, en la actuación, es posible porque los humanos tenemos un sistema de comunicación en el que el significado de las cosas del mundo se coloca en el significante (los sonidos de las palabras) y se separa directamente de su significado, porque se crea una distancia objetiva que hace que la cosa en sí pueda tener muchos significados (de Saussure, 1959). Este tipo de lenguaje es muy especial; ningún otro animal terrestre tiene esta estructura. El resto de animales pueden tener lenguajes, pero ninguno está constituido en el formato humano como una tríada que se representa en una relación humano-palabra-mundo. Esto es lo que nos otorga nuestra flexibilidad y la razón por la cual hemos desarrollado, entre otras cosas, ciencia, arte y religiones.

Ha sido impresionante constatar cómo esta decisión metodológica, de definir la antropología siguiendo los hallazgos reconocidos a nivel antropológico y lingüístico, continúa siendo tan ignorada en el mundo académico y social como hace más de 40 años, cuando Corbí ya la postuló. Este principio antropológico, que define al ser humano como constituido por el lenguaje, aunque de manera minoritaria está presente en las ciencias sociales —principalmente en la sociología del conocimiento, la historia del conocimiento y los estudios tecnocientíficos—, no ha llegado a tener suficiente impacto como para convertirse en rectora de nuevas propuestas que alcancen el núcleo de la filosofía, ni de la ética, y tampoco, por supuesto, de la religión. Evidentemente, al no llegar al meollo de las disciplinas, no se han podido desarrollar las consecuencias sociales, políticas y económicas de esta conceptualización, aunque esté presente a nivel teórico. Todavía, a nivel social, cultural e incluso en la mayoría de las teorizaciones de las ciencias sociales, se piensa o directamente no se cuestiona la hipótesis inicial del animal humano como un compuesto de cuerpo y razón, o cuerpo y espíritu. En el mundo de la IA, como explicitaremos más adelante, se conceptualiza al ser humano como inteligencia —digamos que es una destilación del concepto de "razón" y "racionalidad"—, como un conocimiento desligado de la experiencia humana, diríamos como un oráculo o como un Dios, como si el conocimiento estuviera definido en un ámbito al que se pudiera acceder solo con la inteligencia. Utilizar hipótesis como cuerpo y razón o cuerpo y espíritu es construir la ciencia desde la metafísica. Si estas hipótesis están en la base de todas nuestras creaciones teóricas, entonces todas nuestras creaciones científicas son claramente vulnerables. Esto es un problema grave.

Considerar al animal humano como constituido por el lenguaje sería una revolución copernicana en las ciencias sociales, pero claro, entonces disciplinas como, por ejemplo, la ética, quedarían relegadas a disquisiciones de diletantes, es decir, no relevantes, porque se haría evidente que las formulaciones racionales de valor —lo que actualmente es la ética en nuestra sociedad— son tan efectivas como rezar a los dioses del Olimpo[2] Dejaríamos de invertir energías y capital intelectual en disciplinas como la "ética de los negocios" o la "ética de la IA" y nos enfocaríamos en entender cómo crear motivaciones de valor que fueran efectivas en las organizaciones, a nivel social y político, y cómo de ahí podría derivarse una ética[3].

---

2   Si el ser humano es un animal racional, entonces los principios de actuación racionales pueden guiar al ser humano. Pero si conceptualizamos que el ser humano es un animal, entonces el eje de la actuación animal es el sentir, como en todos los demás animales. Evidentemente, en el caso del ser humano, es un sentir que tiene lógica, causa-efecto, incertidumbre, etc. Por lo tanto, para orientar al animal humano no es suficiente la racionalidad cuando está totalmente subordinado al sentir.

3   Hoy en día, la ética se presenta como una formulación racional desligada del sentir de un proyecto humano compartido.

Comprender al ser humano como constituido por el lenguaje ya transpira una flexibilidad inmensa. Si lo comparamos con otras especies animales, vemos que es una característica única: una flexibilidad extraordinaria y la fuente de nuestro éxito como superdepredadores en la Tierra. Estar constituido por el lenguaje significa que esta constitución —lo que somos, lo que el ser humano considera adecuado como actuación— tiene la capacidad de cambiar infinitamente. Nunca como una decisión arbitraria, sino siempre sujeta a las formas de vida. Las diferentes constituciones humanas se reflejan en las valoraciones de los grupos humanos y en los significados de las palabras. Esta flexibilidad de adaptación y de creación de nuevas posibilidades no existe en ningún otro animal terrestre. Es fundamental y delicada. Si los humanos no están constituidos adecuadamente, no serán capaces de sobrevivir en su entorno. Esto ya ocurre. En nuestra especie conviven simultáneamente muchas configuraciones humanas.

Por tanto, esta constitución —configuración de las valoraciones humanas— se define a nivel colectivo y no es resultado de un proceso participativo, ni de una encuesta, ni de un mercado, ni de la decisión de un primer ministro, un dictador o un rey. Es el resultado de muchos azares, de contribuciones dispares de humanos —unos más poderosos que otros—, de procesos largos que van más allá de una vida humana y, sobre todo, hasta ahora, de una falta de conocimiento de que todo esto estaba ocurriendo. Me atrevería a decir que tenemos esta falta de conocimiento porque mantenemos creencias sobre lo que es el ser humano basadas en teorías metafísicas, como si viniera del cielo: somos un "espíritu", somos una "razón", somos una "inteligencia". Si pensamos que las configuraciones valorativas nos vienen dadas o reveladas por la naturaleza de las cosas, no hay espacio para imaginar nuevos tipos de valoraciones ni la necesidad de crearlas.

Todos los animales están plenamente configurados para sobrevivir gracias a la información genética que heredan; nosotros no. Los humanos tenemos una "deficiencia" que es un tesoro. No tenemos configurado genéticamente cómo debemos actuar para sobrevivir, ni cómo debemos organizarnos, ni cómo debemos relacionarnos entre nosotros (Corbí, 1983). La teorización de Marià Corbí, que aún no se ha materializado en sus consecuencias a nivel social, nos permite ser conscientes de que estas constituciones humanas deben cambiar —y cambian—, y que las configuraciones de valores deben ser adecuadas a los ejes sobre los cuales un colectivo sobrevive; de lo contrario, no se puede prosperar. Por tanto, **la prosperidad no es una meta tecnológica o cultural**, sino una meta que tiene que ver con la **capacidad de constituir** humanos capaces de prosperar en condiciones adecuadas, es decir, **con la conjunción axiológica y de modo de supervivencia** (tecnológico y cultural) que permite a las comunidades prosperar. Así, nuestras valoraciones colectivas, como lo que definimos como inteligencia, no son atemporales, sino que dependen de que somos un animal humano y de cómo sobrevivimos en el entorno.

Este elemento axiológico, aparentemente irrelevante en nuestro mundo científico y cultural, es en realidad una fuerza poderosa e indomable que condiciona la capacidad de comunidades e individuos para prosperar. Dedicar esfuerzos y recursos a entender estas configuraciones axiológicas que constituyen a los humanos es tan importante como la frontera tecnológica de la física cuántica, la biotecnología o la Inteligencia Artificial, por mencionar algunos campos científicos. Incluso me atrevería a decir que **es más importante que nuestras creaciones científicas, porque las configuraciones axiológicas estructuran cómo nuestras creaciones son utilizadas, y teniendo en cuenta que nuestra ciencia y la tecnología son cada vez más poderosas, esto significa que debemos ser capaces de construir configuraciones axiológicas que beneficien la vida y no que conduzcan a la extinción de la humanidad.**

Desde otras disciplinas se ha llegado a conclusiones similares. Disciplinas como los estudios de la filosofía de la ciencia, la historia de la ciencia y la sociología del conocimiento se han interesado en entender cómo los humanos construimos el conocimiento, cómo es diferente de las creencias y cómo está relacionado con las comunidades humanas que han creado ese conocimiento. En los años 70, Thomas Kuhn (1970) comenzó a sacudir los pilares de la construcción del conocimiento científico como descripción del mundo. Fue Boyle, en 1660, quien definió los ejes racionales que han desarrollado el conocimiento científico tal como lo conocemos hoy. Según Boyle, para poder entender el mundo, para poder describirlo fielmente, debemos seguir un método: 1. hacer experimentos - tecnología material, 2. la necesidad de que existan testigos - tecnología literaria, 3. que los testigos sean independientes - tecnología social (Shapin, 1984). En el siglo XX, la sociología de la ciencia ha concluido que el conocimiento científico no refleja la naturaleza, tal como postulaba Boyle, sino que es una herramienta práctica para "hacer comprensible" el mundo (Bloor, 1991). Así, no es una descripción, sino más bien una modelación: si el conocimiento funciona en la práctica, entonces decimos que eso es "verdad", si no, es "falso". Lo que se "descubre", la tecnología que se desarrolla, no es la "mejor" tecnología, como si existiera un camino predeterminado de desarrollo, sino que depende de factores históricos (Callon, 2010), y por tanto, la ciencia y la innovación no tienen una dinámica propia, sino que están totalmente condicionadas por la situación social. La visión de la ciencia como autónoma y desligada de la sociedad tiene implicaciones políticas porque permite mantener y perpetuar el status quo dominante (Law, 2017).

Desde una aproximación feminista, Haraway (1988) ha demostrado empíricamente cómo los métodos y procedimientos para realizar el trabajo científico llevaban otras agendas, valores, conocimientos, etc., que afectaban lo que se creaba y cómo se creaba; es decir, nada era tan aséptico, neutro y fuera de disputa tal como Boyle postulaba. Todo el conocimiento y todos los métodos están "situados", reflejan el lugar y reproducen las agendas sociales. En nuestra sociedad pensamos que la ciencia es "objetiva", "la verdad", pero Haraway (1988) argumenta que "esa mirada desde ningún lugar" es como un "truco de Dios" que puede verlo todo desde ningún sitio, imparcial, sin tener en cuenta todos los elementos humanos que influyen en su desarrollo. Los términos "objetividad" y "subjetividad" pierden sus raíces, aunque Haraway mantiene la palabra objetividad siempre teniendo en cuenta dos aspectos: (1) reconocer que el quehacer científico está situado y (2) analizar críticamente este hecho "situado". Por lo tanto, para Haraway (1988) se debe descartar la ficción de que la ciencia sea "neutral" y, por tanto, que sea una descripción de la realidad, pero no termina de romper con el concepto de objetividad, donde invariablemente se asume que una descripción fidedigna es posible, aunque ella no lo crea. Y es que la ruptura con la posibilidad de una descripción acreditada "objetiva" puede acarrear consecuencias no deseadas. Si no hay nada "creíble", ¿qué queda?

Muchos filósofos se han dedicado a reflexionar sobre el impacto de esta búsqueda y su incidencia a nivel político y en los valores.

Críticos de esta postura ven un ataque a la racionalidad y, por tanto, según ellos, un retorno a la irracionalidad. Pero la repercusión de estas investigaciones lleva a la conceptualización del ser humano como un actor material-semiótico, donde lo material y aquello que da y crea sentido están íntimamente unidos, y es gracias a la interacción social, mediante el habla, que las fronteras de lo que es son creadas. Por tanto, la ciencia es una tecnología semiótica. Y lo que llamamos objetividad es solo una alegoría de la ideología que gobierna (Haraway, 1988). La mirada "objetiva", por tanto, está subordinada al orden imperante, no es una "descripción" "auténtica" de la realidad. Esta disciplina, resultado de las investigaciones empíricas sobre la ciencia, ha desarrollado todo un eje teórico donde se hace evidente, a nivel práctico, una epistemología no mítica y una concepción del ser humano fuera de las coordenadas sociales comunes de cuerpo y alma o cuerpo y espíritu. Podríamos sugerir que el estudio del trabajo científico, desde la mirada feminista y la epistemología del conocimiento, les ha llevado a cuestionar la misma realidad de la "existencia" del individuo, de la naturaleza y de la sociedad. La teoría de las redes de actores (*"Actor Network Theory"*, ANT en inglés) define esta "existencia" semiótica y, por tanto, modelada, y, por tanto, comprendida, transforma nuestra realidad del mundo (Latour, 2005).

Estas reflexiones continúan aún. Law (2017) argumenta que la relación entre la sociedad y la ciencia es bidireccional y que estudiar esta situación es importante. Invariablemente, estas aproximaciones que sacuden la hipótesis de una descripción veraz de la ciencia han creado una fuerte oposición, y autores como Harding (2017) han dedicado extensas reflexiones a explicitar y argumentar por qué no se puede hablar de objetividad ni de subjetividad para entender cómo el ser humano comprende el mundo. La física no es una opinión, pero al mismo tiempo tampoco es absoluta, una verdad que describe el mundo[4]. Ha sido difícil conceptualizar de una

---

4   Tenemos la física newtoniana, la física cuántica, con diferentes hipótesis y modelos del mundo que funcionan.

manera rigurosa y conceptualmente clara cómo el conocimiento es una modelización del mundo que funciona; por lo tanto, estrictamente no es ni objetiva ni subjetiva, porque no tenemos esa posibilidad. La objetividad asume que nuestra comprensión de la realidad es una descripción de la realidad, y eso no es posible.

Marià Corbí ha profundizado en sus estudios sobre la comprensión de los valores. El mundo de los valores también es una modelación humana; no existe un mundo de valores definido, veraz, auténtico o cierto. Las configuraciones axiológicas que han funcionado son los sistemas de valores que han permitido a la especie progresar. Simplificando el desarrollo teórico de Marià Corbí, podríamos decir que hasta ahora hemos vivido tres tipos de configuraciones axiológicas que han organizado la simbiosis de los humanos: el mito, las religiones y las ideologías. El orden cronológico que he descrito depende de cuándo fueron efectivas de manera dominante a nivel social. Hoy en día, solo tribus perdidas cazadoras-recolectoras pueden tener mitos. Las religiones, nacidas de la revolución agrícola, aún son efectivas en algunos países no occidentales como estructuradoras incuestionables de la realidad, y las ideologías, bueno, quizá solo en Corea del Norte es posible que se mantengan como válidas. En el resto del mundo estamos desestructurados axiológicamente: hay una mezcla de religiones, ideologías y pensamiento alternativo, todo mezclado, resultado de la globalización. Hay muy pocos lugares en el mundo lo suficientemente aislados y con formas preindustriales de supervivencia que no tengan este "menú" axiológico, es decir, esta mezcla de posibilidades para ayudar al colectivo a prosperar.

Hoy en día, la prosperidad del colectivo humano no proviene de la capacidad de cazar y recolectar frutos, ni de la fertilidad de las tierras y el acceso al agua y al buen clima, ni del acceso a energía barata. Todos estos elementos han sido motores de prosperidad, pero ahora, en las condiciones en las que nos encontramos, el motor de la prosperidad es la capacidad de generar conocimiento técnico y científico de manera continua: la capacidad de innovar. Cada modo de supervivencia exige que los humanos cambien sus motivaciones para poder responder a los retos que presenta la nueva forma de supervivencia colectiva.

Por primera vez en la historia humana, la manera de sobrevivir —esta necesidad de innovación constante— nos exige entender, a nivel práctico, que el mundo en el que vivimos está modelado, constituido semióticamente, y que, por tanto, nos permite desarrollar la capacidad para crear e innovar. Una de las numerosas consecuencias de la vida actual es que la presión por innovar nos obliga a desarrollar la capacidad de trabajar en equipo de manera interdependiente, y, por tanto, el eje del éxito no es el individuo ni la competencia. Estas afirmaciones no son el resultado de una posición valorativa, crítica o moral, sino una secuela de la lógica de innovar y del crecimiento acelerado de las ciencias y las tecnologías. Por tanto, defender y comunicar una antropología científica como base de las formulaciones teóricas —es decir, que el ser humano modela el mundo y está constituido por el lenguaje, y no por hipótesis metafísicas como las formulaciones de que el ser humano es cuerpo y razón— debería ser una noción cultural compartida por los humanos, con el fin de asegurar la prosperidad del colectivo. Una epistemología de la ciencia y de la vida no mítica, entendiendo que las formulaciones científicas y las formulaciones de nuestra vida cotidiana no describen la realidad, sino que son modelaciones adecuadas en una situación determinada, es uno de los ingredientes fundamentales que permite que las capacidades creativas humanas se expresen y se desarrollen con la máxima potencia y diversidad. Las repercusiones de estos cambios son monumentales.

Los trabajos de Marià Corbí han permitido explicar la fuente de la creatividad humana, explicar las configuraciones axiológicas pasadas y entender los mitos, las religiones y las ideologías sin quedar atrapados en elementos culturales ni míticos. Así, por primera vez en la historia humana, podemos plantearnos a nivel colectivo la orientación valorativa humana como una construcción pensada, reflexionada, orientada y plenamente consciente. Esto es una revolución.

Aclaro que hoy en día todavía existen religiones, mitos e ideologías, y que hay mucha población que continúa sometida a estos tipos de configuraciones valorativas. En el mundo occidental, sin embargo, estas configuraciones ya no son totalizadoras, sino que las personas se someten a ellas de manera voluntaria. Digamos que hay un "menú" donde elegir. En el pasado, esto no era posible: cada una de estas configuraciones humanas era impuesta, generalizada a la comunidad a la que uno pertenecía, y aseguraba la supervivencia del colectivo. Por ejemplo, aunque hoy en día existan muy buenos cristianos o musulmanes, la religión está desacreditada. Lo mismo ocurre con las demás religiones, con las ideologías y con los mitos. No era así en 1340, cuando los campesinos de Manresa construyeron una acequia para poder regar sus huertos o morían de hambre. El obispo no quería que un menor caudal del río hiciera que su molino, para moler cereales, pudiera dejar de funcionar algunos meses del año por falta de potencia hídrica. Para detener la construcción de la acequia, el obispo excomulgó a toda la ciudad; no se celebró ningún rito cristiano durante más de cinco años. Fue una crisis social de tal magnitud que solo pudo revertirse con la llegada de un nuevo obispo que recibió "un milagro", "de la luz", que venía del monasterio de Montserrat y que iluminó el rosetón de la iglesia de Manresa —una hazaña totalmente imposible por razones físicas—, pero claro, era un milagro, la única manera de justificar que la opinión del representante de Dios había cambiado.

Aquella situación se recuerda cada año después de casi 700 años, tal fue el efecto en generaciones de manresanos. En aquel tiempo, toda la vida se vivía siguiendo los mandatos de la Iglesia; no se podía escapar de las configuraciones axiológicas, y los manresanos tuvieron que vivir la complejidad de un obispo que amaba el dinero más que la vida y pronunciaba discursos en contra del pueblo y a favor de su propio beneficio material. Queda claro que solo "un milagro" podía justificar revertir la situación. Cuando los individuos pueden decidir qué "religión seguir", como si fuera un menú en un restaurante, ya nos están mostrando que las religiones han dejado de ser configuraciones a nivel social. También nos permite definir nuestra situación colectiva actual como desarticulada axiológicamente y, por tanto, muy diferente de cómo han estado configuradas las poblaciones humanas anteriormente.

ESQUEMA DEL MILAGRO DE LA LUZ

Del Monasterio de Montserrat a la Iglesia del Carmen de Manresa
Las campanas repican solas
Una Luz entra por una vidriera y se divide en tres rayos

Vidriera de la Iglesia del Carmen
Por dónde entró y salió el rayo de luz

Rayo de luz de Montserrat a la Iglesia del Carmen. La luz tuvo que realizar un ángulo par salir del Monasterio y llegar a Manresa. Si no hubiera realizado este ángulo, la luz hubiera agujereado la montaña.

Rayo de luz de regreso a Montserrat. También ha realizar un ángulo

De la Iglesia del Carmen de Manresa al Monasterio de Montserrat
Las campanas dejan de repicar
Los tres rayos de Luz se concentran en uno solo que regresa a Montserrat

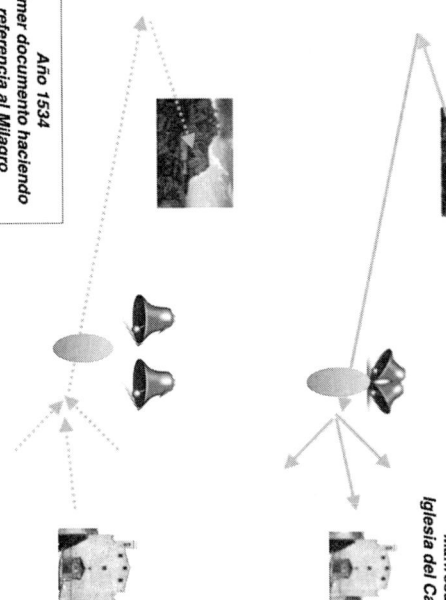

Monasterio de Montserrat

Manresa.
Iglesia del Carmen

---

21 de Febrero de 1345
Fecha que la Iglesia afirma se
produció el Milagro

Año 1534
Primer documento haciendo
referencia al Milagro

166

Vivimos en sociedades sin una estructura axiológica colectiva. A nivel social se ha comprendido el fracaso de los proyectos ideológicos y religiosos; incluso la ideología dominante actual, capitalista-neoliberal, ha perdido reputación. Parecería que no puede haber lugar para nuevas formaciones axiológicas, en "formato" de ideología o religión, teniendo en cuenta que su funcionalidad axiológica era adecuada a una determinada forma de supervivencia[5].

Al mismo tiempo, nuestra comunidad global es un terreno fértil para una multitud de nuevas propuestas axiológicas, destinadas a dar respuesta a las necesidades humanas de orientación. Si entendemos al ser humano como constituido por el lenguaje, eso significa que necesitamos estas configuraciones como el aire que respiramos. Por esta lógica axiológica, hoy en día tenemos a nuestro alcance un "mercado" axiológico, con una multitud de creencias, ideologías y religiones. El individuo elige, dentro de estas posibilidades míticas que le describen una verdad, una certeza. Parece que este razonamiento que ofrezco conduzca a la creación de un nuevo sistema totalizador y único. Pero estoy intentando explicitar que debemos crear un nuevo concepto axiológico, alejándonos de las palabras y de lo que han sido los mitos, religiones y axiologías. Todas tienen en común que pretenden describir la realidad y orientar a los humanos de la manera correcta. Debemos transformarlo para poder enfocarnos en este reto que consiste en crear configuraciones axiológicas colectivas para la sociedad de innovación continua en la que vivimos, asumiendo plenamente la incertidumbre y, por tanto, la conciencia de los peligros. El concepto que ha desarrollado Corbí (2020) ha sido el de proyectos axiológicos colectivos, en los que se entiende que las configuraciones axiológicas son modelaciones que deben construirse.

Solo si, a nivel colectivo, se tiene plena conciencia de las demandas axiológicas adecuadas para la supervivencia, seremos capaces de prosperar y las propuestas serán no míticas. Entonces no será el individuo quien se vea forzado a elegir, sino que, a nivel social y comunitario, la orientación vendrá guiada, comprendida como una modelación. Como sociedad,

---

5   En el caso de las ideologías, son el resultado del proceso de industrialización.

todavía somos incapaces de estructurar estas configuraciones de valores orientadas de manera sensitivo-racional, conectadas con la forma en que se sobrevive.

Las narrativas de los creadores de la IA. La inteligencia.

Noviembre de 2022: fecha de nacimiento de ChatGPT para el público mundial. Con un enlace en internet, cualquier persona podía interactuar con un modelo de lenguaje desarrollado por la empresa OpenAI. Estos modelos de lenguaje, entrenados con todo el texto de internet y con todas las transcripciones de audio y video de la red, son capaces de emular las conversaciones humanas y, por tanto, parece que son inteligentes.

Lo que llamamos Inteligencia Artificial, IA, es un término comercial que engloba muchos tipos de tecnologías. La que está en boca de todos es la IA generativa, la que está en la base de los "chatbots"; esta es la IA que está triunfando ahora. Es una tecnología que no es funcional: no podemos asegurar que sus respuestas, sugerencias, etc., sean correctas, por lo tanto, por definición, no es segura, y no podemos asegurar que sea efectiva ni tampoco eficiente (Niederhoffer y otros, 2025).

OpenAI, en noviembre de 2022, estaba valorada en 29.000 millones de dólares, y en octubre de 2025 está valorada en 500.000 millones de dólares (Kinder y Hammond, 2025), 16 veces más. Su valor ha aumentado de manera estratosférica porque han sabido vender la historia, de forma efectiva, de que están construyendo una superinteligencia. ChatGPT es el primer paso, y según su director general, Sam Altman, quien sea capaz de lograrlo será quien controle a la humanidad y, al mismo tiempo, será capaz de resolver todos nuestros problemas[6]. Esta idea fue descrita inicialmente por I. J. Good (1966):

"Definimos una máquina ultrainteligente como una máquina capaz de superar con creces todas las actividades intelectuales de cualquier ser humano, por muy ingenioso que este sea. Dado que el diseño de máquinas es una de

---

6   https://blog.samaltman.com/

esas actividades intelectuales, una máquina ultrainteligente podría diseñar máquinas aún mejores; esto daría lugar, de manera incuestionable, a una 'explosión de inteligencia', y la inteligencia humana quedaría muy atrás. Así, la primera máquina ultrainteligente sería la última invención que la humanidad necesitaría jamás, siempre que fuera lo suficientemente dócil como para indicarnos cómo mantenerla bajo control. Es curioso que este punto se haya mencionado tan pocas veces fuera de la ciencia ficción. A veces vale la pena tomarse la ciencia ficción en serio."

Este es uno de los argumentos clave para impulsar las inversiones en inteligencia artificial y los estudios sobre los riesgos existenciales de esta tecnología, en detrimento del enfoque en los problemas actuales que esta diversidad de tecnologías está causando.

¿Es posible este pensamiento de la inteligencia como producto? La inteligencia siempre es una evaluación respecto a un entorno dinámico y siempre depende de unos perceptores, de un cuerpo. Es decir, la inteligencia de una hormiga es diferente a la de un humano y siempre está en relación con su entorno. ¿Cómo podemos hablar de una ultrainteligencia como si fuera un producto, una entidad, cuando es una respuesta relacional y dependiente de unas dinámicas específicas de supervivencia? ¿Cómo podemos "vender" una ultrainteligencia que hemos fabricado y "vendemos" como una inteligencia comparable a la humana? No puede serlo nunca.

OpenAI, al igual que otras startups como Anthropic, Perplexity AI o MidJourney, sigue las dinámicas estándar del "capital riesgo". Son capaces de crear productos potencialmente interesantes, pero todavía no hay un negocio real, ni ingresos ni beneficios. Para conseguir financiación, las startups presentan un futuro, y los inversores "apuestan" por una historia, por una narrativa. Se apuesta por la persona que es capaz de generar una narrativa creíble del futuro, porque el negocio aún no existe. Se usa la metáfora de que lo importante es el jinete —el impulsor—, no el caballo —la empresa—. Si la persona es la adecuada, sabrá encontrar la manera de transformar o recrear la narrativa de tal modo que el negocio sea un éxito. Por eso, saber crear una historia es lo más importante.

Así, se crean diversas historias para impulsar estas empresas. He hecho una recopilación no exhaustiva, pero en mi opinión significativa, de las narrativas más comunes.

La primera, *"el poder de la IA es tal que puede acabar con la humanidad".* Destacar el poder de la IA es una manera de adquirir notoriedad, de crear nuevas conversaciones, discursos. Tenerla siempre presente a nivel público. Los ciudadanos, los políticos, las instituciones y las empresas se ven obligados a formular su posición. Esto genera más probabilidades de que los productos y servicios de estas start-ups tengan compradores.

Parece contradictorio que alguien que quiera vender un producto/servicio destaque una parte negativa del producto/servicio, en este caso el "poder de la IA para acabar potencialmente con la humanidad". Los creadores de la IA presentan la posibilidad de que pueda ser utilizada de manera criminal y que se debe regular su uso. Pero con esta narrativa, no se cuestiona que simplemente este producto/servicio no debería existir (Golumbia, 2022). O que este producto/servicio no funciona, sino que se asumen estos dos aspectos: (1) su legitimidad para ser comercializado, (2) su funcionalidad, y se enfoca toda la reflexión en el uso negativo de la tecnología.

Ya sé que esto parece muy poco lógico. Me gustaría comentar este ejemplo: https://ai-2027.com/ . Los autores de esta "investigación" defienden que es una investigación aunque se lee como un ejercicio de ciencia "ficticia". Los autores argumentan que han abandonado carreras lucrativas trabajando para las start-ups de IA para dedicarse a crear narrativas como esta que advierten de los posibles futuros negativos que podemos vivir. Son "investigadores" que tienen conciencia, que se preocupan por el beneficio de la humanidad, son "los buenos". También presentan otras credenciales, para que creamos estas narrativas, afirmando que ya han demostrado en el pasado, con análisis similares, que sus predicciones son correctas o que han trabajado en start-ups sobre el tema de la seguridad de la IA.

En esta "creación" del futuro que imaginan, hay que resaltar que: **definir y preocuparse por el futuro genera poder en el presente**. ¿Cómo ocurre esto? Primero, se presenta el futuro como el **resultado de una**

inevitabilidad técnica acelerada que lleva, más temprano o más tarde, a la creación de una superinteligencia. Aquí no hay ningún reconocimiento de toda la disciplina de la ciencia del conocimiento ni de la interacción con la sociedad y la política. Segundo, debido a las hipótesis axiológicas de este grupo de "investigadores", esta superinteligencia es definida como dominante, colonial y exclusiva: *"quien controle esta superinteligencia tendrá el poder"*.

Así, esta narrativa **nos impide discutir estas dos hipótesis de base y nos centra, nos obliga, a pensar y reflexionar en sus predicciones.** Desde mi punto de vista, se trata de una trampa: quedamos atrapados en una visión del futuro en la que la tecnología está determinada por el capital riesgo, aunque ellos lo presenten como si fuera fruto de la autonomía de la innovación científica. Es evidente que los autores pasan por alto más de setenta años de estudios sobre el desarrollo científico y tecnológico. Esta mirada sobre la IA mantiene como *"lógica, racional e inevitable"* la actual evolución de la IA, como si los intereses dominantes no tuvieran ninguna influencia. Un planteamiento, como mínimo, sorprendente.

Hay muchos investigadores que desarrollan lo que ellos llaman *"seguridad de la IA"*, centrados en el estudio y mitigación de riesgos existenciales —extinción de la especie humana—. Su argumentación, heredera de las teorías filosóficas utilitaristas de Peter Singer (1993), es seguida fervorosamente por muchos desarrolladores de IA en Estados Unidos. Uno de los ejes de esta comunidad es https://www.lesswrong.com/ y su enfoque en el *"longtermism"*, es decir, en el efecto futuro de estas tecnologías (Torres, 2021).

Parece extraño que, queriendo defender el beneficio de la humanidad, me centre en criticar o atacar estas posturas, que aparentemente también defienden el *"beneficio de la humanidad"*: la seguridad de la IA es un motivo loable. Pero lo que realmente están haciendo es defender una visión del futuro en la que se acepta la inevitabilidad de un cierto tipo de IA, y la "inteligencia" como dominadora y explotadora, y nos roban la posibilidad, incluso, de imaginar otro tipo de tecnología.

Otra de las narrativas que circulan es: *"Nosotros, los ingenieros y programadores, somos muy inteligentes, porque somos capaces de crear esta inteligencia artificial; por eso, lo que decimos está cargado de razones y es muy inteligente y razonable".* Por esta razón, todas estas propuestas son ampliamente amplificadas: se considera que quienes las impulsan son muy inteligentes, justificadas por gente muy inteligente; al fin y al cabo, ¡son los titanes del mundo! y por lo tanto merecen su amplificación en los medios tradicionales.[7] Esta "inteligencia" sigue los parámetros de valores de personas muy específicas: los programadores, los ingenieros, las personas que trabajan en el capital riesgo en Silicon Valley.

El tema de la inevitabilidad de la IA también se utiliza como un argumento de dominación geopolítica: *"Si no la creamos nosotros* —los americanos—, *la crearán los chinos".* Pero esta *"inevitabilidad"* es una ficción; no es así como la ciencia y la tecnología se desarrollan.

Otro aspecto de la inevitabilidad de la IA y del estudio de la *"seguridad de la IA"* es cómo se traslada la mirada al futuro y, por lo tanto, se olvidan y no se tienen en cuenta los problemas que actualmente ya está generando la IA. Por ejemplo, las redes sociales generan múltiples problemas con sus sistemas recomendadores (muy poca inteligencia), pero que tienen un gran impacto.

Otra narrativa de los titanes actuales de la IA es la defensa desenfrenada del poder de la tecnología para transformar el mundo y la suficiencia moral y ética de esta posición. Cualquier persona que se oponga a esta visión es tachada de ignorante y enemiga. No solo se defiende este futuro tecnológico, sino que se defiende toda una racionalidad: el mercado es la manera más racional de tomar decisiones; la política es un estorbo; la burocracia debe destruirse[8]. En definitiva, una defensa del capital riesgo para que no tenga ningún tipo de obstáculo y pueda continuar funcionando. Todo *"en beneficio de la humanidad".* Aquí se defiende el mantenimiento y profundización de la economía capitalista neoliberal de mercado. El

---

7   https://www.nytimes.com/2025/04/11/podcasts/hardfork-tariffs-ai-2027-llama.html

8   https://a16z.com/the-techno-optimist-manifesto/

objetivo de desarrollar esta inteligencia artificial es tan importante que los problemas que puedan surgir por intentar alcanzar este objetivo no son relevantes: problemas climáticos, sociales, geopolíticos, guerras, etc.

Según esta narrativa, tampoco debemos preocuparnos de los problemas que estamos creando con el desarrollo actual de la IA, por ejemplo: *"la explotación humana en la creación de datos* (O'Neil, 2017; Gillespie, 2018; Crawford, 2021), *la automatización de la discriminación* (Eubanks, 2019; Benjamin, 2019; Buolamwini, 2023; Broussard, 2023), *la explotación de la naturaleza (Crawford, 2021)". Una vez alcanzada la meta de una inteligencia artificial general, entonces resolveremos todos los problemas, como por ejemplo la crisis climática".* Sin reconocer que la gran mayoría de los "problemas" humanos no son tecnológicos, sino sociales y culturales. Si, por ejemplo, tuviéramos una IA que fuera un oráculo, del tipo que imagina Elon Musk[9], no resolveríamos los problemas sociales y culturales. Por ejemplo, ahora tenemos el conocimiento para resolver la crisis climática, pero no hemos desarrollado la voluntad política y social.

Los "gurús" de la IA han creado historias impactantes explicitando las distopías de control de la IA sobre los humanos, y que por tanto se debe regular y evitar la extinción de la humanidad. Pero cuando existen regulaciones de la IA, como la reciente AI Act (2024) de la Unión Europea, todas las empresas estadounidenses que controlan la frontera del desarrollo de la IA están en contra. De hecho, la administración de Trump está presionando para detener la regulación[10]. Parece que Europa está retrasando la implementación de la ley, la AI Act.

La inteligencia como aspecto definitorio de lo que significa ser humano en comparación con los animales también se ha utilizado para "vender" este nuevo producto/servicio. La IA es "inteligente", pero es una inteligencia peculiar: la que ahora domina, la IA generativa, es una mirada estadística al mundo; no tiene nada de inteligencia humana, capaz de comprender

---

9 https://abcnews.go.com/Business/elon-musk-launches-ai-company-compete-chatgpt/story?id=101210078

10 Haeck, P. (2025, June). EU's waffle on artificial intelligence law creates huge headache. Politico.

cualidades, hacer abstracciones, valorar las situaciones, etc. La IA generativa emula la inteligencia humana sin funcionar como los humanos lo hacen.

Se ha destacado este aspecto, su "inteligencia", porque ayudaba de manera importante a incrementar el interés por productos y servicios que fueran inteligentes. Esta inteligencia se resalta de muchas maneras, normalmente justificando que el modelo de IA es capaz de superar muchos tests, diferentes tipos de pruebas. De hecho, hay una página web (Language Models Arena) que, mediante la participación de los usuarios (https://lmarena.ai/), crea un ranking de los mejores modelos de lenguaje.

Los rankings que se crean, a partir de "benchmarks", es decir, especificaciones técnicas que evalúan aspectos esenciales de los modelos, tienen que ser concretos para ser efectivos en la evaluación, y por lo tanto no son útiles para ofrecer una apreciación real del nivel de inteligencia del sistema de IA. Por ejemplo, el hecho de que un modelo de IA sea capaz de aprobar el examen para ser abogado no significa que pueda ser un buen abogado: hay mucho más en la labor de un abogado que simplemente poseer conocimiento; se requiere estrategia, conocimiento social, etc.

Por tanto, se trata de una "inteligencia", digamos, muy específica: la capacidad de responder tests. Además, para hacerlo aún menos comparable con la inteligencia humana, los creadores de los modelos no pueden asegurar que los datos de los exámenes que realizan los modelos de lenguaje no se hayan utilizado para entrenar el propio modelo[11]. También estos modelos "razonan" de maneras muy específicas; mejor dicho, no son capaces de razonar[12].

Esta idea de que la IA nos proporcionará inteligencia y, por tanto, todos nuestros problemas podrán solucionarse, tiene hipótesis erróneas tanto a nivel epistemológico como a nivel social. Hay muy pocos que argumenten

---

11 Si un modelo ha sido entrenado, por ejemplo, con las soluciones a preguntas de exámenes, entonces, una vez entrenado, si se le hacen esas preguntas, será capaz de responderlas sin problemas.

12 Horton, M. (2025). The Illusion of Thinking : Understanding the Strengths and Limitations of Reasoning Models via the Lens of Problem Complexity. 1–30.

en contra de estas ideas (Marcus, 2024; Bender y Hanna, 2025; McQuillan, 2022).

Científicos como Geoffrey Hinton, que se dedican a la computación, hacen declaraciones que van más allá de su campo de especialización (Lohr, 2025), y por el hecho de ser científicos de la computación, haber ganado premios Nobel o ser directores generales de estas start-ups tecnológicas, lo que dicen se considera de gran valor. Por ejemplo, Elon Musk[13] defiende que la IA nos dará "la verdad", como si fuera un oráculo. Este es un error epistemológico. El ser humano modela la realidad y, por tanto, por definición no existe "la verdad" a la que un ser con suficiente inteligencia pueda acceder, sino modelaciones que son más o menos efectivas y que van cambiando según nuestras necesidades. Seguramente, este tipo de mirada estadística que nos ofrece la inteligencia artificial nos ayudará a crear modelaciones más efectivas, pero la tecnología que tenemos actualmente siempre está basada en datos generados por humanos y, por tanto, con perceptores limitados y máquinas limitadas que amplifican nuestras capacidades. Siempre, por definición, tendremos límites. La modelación es infinita y los límites también. Nuestra estructura biológica, que requiere una constitución para ser viable a través del lenguaje, nos ha ofrecido esta mirada única al misterio que habitamos. Pensar que la IA nos revelará "la verdad" es una receta para el fundamentalismo y la violencia legitimada por una inteligencia "superior" inexistente.

Deberíamos ser capaces de salir de este tipo de narrativas. La IA tendrá impacto dependiendo de quién la use, cómo la use y cómo esté imbricada en sistemas de influencia o control (Mühlhoff, 2025). Por ejemplo, desde hace más de dos décadas las redes sociales utilizan sistemas recomendadores —un tipo de algoritmo que podríamos llamar de IA, aunque no muy inteligente por estándares humanos— pero con gran impacto. Empresas como Uber los utilizan para crear sus servicios de transporte y generar precariedad laboral; empresas como Meta venden sus servicios y la información recopilada de sus usuarios para desarrollar campañas de

---

13 https://abcnews.go.com/Business/elon-musk-launches-ai-company-compete-chatgpt/story?id=101210078

manipulación política; empresas como Palantir venden servicios de vigilancia basados en datos públicos, etc.

La conversación actual sobre la inteligencia de la IA está centrada en enfocar nuestra atención en un problema técnico: "cómo hacer que la IA sea inteligente". Pero el impacto de la IA no dependerá de si resolvemos este "problema técnico", sino de cómo utilizamos esta IA en nuestra sociedad, quién la controla y cómo está integrada en sistemas de control e influencia. Por tanto, debe abrirse el espacio para que disciplinas relacionadas con los aspectos humanos (antropología, axiología, sociología, psicología, humanidades, filosofía y economía) ayuden a definir qué tipo de IA queremos. Y estas reflexiones no pueden surgir de los creadores de estos sistemas "inteligentes", porque con sus capacidades y orientaciones específicas y limitadas perpetúan una mirada técnica. Por tanto, son incapaces de aportar soluciones y replican, profundizan y automatizan los problemas actuales.

Las prácticas de los creadores de la IA. Un ejemplo: Google

Me gustaría presentar el ejemplo de Timnit Gebru para ilustrar cómo actúan más allá de las narrativas que impulsa el sector tecnológico de Estados Unidos y qué significa la ética de la IA para los creadores de la IA, en este caso en Google.

La Dra. Gebru es una científica especializada en inteligencia artificial que, desde 2018, trabajaba en Google como colíder del equipo de IA ética junto con Margaret Mitchell. En 2020 escribió, junto con ella y otros autores, un artículo titulado *"On the Dangers of Stochastic Parrots: Can Language Models Be Too Big?"* para la conferencia *ACM Conference on Fairness, Accountability, and Transparency*, en el que alertaba sobre los riesgos medioambientales y la perpetuación de sesgos en los modelos de lenguaje a gran escala, especialmente en sistemas como BERT de Google (entrenado con 3,3 mil millones de palabras) o GPT-3 (con medio billón de palabras). Estos modelos utilizan grandes cantidades de datos que no han sido "curados" y, por tanto, **reproducen de manera automatizada todos los sesgos y problemáticas presentes en nuestra sociedad.**

Este artículo, que ya había pasado una primera revisión interna, fue bloqueado por la dirección de Google, alegando que era demasiado crítico y que no contemplaba suficientemente los mecanismos de mitigación de riesgos. El 2 de diciembre de 2020, después de que Timnit Gebru pidiera explicaciones sobre el procedimiento de censura interna, recibió un correo electrónico informándole de que "aceptaban su renuncia", a pesar de que ella nunca había presentado ninguna dimisión.

Este hecho desencadenó una fuerte polémica: cerca de tres mil empleados de Google y más de cuatro mil miembros de la comunidad académica y civil firmaron un manifiesto en su apoyo. Gebru, que ya era reconocida por su investigación sobre sesgos algorítmicos —como el estudio *"Gender Shades"* junto con Buolamwini (2018), donde evidenció los altos errores de reconocimiento facial en mujeres negras—, también había denunciado que Google no tenía una política efectiva de promoción de la diversidad, y escribió en un correo interno que *"no hay ningún incentivo real para contratar a más mujeres o personas subrepresentadas"*.

Ante la protesta, el director general de Google, Sundar Pichai, envió una disculpa interna diciendo: "He escuchado la reacción ante la marcha de la Dra. Gebru alta y clara" y prometiendo un proceso de revisión, pero muchos trabajadores lo consideraron insuficiente. Poco después, Google también despidió a Margaret Mitchell. El 2 de diciembre de 2021, justo un año después de los hechos, Timnit Gebru fundó el *Distributed AI Research Institute* (DAIR)[14], con el objetivo de fomentar una investigación en inteligencia artificial ética, descentralizada y respetuosa con las comunidades más afectadas por la tecnología.

Esta situación nos plantea multitud de preguntas. ¿Verdaderamente es posible un rol ético de la IA en una empresa tecnológica? ¿Por qué nos estamos enfocando en una ética cuando estos productos "inteligentes" quizá ni siquiera deberían existir? ¿Es un rol de estas características —éticas— un trabajo que pueda tener un impacto relevante en cómo se desarrollan estas tecnologías? ¿Por qué existen este tipo de roles en las

---

14   https://www.dair-institute.org/

empresas tecnológicas? ¿Pueden los equipos éticos funcionar de manera efectiva dentro de las organizaciones? Teniendo en cuenta lo que sabemos sobre los problemas que presentan los modelos de lenguaje que son la base de productos como ChatGPT (OpenAI), Claude (Anthropic) o Gemini (Google), por ejemplo, problemas de repetición y amplificación de sesgos, creación eficaz de desinformación, copia de contenidos con copyright (Hammond y Acton, 2025), falta de explicabilidad de los resultados, facilidad para fabricar información errónea (alucinaciones), el gasto energético exorbitante, etc., ¿qué función tienen estos departamentos de ética para la IA generativa?

En octubre de 2024, un niño de 14 años (Montgomery, 2024), perdidamente enamorado de un personaje de ficción con quien mantenía una relación mediante un servicio de chatbots[15], se suicidó. En la base de este servicio están los modelos de lenguaje que todos usamos, como ChatGPT o Gemini, pero especializados, en este caso mostrando unas características determinadas, basadas en el personaje Daenerys Targaryen de *Juego de Tronos*. El problema, sin embargo, no es solo técnico, sino que tiene que ver con cómo estos productos y servicios interactúan con los humanos y las comunidades que los utilizan. La madre de Sewell ha demandado a la empresa, que continúa ofreciendo una plataforma de intercambio donde hay más de 1000 personajes[16] diferentes para que el usuario elija con cuál interactuar. Los hay de todo tipo, incluso abusadores. Existen muchos servicios similares, algunos se presentan como *"compañeros"*[17] amistosos o sexuales para establecer relaciones enfocadas a las necesidades individuales del suscriptor del servicio. Pero incluso ChatGPT puede facilitar la muerte de un adolescente de 16 años, tal como ocurrió en abril de 2025 (Hill, 2025).

---

15 https://character.ai/

16 https://character.ai/sitemap/characters_a

17 https://replika.com/

Conclusión

Desde la aparición de las redes sociales hemos visto cómo algoritmos cada vez más sofisticados son capaces, según sus creadores, de *"conectarnos"*, *"establecer relaciones"* y en general *"vivir mejor"*. Solo considerando el sistema de IA generativa, ChatGPT, más de 700 millones de personas envían al sistema más de 18.000 millones de mensajes cada semana (Clark y Nevitt, 2025). Ahora estos algoritmos son muy *"inteligentes"* y pueden *"resolver"* aún más problemas. Pero ¿y si todas estas ventajas fueran realmente una trampa? ¿La etapa inicial de un mundo en el que es imposible comprender verdaderamente a los demás y entender nuestro propio mundo? Eso es lo que argumenta el Center for Humane Technology. Otros investigadores, como Zuboff (2022), describen cómo estas empresas, con sus productos y sus promesas de *"conectarnos"* o de *"buscar"* en la web, en realidad están construyendo constantemente perfiles de quiénes somos con el fin de hacernos más previsibles en nuestras acciones. Venden este conocimiento a anunciantes y así son capaces de proveernos con los mejores productos/servicios por los que pagamos.

Así, por ejemplo, en el caso de las redes sociales, la promoción de información sesgada y polarizante hace que las personas estén más interesadas y, por tanto, pasen más tiempo usando estos servicios, destruyendo —por el beneficio financiero de estas empresas— la comprensión que tenemos del mundo, y con ello el espacio común necesario para la gestión política de nuestra comunidad. Todo con el fin de vender esos datos a anunciantes y hacernos más previsibles. Cada vez que usamos Google, los resultados iniciales que obtenemos dependen del perfil que los algoritmos tienen sobre quiénes somos y cuáles pueden ser nuestros intereses. Por tanto, nos están presentando un mundo totalmente centrado en cómo el algoritmo nos ha evaluado, y de ello también dependerá el precio al que pagamos los productos (Crawford, 2025).

¿Puede la IA, con su *"inteligencia"*, conseguirnos ese mundo que sus creadores prometen? ¿Cómo puede una mirada ética de la IA incidir en esas dinámicas competitivas? ¿No estamos creando una ficción al pensar que elaboraremos una ética que resolverá estos problemas? El objetivo comercial es que los usuarios pasen el máximo tiempo posible conectados a estos servicios para dejar la mayor cantidad de datos sobre sus intereses, de modo que, en interacciones posteriores, estas empresas puedan vender esa información de los usuarios a otros, como por ejemplo anunciantes, pero también a personas interesadas en influir en las opiniones políticas, como fue el caso de Cambridge Analytica (Wylie, 2019), una empresa que se ha demostrado que, mediante una relación estrecha con Facebook, ahora llamada Meta, fue capaz de evitar que muchos votantes demócratas acudieran a votar y así facilitar la elección de Donald Trump en 2016.

Enfocarnos en desarrollar una ética de la IA, dadas las condiciones actuales de nuestra comprensión de lo que es una ética de la IA, nos lleva a un callejón sin salida (Munn, 2022; Phan y otros, 2022). ¿Por qué seguimos creyendo que la ética de la IA puede solucionar las dinámicas explotadoras de nuestro sistema económico? ¿O que las empresas de IA, con su idea de beneficiar a los humanos, realmente se preocupan por los efectos de sus productos y servicios en los humanos que los utilizan? ¿Por qué imaginamos o explicitamos una ética optativa que no está en consonancia con la ética real, la verdadera, que se destila del proyecto de valores actual? ¿Por qué pensamos que actitudes individuales y voluntarias —basadas en una ética teórica ficticia— pueden contrarrestar el funcionamiento de un sistema que tiene otra ética?

¿Qué puede hacer un departamento de ética de la IA, en una empresa tecnológica, en un entorno enfocado en lograr que el usuario pase el máximo tiempo posible usando el servicio, sino aparentar que se cuida al usuario? La empresa defiende que protege los intereses del usuario, pero en realidad no es así: la empresa tiene un objetivo comercial y obtiene un beneficio directo en función del tiempo que el usuario utiliza el servicio, con el fin de vender sus datos.

Las empresas que comercializan la IA generativa o las redes sociales, con sus algoritmos recomendadores, defienden que los usuarios no están siendo obligados a utilizarlas, sino que eligen libremente. ¿El hecho de que sea una elección libre significa que, por definición, es una elección que beneficia a quien la hace? Los sistemas están creados para hacer la vida fácil y conveniente, de modo que los individuos acepten invertir su tiempo en estos sistemas de IA; el beneficio se lo llevan las empresas, y los costos y problemas que generan estos sistemas los asume la sociedad (Mühlhoff, 2025).

Cuando un sistema de IA, como por ejemplo ChatGPT, se lanza al mercado, como mínimo debería respetar las leyes actuales. Ninguno respetó ningún derecho de propiedad intelectual (Metz y otros, 2024), ni han tenido que demostrar que son seguros (McCabe, 2024), ni son transparentes en los recursos que utilizan ni en cómo gestionan los datos privados (Magid, 2025). Se han creado y se siguen creando continuamente toda una serie de riesgos que la sociedad debe asumir. Hasta ahora, estas empresas no han asumido ninguna responsabilidad (O'Neil, 2017; Olson, 2024; Schellmann, 2024; Wynn-Williams, 2025).

Pienso que el problema que tenemos es grave: seguimos replicando respuestas que no han aportado soluciones. Me refiero a más de 15 años con los algoritmos recomendadores de las redes sociales, enfocándonos en injusticias puntuales y aproximaciones éticas que crean la ilusión de que estamos haciendo algo. Deberíamos ser capaces de incidir en el desarrollo de la IA en la sociedad, no en el desarrollo técnico, sino en la integración de los sistemas de IA en la sociedad, todos y cada uno de nosotros en la medida en que nos afectan. Como decía Dewey (1927), en las verdaderas democracias los ciudadanos son la única autoridad legítima, porque sus problemas crean el marco en el que puede funcionar toda forma de especialización. En este momento no parece que podamos imaginar futuros compartidos para utilizar las tecnologías cada vez más poderosas que estamos creando en beneficio de la humanidad y de la vida en general. ¿Qué estamos esperando?

Referències:

Bender, E. M., & Hanna, A. (2025). **The AI Con**. Harper Collins.

Bender, E. M., Gebru, T., McMillan-Major, A., & Shmitchell, S. (2021). On the dangers of stochastic parrots: Can language models be too big? FAccT 2021 - *Proceedings of the 2021 ACM Conference on Fairness, Accountability, and Transparency*, 610–623.

Benjamin, R. (2019). *Race after technology*. Polity.

Bloor, D. (1991). *Knowledge and social imagery*. University of Chicago Press.

Broussard, M. (2023). More than a Glitch. In *More than a Glitch*. MIT Press.

Buolamwini, J. (2023). *Unmasking AI : my mission to protect what is human in a world of machines*.

Buolamwini, J., & Gebru, T. (2018). Gender Shades: Intersectional Accuracy Disparities in Commercial Gender Classification. *Proceedings of Machine Learning Research*, 81, 77–91.

Callon, M. (2010). Afterword. In A. Feenberg (Ed.), *Between reason and experience: Essays in technology and modernity*. The MIT Press.

Clark, D., & Nevitt, C. (2025, October 7). How AI became our personal assistant. *Financial Times*.

Corbí, M. (1983). *Análisis epistemológico de las configuraciones axiológicas humanas. La necesaria relatividad cultural de los sistemas de valores humanos: mitologías, ideologías, ontologías y formaciones religiosas*. Ediciones Universidad de Salamanca

Corbí, M. (2020). *Proyectos colectivos para sociedades dinámicas*. Herder.

Crawford, D. (2025). *Surveillance pricing: How your data determines what you pay*.

Crawford, K. (2021). *Atlas of AI*. Yale University Press.

De Saussure, F. (1959). *Course in general linguistics*. Columbia University Press.

Dewey, J. (1927). *The public and its problems*. H. Holt and Company.

Eubanks, V. (2019). *Automating inequality : how high-tech tools profile, police, and punish the poor*. Picador.

European Parliament, & European Council. (2024). Regulation (EU) 2024/1689 of the European Parliament and of the Council of 13 June 2024. *Official Journal of the European Union*, 1689(3), 1–144. http://data.europa.eu/eli/reg/2024/1689/oj

Gillespie, T. (2018). *Custodians of the internet*. Yale University Press.

Golumbia, D. (2022, December). ChatGPT Should Not Exist. *Medium*.

Good, I. J. (1966). *Speculations Concerning the First Ultraintelligent Machine*. May, 31–88.

Haeck, P. (2025, June). EU's waffle on artificial intelligence law creates huge headache. *Politico*.

Hammond, G., & Acton, M. (2025, September 5). AI start-up Anthropic settles landmark copyright suit for $1.5bn. *Financial Times*.

Haraway, D. (1988). Situated Knowledges: the Science Question in Feminism and the Privilege of Partial Perspective. *Feminist Studies*, 14(3), 575–599.

Harding, S. (2017). *Whose Science? Whose Knowledge?*

Hill, K. (2025). A Teen Was Suicidal. ChatGPT Was the Friend He Confided In. *New York Times*.

Horton, M. (2025). *The Illusion of Thinking: Understanding the Strengths and Limitations of Reasoning Models via the Lens of Problem Complexity*. 1–30.

Kinder, T., & Hammond, G. (2025, October 2). OpenAI overtakes SpaceX after hitting $ 500bn valuation. *Financial Times*.

Kuhn, T. S. (1970). *The structure of scientific revolutions*. The University of Chicago Press.

Latour, B. (2005). *Reassembling the social: an introduction to actor-network-theory* (Repr.). Oxford Univ. Press.

Law, J. (2017). STS as Method. In U. Felt (Ed.), *The handbook of science and technology studies*.

Lohr, S. (2025). Your A.I. Radiologist Will Not Be With You Soon. *New York Times*.

Magid, Y. (2025). *AppleStorm: Unmasking the Privacy Risks of Apple Intelligence*. Lumia.

Marcus, G. (2024). *Taming Silicon Valley*. The MIT Press.

McCabe, D. (2025). Regulators Are Digging Into A.I. Chatbots and Child Safety. *New York Times*.

McQuillan, D. (2022). Resisting AI. In *Resisting AI*. Bristol University Press.

Metz, C., Kang, C., Fenkel, S., Thompson, S., & Grant, N. (2024). How Tech Giants Cut Corners to Harvest Data for A.I. *New York Times*.

Montgomery, B. (2024). Mother says AI chatbot led her son to kill himself in lawsuit against its maker | Artificial intelligence (AI). *The Guardian*, 11–13.

Mühlhoff, R. (2025). *The Ethics of AI. Power, Critique, Responsibility*. Bristol University Press.

Munn, L. (2022). The uselessness of AI ethics. *AI and Ethics*.

Niederhoffer, K., Kellerman, G. R., Lee, A., Liebscher, A., Rapuano, K., & Hancock, J. T. (2025). AI-Generated " Workslop " Is Destroying Productivity. *Harvard Business Review*.

O'Neil, C. (2017). *Weapons of math destruction: how big data increases inequality and threatens democracy*. Penguin Books.

Olson, P. (2024). *Supremacy*. St. Martin's Press.

Phan, T., Goldenfein, J., Mann, M., & Kuch, D. (2022). Economies of Virtue: The Circulation of 'Ethics' in Big Tech. *Science as Culture*, 31(1), 121–135.

Shapin, S. (1984). Pump and circumstance: Robert Boyle's literary technology. *Social Studies of Science*, 14, 481–520.

Singer, P. (1993). *Practical Ethics*. Cambridge University Press.

Torres, P. (2021). The Dangerous Ideas of "Longtermism" and "Existential Risk." *Current Affairs*, 1–22.

Wylie, C. (2019). *Mindf*ck : Cambridge Analytica and the plot to break America*. Random House.

Wynn-Williams, S. (2025). *Careless people*. Flatiron Books.

Zahn, M. (2023). *Elon Musk launches his own AI company to compete with ChatGPT*. https://abcnews.go.com/Business/elon-musk-launches-ai-company-compete-chatgpt/story?id=101210078

Poco a poco llegué a descubrir el secreto de mi arte

Pere Rius[1]

Poco a poco llegué a descubrir el secreto de mi arte.
Me di cuenta de que consistía en una
meditación a partir de la naturaleza.
Henry Matisse

Hace tiempo que conocí las ideas de Gilles Clément, paisajista y jardinero francés. Poco a poco sus ideas me han ayudado a entender mejor mi proceso creativo.

Obviamente, muchas otras ideas de otras personas me han enriquecido/ayudado/mejorado/beneficiado. Pero aquí solo haré mención de las 3 grandes ideas de Gilles Clément:

- El jardín en movimiento
- El jardín planetario
- El tercer paisaje

El jardín en movimiento

Hacer lo máximo posible con, y lo mínimo posible contra la naturaleza. El primer gesto del jardinero no es actuar, sino observar. Se trata de acompañar las dinámicas naturales en lugar de constreñirlas con un diseño inmutable.

Dejar que las plantas se resiembren donde les parezca bien, que viajen por el jardín, es aceptar el movimiento y la sorpresa, elementos esenciales de este tipo de jardín. El jardinero elige, orienta, pero no lo dicta todo.

---

1   Pintor e investigador de CETR. Instagram: @pererius

Las hierbas llamadas 'malas' son a menudo pioneras, indicadoras del suelo, o compañeras útiles. El jardinero aprende a conocerlas y a jugar con ellas, en lugar de erradicarlas sistemáticamente.

El Jardín en Movimiento nunca está acabado; es un proceso, una expresión de la vida en constante evolución, del cual el jardinero es al mismo tiempo testigo y modesto gestor.

El jardín planetario

Considerar el planeta entero como un jardín es, ante todo, reconocer su finitud y la fragilidad de sus equilibrios ecológicos.

El hombre se convierte en jardinero de la Tierra. Sus acciones, quiera o no, modelan este jardín planetario. Tiene, pues, una responsabilidad inmensa en su gestión.

El Jardín Planetario invita a una ética del cuidado, a una gestión prudente de los recursos y al respeto a todas las formas de vida, reconociendo la interdependencia de todos los seres vivos.

La Tierra es un jardín cercado del cual compartimos el espacio y los recursos con una multitud de otras especies. Nuestra supervivencia depende de la salud de este jardín común.

El tercer paisaje

El Tercer Paisaje designa la suma de los espacios donde el hombre abandona la evolución del paisaje únicamente a la naturaleza.

Se refiere a los espacios abandonados urbanos o rurales, a los espacios de transición, a los eriales, humedales, pero también a los bordes de carreteras y vías férreas, de ríos, a los polígonos industriales, etc.

Estos lugares, sustraídos al dominio humano, se convierten en refugios para la diversidad biológica. Constituyen el principal reservorio biológico del planeta.

El Tercer Paisaje no es un lugar de producción asignada sino un espacio de invención biológica, un lugar de proliferación donde las especies se encuentran y evolucionan libremente.

El Tercer Paisaje no pide ninguna gestión particular, salvo la de no intervenir, o de intervenir lo mínimo posible, para dejar hacer a la naturaleza.

En conjunto, estos fragmentos constituyen un territorio para numerosas especies que ya no encuentran su lugar en otros sitios. El Tercer Paisaje no es visible como una entidad homogénea, sino como una multitud de pequeños fragmentos.

••••••

Me impactó mucho su concepto del "Tercer Paisaje", aquellos espacios aparentemente residuales, los márgenes de los caminos, los eriales, aquellos lugares olvidados donde la vida estalla con fuerza y en biodiversidad. Aquellos lugares olvidados donde la vida estalla con fuerza. Me parece que la sensibilidad estética japonesa lo conceptualizó con el Wabi-sabi, que es todo aquello que es incompleto, no permanente e imperfecto.

Y me pregunto: ¿cuáles son los "terceros paisajes" de mi mente? ¿Son quizás aquellas ideas que descarté hace tiempo, aquellos bocetos abandonados en un cuaderno, aquellas dudas o momentos de "sequía" creativa que tanto me frustraban? Si antes los veía como fracasos, como terrenos improductivos.

Clément me hizo ver que quizás es precisamente allí, en esos rincones olvidados de mí mismo, donde puede estar germinando algo valioso, inesperado, una semilla de resiliencia creativa. Hay que dejarles su espacio, no querer controlarlo todo. En los apuntes y bocetos se constatan los indicadores, son el rastro del trabajo, de la investigación. Hay tanta poesía en aquello que a menudo ignoramos.

Esto implica una cierta humildad. El jardinero sabe que no lo controla todo; depende de la lluvia, del sol, de la complejidad del suelo. Yo, como artista, debo aceptar que no todas las ideas florecen cuando yo quiero, ni como yo quiero. Hay periodos de crecimiento exuberante y periodos de reposo, como las estaciones. Y quizás en estos periodos de "descanso", cuando parece que no pasa nada, es cuando el "suelo" interior se está regenerando, acumulando nutrientes para la próxima floración.

Así, mi proceso creativo se vuelve menos una conquista y más un cultivo consciente. Intento alimentar este jardín interior con buenas lecturas, con conversaciones enriquecedoras, con paseos atentos, con música... Todo aquello que pueda ser "compost" para mis futuras creaciones. Y cuando una obra llega a su final, es como un fruto que ofrezco, una pequeña contribución desde mi parcela a este inmenso y maravilloso Jardín Planetario. Una manera, al fin y al cabo, de conectar con los demás y con el mundo de una forma más consciente y respetuosa.

El artista primero observa. Se interesa por las cosas que diría Marià.

Al final, pintar se parece más a cultivar un jardín de lo que nunca habría imaginado. No se trata tanto de dominar el lienzo como de acompañar un proceso vivo, de estar presente y observar qué emerge, de sorprenderse. Es un camino más humilde, quizás, pero lo siento infinitamente más rico, más auténtico y, sobre todo, más lleno de vida. Mi proceso creativo se ha convertido, de alguna manera, en mi propio jardín en movimiento, y yo, más que un creador, me siento como un jardinero atento, maravillado por cada nueva floración inesperada.

Referencias sobre Gilles Clément:

https://www.youtube.com/watch?v=D5Uge8kdcqc
https://www.youtube.com/watch?v=bCAvgsu3D2g
https://www.gillesclement.com/files/974_manifeste-du-tiers-paysage.pdf
https://www.gillesclement.com/

En sintonía con la gracia.
Cómo refinar el sentir en lo cotidiano

Milene Costa[1]

Introducción. En sintonía con la gracia

El artículo se propone como un espacio de escucha, contemplación y presencia. Busca recordar aquello que habita silenciosamente en el interior: la Gracia, no como algo que se busca fuera, sino como una presencia íntima, una armonía posible entre lo que constituye al ser humano y el pulso del misterio que lo rodea.

A lo largo del texto se recorren senderos de sabiduría que atraviesan el tiempo y la tradición, siempre con la mirada puesta en la interdependencia de todos los seres. La gracia, en esta perspectiva, no es un logro, sino un reconocimiento. Es conciencia que se desvela, serenidad que favorece la adaptabilidad y vigor que florece en la sutileza.

La reflexión inicia con el tema de la gracia como conciencia, recordando con los sabios y sabias lo que significa sentirse pleno. La plenitud no es carencia, sino presencia. La gracia se experimenta como percepción de unidad con todo, como susurra la sabiduría: es la quietud que reconoce el reino en el interior, la mirada que disuelve las separaciones.

Posteriormente, el artículo aborda la serenidad ante lo desconocido. Diversos sabios y sabias muestran cómo soltar el control y confiar en el flujo de la vida. Como el agua que fluye sin resistencia o el viento que

---

1   Milene Costa es doctora en Ciencias de la Religión por la PUC Minas (Brasil), con posdoctorado en la misma institución, máster en Filosofía de la Religión por la FAJE-BH, teóloga y filósofa. Investiga, estudia y propone una lectura simbólica de los textos religiosos como fuente de sabiduría para enfrentarse a las transformaciones contemporáneas. Fundadora de Ser e Pertencer: vida em conexão. Email: milene@serepertencer.com.br

sopla sin rumbo fijo, la enseñanza revela que no hay motivo para temer. La serenidad aparece como hija de la confianza y de la apertura.

Finalmente, el camino se abre al tema del vigor frente a la sutileza. La tradición recuerda que la verdadera fuerza no reside en la rigidez, sino en el sentir profundo. El vigor que sostiene no es el que se impone, sino el que sabe moverse silenciosamente, como el bambú que se dobla al viento sin romperse. El vigor, esta energía vital, no es sinónimo de fuerza bruta, sino que permanece íntegro porque sabe fluir. La sutileza es, precisamente, su fuerza.

Más que acumular conocimientos, el artículo invita a sintonizar cuerpos, mentes y sentires con el ritmo de la vida, escuchando las aguas, los vientos, las palabras ancestrales y el silencio. Se trata de disolver las barreras internas, permitiendo que la gracia —lo sutil de lo sutil— se haga presente donde siempre ha estado: en el aquí y en el ahora.

Como enseña Rūmī, el río no lucha contra su cauce, sino que se entrega al océano.

LA GRACIA COMO CONCIENCIA

El tema propone un recorrido por un camino de sintonía y conexión: la gracia como conciencia. En diversas tradiciones, la gracia se ha entendido como una concesión divina, algo que debe obtenerse. Sin embargo, puede comprenderse también como una cualidad sutil que se despierta cuando cesa la resistencia y se reconoce lo que ya está presente.

De la misma manera que el río no lucha contra su curso y se disuelve en el océano, la gracia invita a una entrega amorosa a lo que es. Este recorrido se presenta acompañado por las voces de sabios y sabias de distintas tradiciones, en diálogo constante con las palabras vivas de Jesús.

1. La gracia como reconocimiento de la plenitud interior

Cuando se habla de la gracia, a menudo se la concibe como un don que llega desde fuera, algo concedido que debe ganarse, incluso si es inmerecido. Sin embargo, existe otra clave de lectura, sutil y poderosa: la gracia como realidad ya presente, a la espera de ser reconocida. Nisargadatta Maharaj afirma:

> *La verdadera libertad reside en darte cuenta de que no eres lo que crees que eres. Ya estás lleno, pero tu mente oscurece esta realidad.* [2]

Jesús se hace eco de esta misma visión cuando declara: *El Reino de Dios está dentro de vosotros.*[3]

Lo que vincula estas enseñanzas es la noción de reconocimiento. No se trata de esfuerzo, conquista o transformación, sino de mirar con claridad lo que ya es. ¿Qué significa, entonces, reconocer?

Reconocer proviene de la idea de "volver a ver": algo que ya está ahí, aunque en el ritmo acelerado de la vida cotidiana, entre el bullicio de los pensamientos y las exigencias, pase desapercibido. Es semejante a estar en un entorno familiar y, de pronto, descubrir una belleza que siempre había estado presente, pero que no había sido vista. En este sentido, la gracia emerge cuando se interrumpe la prisa, se respira y se contempla sin el velo de las expectativas, los juicios o las comparaciones.

• *Indagación sutil*

Si los sabios afirman que el ser humano ya está pleno, surge entonces la pregunta: ¿qué es la plenitud? La plenitud es totalidad, es sentirse completo, es reconocer que no hace falta añadir nada para ser lo que se es. Sin embargo, la educación y los condicionamientos sociales han instalado

---

2   *Maharaj*, 2013, p. 45
3   Lucas 17,21; *Biblia de Almeida*, 2011, p. 1247

la idea de que siempre falta algo para estar completos: más logros, más reconocimiento, más certezas.

La propuesta de Nisargadatta Maharaj y de Jesús resulta radical: no falta nada. La plenitud no es una meta que deba alcanzarse, sino una realidad a realizar. El reino, la plenitud, está aquí y ahora, aunque los ruidos de la mente insistan en narrar otra historia que la oscurece.

El desafío, por tanto, no es conquistar la plenitud, sino remover los obstáculos que la encubren. Estos obstáculos son, casi siempre, interiores: la comparación constante, la creencia de que solo se será suficiente al alcanzar determinados objetivos, y el miedo persistente a no ser amado.

Un camino posible es el de la presencia consciente. Cuando la atención se posa plenamente en el presente, sin proyectarse en el futuro ni aferrarse al pasado, aparece la experiencia de que nada falta. En ese estado, la gracia se revela en su presencia sutil: suave, silenciosa, siempre disponible.

La naturaleza ofrece imágenes que lo ilustran con claridad: una tarde serena, el murmullo del agua, el perfume de la tierra. En esa atmósfera, sin urgencia ni presión, la plenitud se hace evidente. Nadie necesita afirmarlo; basta con percibirlo.

La gracia acontece cuando cesa la búsqueda de lo que ya está presente. Se trata de un reconocimiento sencillo y, al mismo tiempo, radical: la plenitud está aquí, velada únicamente por la agitación de la mente. Percibirla es como abrir una ventana y advertir que el sol siempre había estado brillando; solo se estaba mirando en otra dirección.

2. La gracia como unidad con todo

Existen momentos en los que se percibe una separación: yo y el otro, yo y el mundo, yo y Dios. Cada realidad parece aislada en su propia existencia, desconectada. Sin embargo, un conocimiento ancestral, presente en múltiples tradiciones, susurra otra verdad: todo está interconectado, todo es expresión de una misma fuente.

Esta percepción constituye en sí misma la gracia, en su carácter sutil: cuando se reconoce que no existen fronteras fijas entre el ser humano y el mundo, la vida se revela en unidad. Diversos sabios señalan esta dirección.

Los Upanishads hablan de una unidad radical. Verse a uno mismo en todo y todo en uno mismo. No se trata de una metáfora poética, sino de una experiencia profunda que muestra que la vida late con igual intensidad en la piedra, en el ave, en el otro ser humano y en cada uno de nosotros:

> *Quien se ve a sí mismo en todo y a todo en sí mismo ha alcanzado la verdadera paz.*[4]

Lin-Chi, maestro del budismo zen, advierte que no debe buscarse fuera lo que ya está presente:

> *Deja de buscar algo fuera de ti. Lo que tienes delante de los ojos, en este preciso momento, ya está despertando.*[5]

El despertar no ocurre al crear algo nuevo, sino al dejar de dividir y contemplar la totalidad del ahora. En el Evangelio de Juan, Jesús expresa en su oración el anhelo de unidad:

> *Que todos sean uno, como tú, Padre, estás en mí y yo en ti.*[6]

Su enseñanza revela que no existe separación entre lo humano y lo divino, entre la criatura y el Creador. El Reino es comunión.

Tres voces, tres tradiciones, una misma dirección: la gracia se reconoce en la unidad, y esa unidad no requiere ser construida; ya está dada. Solo exige cambiar la mirada y reconocerla.

---

4   *Upanishads*, Isha Upanishad, 2000, p. 12.

5   *Lin-Chi*, 1993, p. 45.

6   Juan 17,21; *Biblia de Almeida*, 2011, p. 1347.

•*Indagación sutil*

Surge una pregunta que abre la reflexión: ¿y si todo lo que se percibe como externo también formara parte del propio ser? Esta cuestión resuena sin necesidad de respuestas inmediatas. A partir de ella emergen otras interrogantes: ¿qué es, en realidad, la unidad? ¿Qué impide reconocerla?

El mundo contemporáneo insiste en la dualidad: bien y mal, éxito y fracaso, yo y otro, espiritual y material. Estas divisiones alimentan un sentimiento de separación, enseñando a ver la realidad fragmentada y a creer que siempre es necesario conquistar algo exterior para alcanzar la completitud.

La experiencia de la unidad, sin embargo, ofrece otra visión: no hay dos. El otro no es verdaderamente "otro". Lo que se denomina "yo" y lo que se denomina "mundo" no constituyen opuestos, sino expresiones de una misma fuente. La unidad es el hilo que lo conecta todo; la dualidad es, simplemente, el olvido de ese hilo.

La naturaleza lo ilustra con claridad. Un bosque parece, a primera vista, compuesto por árboles aislados en su propio espacio. No obstante, bajo la tierra sus raíces están entrelazadas, compartiendo nutrientes, información y vida. Lo que experimenta un árbol repercute en los demás. De manera semejante, los seres humanos parecen separados, pero existe un tejido invisible que los une: emociones, gestos y decisiones resuenan en el conjunto, revelando que la unidad ya está presente como sustento silencioso de la existencia.

3. La gracia como confianza en el flujo

En múltiples momentos de la vida surge la tentación de controlar los acontecimientos, planificando cada detalle por miedo a la pérdida o a la sorpresa. Este impulso comprensible nace del deseo humano de seguridad y de garantías. Sin embargo, existe una sabiduría interior que recuerda que la vida posee su propio ritmo y su propio curso. En este horizonte, la gracia no consiste en resistir, sino en confiar. Se manifiesta como la experiencia de descansar en el flujo de la existencia, reconociendo que el camino se despliega con naturalidad. Tres voces de distintas tradiciones resuenan en esta invitación.

El Evangelio de Tomás enseña la confianza que brota del conocimiento interior:

> *Cuando te conozcas a ti mismo, entonces serás conocido, y os daréis cuenta de que sois hijos del Dios vivo.*[7]

Al reconocerse como hijas e hijos del Dios viviente, se comprende que hay una fuente que sostiene, y que la vida no está a la deriva.

Jesús, en el evangelio de Mateo, señala la sencillez de esta confianza mediante la imagen de los lirios:

> *Mirad los lirios del campo, cómo crecen; no trabajan ni hilan, pero os digo que ni aun Salomón, con toda su gloria, se vistió como uno de ellos.*[8]

La gracia aparece aquí como cuidado silencioso y constante, que actúa sin necesidad de planificación humana.

Laozi, en el Tao Te Ching, contempla el agua y su camino. No se resiste ni intenta controlar las piedras o las curvas que encuentra, y precisamente por ello nada la detiene:

> *El camino del agua es avanzar, sorteando obstáculos, confiando en tu camino.*[9]

La enseñanza es clara: confiar en la naturaleza propia de la vida, que sabe abrir paso incluso en medio de las resistencias.

---

7   *Evangelio de Tomás*, Leloup, 2006, p. 56.
8   Mt 6,28-30; *Biblia de Almeida*, 2011, p. 1105.
9   *Laozi*, 2019, p. 88.

Cada una de estas tradiciones invita a soltar el exceso de control y a reconocer el fluir de la existencia como expresión de gracia. Confiar en el flujo no equivale a pasividad, sino a un estado interior de entrega consciente, en el que se acepta que no todo depende de la voluntad propia. Esta aceptación no constituye amenaza, sino alivio. La confianza surge al descubrir que la vida posee una inteligencia intrínseca, un ritmo invisible que orienta incluso cuando no se comprenden las razones de los caminos.

•*Indagación sutil*

En este horizonte, se abre una indagación: ¿qué cambiaría en la experiencia humana si se confiara en que el siguiente paso ya se está diseñando, aun cuando no pueda verse? La confianza en el flujo es, en sí misma, un estado de gracia. No es necesario poseer todas las respuestas ni anticipar cada movimiento. La gracia sostiene cuando se renuncia a la rigidez y se permite ser guiado. Así como los lirios crecen, el río fluye y el agua bordea las piedras, también la vida humana es cuidada por una fuerza mayor. Todo lo que corresponde es confiar

Conclusión

El recorrido a través de tres movimientos esenciales revela distintos aspectos de la gracia, entendida no como algo externo, sino como una realidad que ya habita en la conciencia más profunda. En primer lugar, se muestra la gracia como realización interior. No depende de méritos acumulados, reconocimientos externos o logros futuros. Es un estado del ser que emerge cuando cesa el esfuerzo por llegar a ser otra cosa y se reconoce lo que ya es. La mente, con sus identificaciones y exigencias, oscurece esta visión; sin embargo, en la simplicidad de una mirada clara se descubre que la plenitud siempre ha estado presente.

En segundo lugar, aparece la experiencia de la unidad con todo. Lo que se presenta como separado —yo y el otro, yo y el mundo, lo humano y lo divino— se disuelve en la conciencia despierta. La gracia se manifiesta en el reconocimiento de que no existen fronteras reales: solo hay un aliento, una vida, una esencia que late en todas las cosas. Esta visión de unidad reconcilia con el mundo y disuelve las tensiones creadas por la dualidad.

Finalmente, se destaca la confianza en el flujo de la vida como expresión de la gracia. Cuando se suelta el control y se abre espacio al ritmo natural de las cosas, se revela que no hay soledad ni pérdida. El camino se muestra, del mismo modo que el río sigue su curso y los lirios crecen sin esfuerzo. La vida se ocupa de la vida.

En estas dimensiones, la gracia no se concibe como don externo, sino como un estado de conciencia: una visión clara, sencilla y presente. Es en ese lugar silencioso, allí donde cesa la búsqueda y se percibe la totalidad del ahora, donde la gracia se hace evidente. No exige transformación radical ni demanda ser distinto, sino que invita al reconocimiento de lo que ya existe: plenitud, unidad con el todo y confianza en el fluir de la vida.

SERENIDAD ANTE LO DESCONOCIDO

Los tiempos actuales están marcados por la prisa, el deseo constante de previsibilidad y la búsqueda de control. Ante lo desconocido, surgen con frecuencia inquietudes, inseguridades e incluso resistencias. Sin embargo, aquello que no puede nombrarse ni controlarse encierra un poder silencioso: lo desconocido no constituye ausencia, sino invitación. Es un espacio fértil donde pueden florecer la confianza, la entrega y la serenidad.

La sabiduría antigua ha reconocido de manera constante que el camino espiritual no se recorre mediante certezas, sino a través de la apertura. El poeta Rainer Maria Rilke lo expresa con claridad en sus Cartas a un joven poeta:

> *Vive las preguntas ahora. Quizás entonces, poco a poco, sin darte cuenta, vivirás, hasta el día lejano, la respuesta.*[10]

---

10   *Rilke*, 2001, p. 47.

La serenidad ante lo desconocido no equivale a resignación, sino a una confianza profunda en el flujo de la existencia. Implica reconocer que no es necesario anticipar todas las respuestas para estar en paz. En este espacio de confianza sin garantías, la gracia se manifiesta de manera ligera y silenciosa, como horizonte abierto para el proceso interior.

1. La mente libre

Desde la infancia se aprende a buscar seguridad en ideas fijas, certezas bien definidas y explicaciones que clasifican y enmarcan todo lo percibido. La mente se habitúa a levantar estructuras rígidas con las que intenta contener el flujo impredecible de la vida. Sin embargo, una mente aferrada a formas y respuestas cerradas se convierte también en prisionera del miedo: teme lo que no puede controlar, teme el vacío y teme lo que escapa a la comprensión.

La verdadera libertad de la mente no reside en acumular conceptos, sino en desprenderse de esas ataduras, reconociendo la fluidez de todo lo existente. Cuando se abandona la búsqueda de estabilidad en medio de la impermanencia, aparece una paz diferente: una serenidad que no depende de garantías.

El Sutra del Corazón, texto fundamental del budismo Mahayana, señala con precisión esta libertad:

> *La mente libre de apego no tiene miedo y está más allá de toda ilusión; encuentra la verdadera paz.*[11]

Una mente libre no es aquella que se vacía de pensamientos, sino la que no se enreda en ellos. Se asemeja al vasto cielo, que permanece intacto incluso cuando nubes pasajeras atraviesan su horizonte. Observa sin apegarse y no se deja arrastrar por la necesidad de explicar o controlar cada sensación.

Jesús expresa esta misma confianza en el evangelio de Juan:

---

11   *Sutra del Corazón,* Thich Nhat Hanh, 2015, p. 22.

No se turbe vuestro corazón ni tenga miedo.[12]

No se trata de negar los movimientos naturales de la mente o los retos de la vida, sino de aprender a descansar incluso en medio de la incertidumbre.

La mística Lal Ded, que entrelazó las aguas del sufismo y el shivaísmo en Cachemira, ofrece una visión igualmente reveladora en uno de sus vakhs:

Me desprendí de las ataduras del mundo visible. ¿Qué podría perturbarme si reconociera que soy la inmensidad misma?

Su enseñanza subraya que, cuando cesan las ilusiones de la mente, ya no existe un "yo" separado que tema lo desconocido: lo vasto y lo abierto se convierten en verdadero hogar.

• *Indagación sutil*

En la vida cotidiana, estas ataduras adoptan formas más sutiles: expectativas ajenas, necesidad de reconocimiento, hábitos automáticos de juicio. La libertad mental se cultiva al observar estos patrones sin identificarse con ellos, permitiendo que vayan y vengan como las nubes en el cielo. Surge entonces una indagación necesaria: ¿qué permanece en la interioridad que aún cree indispensable entenderlo todo antes de poder confiar?

La mente libre no necesita levantar muros para protegerse; aprende, en cambio, a descansar en el espacio abierto del no saber.

2. Sentir sin formas

El sentir precede a las palabras. Surge como una vibración perceptible, una presencia que toca el instante sin necesidad de explicación. Pero, con frecuencia, cuando se intenta comprender o nombrar lo que se siente, se lo reviste de formas rígidas, se lo limita a categorías conocidas o se lo domestica.

---

12   Jn 14,27; *Biblia de Almeida*, 2011, p. 1278.

Existe una serenidad que emerge cuando se permite que el sentir sea lo que es, sin pretensión de definirlo ni de enmarcarlo en certezas. Sentir sin formas significa disponerse a lo que surge con la mente libre y el corazón abierto. No se trata de clausurar la experiencia, sino de habitarla con ligereza, sin condicionamientos y sin el peso de la interpretación. Esta apertura acerca a una presencia más esencial: viva, perceptiva, que acoge sin poseer.

Nisargadatta Maharaj expresó esta libertad con claridad:

> *La mente crea los límites, el corazón los disuelve. Cuando abandonas la identificación con cualquier forma, todo lo que queda es pura presencia.*[13]

Lo que se denomina forma no se limita a lo que se ve o se toca, también está en las ideas sobre uno mismo, en los roles asumidos y en las expectativas silenciosas que moldean cada gesto. La mente, con su necesidad de delimitar, impone contornos rígidos a lo que por naturaleza es fluido.

Nisargadatta recuerda que la verdadera libertad se produce al desprenderse de la identificación con estas formas mentales —pensamientos, juicios, imágenes fijas de lo que se es—. Lo que permanece entonces es un sentir vivo y sin límites.

En la vida cotidiana es común quedar atrapado en tales formas vacías: definirse a partir de una emoción —"ansiedad", "inseguridad"— o cristalizar situaciones pasadas como determinantes de la identidad presente. En esas pequeñas prisiones se olvida que la vida siempre desborda los moldes creados. La mística Lal Ded lo expresa con una claridad desarmante:

> *La jarra que contenía el agua se rompió. Ahora el río y yo somos uno.*[14]

La jarra simboliza la forma que se construye para contener la vida o el sentir. Pero cuando se rompe —cuando ya no es necesario que emociones,

---

13   *Maharaj*, 2013, p. 87.
14   *Lal Ded*, 2011, p. 142.

pensamientos o experiencias encajen en moldes— se descubre que el ser humano está hecho de la misma sustancia que el río. No existe separación entre lo sentido y la inmensidad del instante.

A menudo, en lo cotidiano, los sentimientos se guardan en pequeños frascos: un concepto de cómo debería ser la vida, una expectativa incumplida, una emoción que se intenta controlar. Lal Ded invita a romper este frasco interior —no con violencia, sino con suavidad— para dejar que todo fluya sin restricciones.

Lin-Chi, maestro del budismo zen, se une a este mismo llamado cuando afirma:

Si quieres ver la verdad, no fijes tus ojos en nada.[15]

La costumbre es fijarse: en miradas, juicios, explicaciones. Pero la verdad que señala Lin-Chi no puede apresarse. Solo se revela en la apertura, cuando no se aferra a forma alguna, ni siquiera a la idea de que comprender es necesario.

Jesús, de modo igualmente profundo, ofrece una imagen viva de esta libertad:

El viento sopla donde quiere, se oye su sonido, pero no se sabe de dónde viene ni adónde va. Así es todo aquel que nace del Espíritu.[16]

El Espíritu no es una realidad que pueda ser capturada o limitada. Se mueve sin ataduras, como el sentir que no precisa ser controlado ni explicado. En esta aceptación de que no saber forma parte del camino, se halla una paz silenciosa.

---

15 *Lin-Chi*, 1993, p. 67.
16 Jn 3,8; *Biblia de Almeida*, 2011, p. 1189.

•*Indagación sutil*

Surge entonces una indagación decisiva: ¿qué sucedería si, aunque solo fuera por un instante, se dejara de intentar dar forma a lo que se siente? ¿Qué transformaciones emergerían si el instante fuera habitado sin necesidad de nombrarlo, decirlo o describirlo?

Nisargadatta Maharaj enseña que la libertad se alcanza al disolver los límites impuestos por la mente. Lal Ded invita a romper el frasco de las fijaciones que aprisionan el sentir. Lin-Chi orienta hacia una mirada que no se aferra a ninguna forma. Y Jesús recuerda que el sentir libre se asemeja al viento: imposible de controlar, pero siempre presente y real.

Estas voces, al entrelazarse, revelan que la serenidad ante lo desconocido surge precisamente cuando se abandona la necesidad de formas rígidas y se permite que el sentir se expanda en su vastedad, con ligereza y sin prisiones.

3. Flexibilidad y poder blando

En la naturaleza, la fuerza rara vez se manifiesta como rigidez. El bambú, capaz de resistir los vientos más intensos, se dobla sin romperse. En ello se revela una fuerza silenciosa: la de lo flexible, lo adaptable y lo suave. Una fuerza que no se impone, sino que permanece.

A menudo, la fuerza se asocia con la dureza, el esfuerzo constante y la firmeza inquebrantable. Sin embargo, una mirada más atenta muestra que lo que verdaderamente sostiene la vida no es la rigidez, sino la capacidad de doblarse sin perder la suavidad.

La flexibilidad no equivale a fragilidad. Al contrario, es la suavidad la que permite atravesar lo desconocido sin quebrarse, permanecer íntegros ante el cambio, vivir con firmeza sin endurecerse.

En esta sabiduría —la de la fuerza suave que se manifiesta en la flexibilidad— se detiene la reflexión, guiada por palabras de sabios y sabias que, cada cual a su manera, reconocieron que la verdadera fortaleza es la que sabe doblarse sin romperse.

La observación de la naturaleza muestra que la verdadera fuerza no reside en la rigidez, sino en la flexibilidad del bambú que se inclina y no se quiebra. Esta misma cualidad se manifiesta en la mente y en el corazón humanos: no es la dureza la que sostiene el camino, sino la maleabilidad consciente, la suavidad que sabe ceder sin perder la blandura de la existencia.

Los textos de sabiduría recuerdan que hay una fuerza en aquello que sabe adaptarse, ajustarse y doblarse sin romperse. El Dhammapada enseña:

> *Igual que un arquero ajusta su flecha, el sabio ajusta su mente, maleable, flexible, firme.* [17]

El arquero no lanza la flecha con fuerza bruta: observa, calibra dirección y tensión. Se requiere precisión, pero también flexibilidad. De igual modo, la mente que transita la senda de la sabiduría es firme pero ajustable, sin endurecerse en certezas, capaz de adaptarse a lo que llega como quien flexiona suavemente la cuerda antes de soltarla.

En la vida cotidiana, suele aparecer la tentación de reaccionar con rigidez ante lo inesperado: un imprevisto laboral, un desencuentro en la conversación, una expectativa frustrada. Sin embargo, como enseña el arquero, es posible ajustar la mente en un instante, sin perder el centro. La flexibilidad consciente permite afrontar las situaciones con ligereza y firmeza al mismo tiempo.

La misma libertad interior que ofrece la flexibilidad es expresada por la mística Lal Ded:

> *Solté las cadenas que me ataban. Ahora, vaya donde vaya, camino libre y ligera.* [18]

Su enseñanza revela la ligereza que surge cuando se sueltan las ataduras internas. No obstante, soltar no siempre resulta sencillo. Con frecuencia,

---

17 *Dhammapada, Bodhi*, 2012, v. 81, p. 64.
18 *Lal Ded*, 2011, Vakh 94, p. 112.

la rigidez aparece frente al dolor, la pérdida o lo que no salió como se esperaba. Se intenta controlar lo incontrolable, se aferra al pasado o se anticipa el futuro, creyendo así evitar el sufrimiento.

Lin-Chi, maestro zen, ofrece otra orientación:

> *En todo lo que hagas, sé como un niño jugando: concentrado, ingrávido, sin prisas.*[19]

El niño no carga con el peso de lo que fue ni con la ansiedad de lo que está por venir. Vive entero en el gesto, sin el peso de las expectativas. Cuando algo no resulta como esperaba, puede llorar, pero lo deja pasar. No se cristaliza, no se endurece.

Este niño interior, presente en cada ser humano, es espontáneo, maleable, capaz de reír después de la caída y de volver a empezar sin miedo al error. Es fácil olvidarlo cuando se acumulan pérdidas y frustraciones: el cuerpo se contrae, la mente se resiste y se intenta controlar lo que ya no está o lo que nunca llegó. Lin-Chi invita, en cambio, a una firme ligereza: una postura que no ignora el dolor, pero que no se cristaliza en él. En lo cotidiano, es la capacidad de acoger un día difícil sin cargar con su sombra en el siguiente, o de empezar de nuevo tras un fracaso sin arrastrar el peso del pasado.

La flexibilidad no elimina el sufrimiento, pero impide que la vida se endurezca ante él. Tal vez ese sea el secreto: no olvidar al niño interior que sabe jugar incluso después de la tormenta.

Esta firme ligereza encuentra eco en las palabras de Jesús:

> *Llevad mi yugo sobre vosotros y aprended de mí, porque soy manso y humilde de corazón… mi yugo es fácil y mi carga ligera.*[20]

Un yugo suave no significa ausencia de desafíos, sino una guía que orienta los pasos y moldea la manera de situarse en la vida y en las relaciones. Jesús invita a aceptar un yugo distinto: no pesado, no impuesto, sino consciente y

---

19 *Lin-Chi*, 1993, p. 89.
20 Mt 11,29-30; *Biblia de Almeida*, 2011, p. 1032.

ligero. La mansedumbre y la humildad se revelan como dirección interior, fuerza que no se endurece, firmeza que no oprime.

Al considerar las enseñanzas, se observa una misma convergencia: el Dhammapada habla de la mente flexible como un arquero que calibra con precisión; Lal Ded muestra que las cadenas pueden soltarse desde dentro, permitiendo caminar ligeros; Lin-Chi recuerda al niño interior que vive en el presente sin endurecerse en el pasado o en el miedo al futuro; y Jesús reúne todas estas visiones, mostrando que es posible caminar con claridad y dirección sin cargas innecesarias. El yugo suave es la disposición interior a no endurecerse frente a lo incontrolable, eligiendo firmeza sin rigidez, fuerza con suavidad.

• *Indagación sutil*

En la práctica cotidiana, este yugo suave se expresa en la manera de responder cuando algo no sale como se espera, en la aceptación de una pérdida sin rencor y en la conducción de las relaciones sin exigir perfección, pero con una presencia ligera y firme. Surge entonces una indagación necesaria: ¿qué pesos continúan siendo cargados que podrían liberarse con ligereza? ¿En qué momentos la rigidez ha sido confundida con fuerza?

Conclusión

La serenidad ante lo desconocido no equivale a la ausencia de movimiento, sino que constituye un gesto interior de apertura. Implica permitir que la mente permanezca libre, sin fijaciones rígidas; dejar que el sentir se expanda sin necesidad de moldes; y cultivar una fuerza suave y flexible, capaz de atravesar las incertidumbres sin endurecerse.
Los sabios y sabias que acompañan este recorrido han mostrado que no se requiere control para alcanzar claridad, ni rigidez para sostener firmeza. Reconocer que lo desconocido es también espacio de gracia significa aceptar que existe una realidad mayor que sostiene cada instante. Una realidad que no demanda saberlo todo, sino que invita a confiar en la ligereza posible en cada paso. La serenidad, por tanto, no se edifica sobre garantías, sino sobre la confianza que aprende a fluir.

VIGOR FRENTE A LA SUTILEZA

El vigor y la sutileza parecen, a primera vista, situarse en extremos opuestos. El vigor suele asociarse con la fuerza bruta, con el impacto inmediato y visible, mientras que la sutileza parece remitirse al ámbito de lo frágil, lo delicado y lo apenas perceptible. Sin embargo, cabe preguntarse: ¿y si el verdadero vigor residiera precisamente en lo sutil?

El término vigor procede del latín *vigere*, que significa "estar lleno de vida, florecer, tener energía". No alude únicamente a la fuerza física, sino también a un poder vital, una energía que sostiene y anima. Sutileza, por su parte, proviene del latín *subtilis*, empleado originalmente para describir hilos de tela extremadamente finos y precisos. La sutileza, por tanto, no implica carencia de fuerza, sino capacidad de percibir y actuar con precisión, sin recurrir al exceso.

Sabios y sabias de diversas tradiciones han mostrado que el vigor no necesita ser rudo y que la sutileza no equivale a debilidad. Existe una fuerza refinada y silenciosa que atraviesa la vida sin imponerse y, sin embargo, transforma todo lo que toca. Este es el horizonte que abre el presente tema: un recorrido por los caminos donde la sutileza revela su vigor, y donde el vigor encuentra su expresión más plena en la sutileza de la vida cotidiana.

1. Lo sutil de lo sutil

Las cosas más poderosas rara vez se anuncian con estruendo. Lo esencial no suele aparecer en la superficie, sino que habita en las capas más delicadas de la existencia. Lo más sutil de lo sutil es aquello que siempre está presente y, al mismo tiempo, aquí. Lo atraviesa todo, se percibe, se siente profundamente... pero nunca puede capturarse, retenerse o controlarse. No se puede nombrar y, sin embargo, lo expresa todo sin necesidad de palabras.

Diversas tradiciones recuerdan que es en este nivel de profundidad sin forma y silenciado donde se manifiesta lo sutil. Pulsa sin condicionamientos ni pertenencias, sin reclamar un lugar fijo. Lal Ded, Nisargadatta Maharaj y María Magdalena invitan a entrar en este no-lugar, fuera del tiempo y del espacio, donde no hay forma, pero sí presencia; no hay peso, pero sí densidad. Es en lo no dicho y en lo no aparente donde se toca el vigor más refinado: aquel que rodea todo y, al mismo tiempo, no puede ser descrito, porque las palabras carecen de fuerza para captar esta presencia constante.

Entre quienes han hablado de lo sutil, Lal Ded ofrece en su poesía una mirada depurada y penetrante:

> *Vi lo sutil de lo sutil: ni luz ni sombra. No hay nada a lo que agarrarse, pero lo sostiene todo.*[21]

Con estas palabras conduce más allá de las dualidades conocidas. Ni luz ni sombra: indica un ámbito en el que cesan las oposiciones y sólo permanece lo que se mueve en silencio, sin prisa ni dirección, sosteniendo todo. La sutileza de lo sutil no es algo que pueda precisarse o definirse. Es pura presencia que impregna y, precisamente porque carece de forma, sostiene todas las formas.

Nisargadatta Maharaj complementa esta percepción cuando afirma:

> *Lo real es sutil. No se impone, pero todo depende de él. Para verlo, sé tan silencioso como él.*[22]

La enseñanza subraya que lo más real no necesita declararse ni reclamar atención; no se impone, pero sin ello nada podría existir. Percibir esta sutileza exige una quietud tan refinada como aquello que se desea reconocer: una presencia atenta que se abre a sentir y percibir con plena receptividad.

En este mismo horizonte, María Magdalena ofrece una advertencia lúcida:

---

21 *Lal Ded*, 2011, Vakh 23, p. 67.
22 *Maharaj*, 2013, p. 102.

No construyas con piedra lo que no se puede tocar; lo invisible es la raíz de lo visible.[23]

La sabia discípula recuerda que lo invisible sostiene toda manifestación y previene contra la tentación de fijar lo inaprensible en formas sólidas. Lo sutil es origen y raíz de lo visible; aprisionarlo en estructuras externas es perder su vigor más profundo.

En cada tradición se encuentra, pues, la invitación a entrar en lo más sutil de lo sutil: lo que atraviesa sin mostrarse, lo que sostiene sin peso, lo que se siente sin forma. Lal Ded lo describe sin apego; Nisargadatta conduce al silencio para percibirlo; María Magdalena advierte que no se confunda su esencia con construcciones fijas. En conjunto, conducen al umbral donde no hay nada a lo que aferrarse ni en qué apoyarse, sino donde todo descansa y se sostiene.

•*Indagación sutil*

Surge entonces una indagación que abre el horizonte de la reflexión: ¿es posible detener el curso de la vida, aunque solo por un momento, para percibir lo sutil cada día? ¿Qué transformaciones serían necesarias para hacerlo?

Lo más sutil de lo sutil no se impone, sino que envuelve silenciosamente. Lal Ded, Nisargadatta Maharaj y María Magdalena invitan a silenciar las búsquedas externas y a reposar en ese ámbito donde la fuerza no necesita imponerse y donde la presencia carece de nombre. Tal vez ahí, en la sutileza que atraviesa y sostiene todo, resida el sentir más depurado: aquel que lo llena todo sin dejarse poseer.

2. Sensibilidad como vigor

Existe una energía que no se impone ni busca dominar, sino que transforma por su capacidad de conexión profunda. Esa energía es la sensibilidad. Con

---

23 *Evangelio de María Magdalena*, Leloup, 2005, p. 37.

frecuencia se asocia el vigor con la resistencia o el control, olvidando que hay una cualidad de la presencia que se expresa en la delicadeza: en la mirada atenta, en el gesto compasivo, en la empatía silenciosa que percibe al otro en su totalidad y reconoce en él una pertenencia común.

En la sensibilidad habita una energía en movimiento, una firmeza fluida y constante, una suavidad entendida como poder que no destruye, sino que sostiene. A través de esta cualidad del sentir, el ser humano se vuelve capaz de moverse en armonía con todos los seres, tocando sin herir, respondiendo sin romper.

Las tradiciones de sabiduría recuerdan que la sensibilidad no es fragilidad, sino percepción consciente y constante de lo sutil, de lo que vibra silenciosamente en cada presencia. Esta enseñanza aparece en las palabras del Dhammapada, en la mirada compasiva de Jesús y en la llama amorosa de Teresa de Ávila.

El Dhammapada enseña:

> *Vence al duro con amabilidad, al mentiroso con la verdad, a los egoístas con generosidad, a los ruidosos con silencio.*[24]

Desde la perspectiva del sabio, la sensibilidad se presenta como una estrategia vital y firme. No se trata de combatir la rudeza con rigidez, sino de responder con lúcida amabilidad. La verdad, la generosidad y el silencio no equivalen a pasividad, sino que constituyen opciones conscientes que exigen atención y una presencia que silencia al ego, actuando desde el sentir más profundo que sabe lo que es real.

Jesús mostró algo semejante:

> *Al ver a la multitud, tuvo compasión de ella, porque estaban cansados y abatidos, como ovejas sin pastor.*[25]

---

24 *Dhammapada, Bodhi,* 2012, v. 223, p. 154.
25 Mt 9,36; *Biblia de Almeida,* 2011, p. 1082.

La sensibilidad de Jesús no residía en la fuerza exterior, sino en su capacidad de percibir el cansancio y la fragilidad de los demás. Su compasión no era un sentir abstracto, sino un movimiento activo que nacía de la percepción atenta del sufrimiento humano. El sentir profundo se convertía en acción: empatía transformada en gestos concretos de cuidado y acogida. Esta mirada sensible y misericordiosa revela que el verdadero vigor se manifiesta en la capacidad de dejarse tocar por los demás sin endurecerse.

Teresa de Ávila, por su parte, enseña que la sensibilidad es puro amor:

> *Una pequeña chispa de amor verdadero es más útil para el alma que todos los esfuerzos externos. Es un fuego que calienta sin consumir, que ilumina sin cegar.*[26]

Para Teresa, el amor es un poder tan eficaz que una chispa de esa sensibilidad basta para transformar la vida interior. No son las grandes demostraciones ni los esfuerzos exteriores los que sostienen el alma, sino el amor sensible: el que toca sin herir, calienta sin quemar. Esa chispa delicada es vigorosa porque posee precisión: ilumina sin deslumbrar, calienta sin destruir. La sensibilidad no es un adorno, sino un poder sutil que transforma el interior y se refleja en el exterior.

•Indagación sutil

La reflexión se abre con una pregunta que interpela de manera directa: ¿hay un lugar desde el cual la sensibilidad pueda orientar nuestras acciones y reacciones, o continúa prevaleciendo la confusión que identifica vigor con control, olvidando que la verdadera fuerza se manifiesta en el gesto sencillo de acoger y sentir al otro?

Los sabios y sabias de distintas tradiciones señalan que la sensibilidad constituye una fuerza vital, discreta pero transformadora. No busca alterar al otro desde fuera, sino transfigurar el vínculo a través de reacciones conscientes. Es la capacidad de percibir el cansancio y el desaliento sin

---

26   Teresa de Ávila, *Moradas*, Sextas Moradas, cap. 10, 2014, p. 287.

situarse por encima, de dejarse tocar por lo común que une a todos los seres.

En este horizonte, el amor aparece como la expresión más depurada de la sensibilidad: ilumina por la sola presencia y calienta al acoger. Se trata de un vigor que no destruye, sino que se convierte en energía vital, una fuerza silenciosa que sostiene la existencia. Así, la sensibilidad se revela como un camino de sabiduría que enlaza con lo sutil y preserva el pulso del vigor en la vida cotidiana.

3. Los contornos de la sutileza

Lo sutil, cuando no se percibe, parece escaparse. Pero, contrariamente a lo que suele pensarse, no está ausente: impregna silenciosamente todo lo existente. A partir de lo sutil delineamos los contornos, que no son límites rígidos, sino formas flexibles que ayudan a caminar con ligereza y precisión.

Contornear significa diseñar, con atención y sensibilidad, un modo de vivir que acoja lo que es leve, lo que no se anuncia con estrépito, sino que palpita en silencio. Es como modelar algo delicado con las manos: no para controlarlo, sino para dar espacio a lo que respira. Las tradiciones de sabiduría muestran que es posible vivir de este modo: dibujando contornos flexibles, delineando sin aprisionar, actuando sin sofocar la sutileza de la vida.

Teresa de Ávila, Laozi, Jeremías y Lin-Chi invitan a reconocer cómo estos contornos sostienen la experiencia sin clausurar los caminos. Enseñan que vivir bien no consiste en fijarse con rigidez, sino en aprender dónde tocar, cómo modelar y cuándo soltar.

Teresa de Ávila ofrece una imagen luminosa:

El alma es como un castillo hecho enteramente de diamante o de cristal transparente. Y en el centro mismo está Dios, tan sutil que no puede verse, pero es él quien da luz a todo.[27]

Aquí, el contorno no es un muro, sino transparencia que permite que la luz circule. El diamante no aprisiona; revela lo que está en lo profundo. Lo que define el contorno no es su dureza, sino su claridad.

En la vida cotidiana, esta imagen puede recordarse cuando se eligen relaciones transparentes: palabras que no buscan controlar, sino posibilitar comprensión y cercanía. Es como trazar límites con delicadeza, sin levantar muros; decir "no" sin herir; abrir espacio para escuchar sin forzar el diálogo. Ese contorno claro se convierte en estructura luminosa: sutil, transparente y viva.

Laozi amplía esta percepción en el Tao Te Ching:

Modelamos la arcilla para hacer el jarrón, pero es en su vacío donde reside su utilidad. Cortamos puertas y ventanas para hacer una casa, pero es del espacio vacío de donde depende su habitabilidad.[28]

El contorno adquiere sentido porque guarda un espacio interior. El jarrón sirve porque está vacío, abierto a contener lo que llega. Un contorno bien hecho no se reduce a forma rígida, sino que abre espacio.

Esta enseñanza se traduce en la práctica cuando se aprende a dejar lugar en las relaciones, en las decisiones y en los ritmos cotidianos: hacer una pausa en la conversación, escuchar más que hablar, no llenar cada momento con tareas. También significa no sofocar con expectativas a quienes se ama, sino dejar espacio para que sean. El contorno, en este sentido, es gesto consciente: no imposición, sino apertura.

El profeta Jeremías aporta otra imagen esencial:

---

27 Teresa de Ávila, *Libro de la Vida*, cap. 27, 2014, p. 219.
28 *Tao Te Ching*, cap. XI, Laozi, 2019, p. 46.

Como la arcilla en la mano del alfarero, así eres tú en mi mano.[29]

El alfarero no endurece la arcilla de inmediato: la modela con cuidado, atento a su maleabilidad. El contorno no se fija de una vez para siempre, sino que surge de un proceso continuo: tacto, presión, afinado. Así, los hábitos, límites y formas de relación también pueden —y deben— permanecer maleables. La flexibilidad posibilita acompasar los cambios de la vida sin derrumbarse.

Lin-Chi, finalmente, añade una clave decisiva:

> *Si quieres liberarte, no te aferres a ninguna forma, a ninguna práctica. Sea cual sea la situación, camina libre y sin ataduras. Ahí es donde reside tu verdadera naturaleza.*[30]

El sabio advierte que los contornos cumplen su función sólo mientras no aprisionan. Lo sutil no puede enlucirse ni fijarse: exige libertad y atención viva.

En la vida cotidiana, esto se refleja cuando no se permanece aferrado a una única manera de actuar o a una sola opinión. Se trata de estar dispuestos a escuchar de nuevo incluso a quien creemos conocer, o de reconocer cuándo cambiar un hábito que ya no sirve. Como el alfarero que modela sin endurecer, también el ser humano está invitado a delinear sin fijar, a permanecer atento al momento en que el movimiento fluye y al instante en que empieza a cristalizarse, deteniendo la sutileza de la vida.

•*Indagación sutil*

En ocasiones, los contornos que sostienen la vida —hábitos, palabras, gestos, acciones, reacciones, pensamientos y sentimientos— dejan de ser transparentes y comienzan a endurecerse por terquedad o por resistencias innecesarias. Cabe entonces preguntar: ¿en qué momento los contornos

---

29 Jer 18,6; *Biblia de Almeida*, 2011, p. 933.
30 *Lin-Chi*, 1993, p. 112.

dejan de ser sutiles y maleables para volverse rígidos? ¿En qué instante se pierde la capacidad de dejarse modelar, aflojar o ajustar?

La tradición de sabiduría ofrece imágenes que iluminan esta cuestión desde distintos ángulos. Teresa de Ávila recuerda que el verdadero contorno es cristalino, abierto a la luz que lo atraviesa. Laozi enseña que el contorno sólo tiene valor cuando preserva el espacio, sin llenarlo en exceso. Jeremías presenta la arcilla en manos del alfarero: un contorno que se rehace y se ajusta sin rigidez. Lin-Chi, finalmente, advierte que todo contorno pierde sentido cuando deja de acompañar el movimiento y se convierte en prisión.

En conjunto, estas voces señalan que los contornos de la existencia no deben ser cárceles, sino cauces. Dibujar contornos con atención es tocar sin fijar, modelar sin endurecer, permitir que la vida se esboce de nuevo en cada instante. Así, los contornos que se trazan —en las relaciones, en los gestos cotidianos, en las elecciones que marcan el rumbo— orientan sin frenar, porque respetan lo que escapa a la rigidez: la sutileza siempre en movimiento.

Conclusión

Lo sutil de lo sutil muestra que lo más real no se impone. Es presencia silenciosa que sostiene todas las formas. En su profundidad se descubre un vigor refinado, invisible y, sin embargo, indispensable. La verdadera fuerza habita en lo que no reclama atención.

La sensibilidad como vigor enseña que la delicadeza transforma. No es fragilidad, sino energía vital que conecta y sostiene. La compasión, la empatía y el amor son expresiones de un poder firme y suave. Allí donde se acoge sin herir, se revela la fuerza que no necesita imponerse. Los contornos de la sutileza recuerdan que la vida no se define en rigideces. Los límites existen para orientar, no para aprisionar. Transparencia, vacío y maleabilidad son imágenes que abren camino. El vigor aparece entonces como firmeza flexible: contornos vivos que acompañan el fluir sin detenerlo. En sintonía con la gracia, se percibe su mayor expresión: la sutileza que existe en el vivir.

LA VIDA EN SINTONÍA CON LO SUTIL.
CONSIDERACIONES FINALES

El artículo Sintonía con la Gracia condujo por caminos en los que distintas tradiciones de sabiduría dialogaron en profunda armonía. Desde el inicio se recordó que la gracia no proviene de algo externo, como concesión ajena, sino que constituye una apertura íntima, un estado disponible para quienes afinan su mirada y su sentir, reconociendo una presencia sutil en sus propias vidas.

Tres grandes ejes orientaron esta reflexión. En *La gracia como conciencia*, se comprendió que la gracia es un reconocimiento silencioso de la plenitud interior. No depende de méritos ni logros, sino de la certeza de que ya se es completo, como enseñan Nisargadatta Maharaj, Lin-Chi y los Upanishads. La conciencia es el espacio donde la gracia resuena cuando cesa la identificación y se abre la experiencia a lo que es.

En *Serenidad ante lo desconocido,* las enseñanzas mostraron que la serenidad no nace del control, sino de la confianza. El Sutra del Corazón reveló que vaciar la mente de apegos permite hallar la paz más allá del miedo. Jesús, en Jn. 14,27, reafirmó: "No se turbe vuestro corazón, ni tenga miedo", invitando a confiar sin dejar que el temor gobierne. Lal Ded, con sus imágenes nítidas, enseñó a soltar las ataduras que sostienen estructuras internas construidas por costumbre, miedo o ilusión. Así se descubrió que la serenidad florece cuando se abandona la coraza, se sueltan expectativas y se acoge el misterio de la existencia, dejando que la vida se revele sin resistencia.

En *Vigor ante la sutileza*, la experiencia mostró que la fuerza verdadera no reside en la dureza que resiste, sino en la delicadeza que percibe y acoge. Lal Ded y Nisargadatta Maharaj recordaron que existe una presencia silenciosa y sutil, más allá de las formas, y precisamente allí radica el vigor: en quienes saben desprenderse de las identificaciones y reconocer la inmensidad del instante. El Dhammapada, Teresa de Ávila y Jesús señalaron que la firmeza se encuentra en una mente despierta y en un corazón sensible al dolor, a la belleza y a la humanidad compartida. La atención delicada se convierte en la base de una fuerza resistente.

Se subrayó también que vivir con sutileza no implica dispersión. Lin-Chi, María Magdalena y el Tao recordaron que los contornos de la vida no aprisionan, sino que orientan. Como el agua que se adapta al recipiente o el bambú que se dobla ante el viento sin quebrarse, la práctica cotidiana puede ser firme y suave al mismo tiempo: flexible y clara, ligera sin perder dirección.

A lo largo de este texto, diversas metáforas acompañaron la reflexión: el río que no lucha contra su cauce, sino que se disuelve en el océano; el agua que bordea las rocas sin resistencia; el bambú que se inclina ante el viento, fuerte por su flexibilidad. Todas ellas recuerdan que confiar en el fluir es mantener la mente abierta, porque lo sutil no se aferra ni se endurece, sino que revela su presencia a quien sabe ver. La sensibilidad, como finura de percepción, aparece entonces como la energía capaz de conectar con todo. Por ello, no hay un cierre rígido ni un formato acabado. Esta reflexión es invitación continua: un espacio para cultivar la sintonía mediante apertura constante. La comprensión y la entrega no constituyen metas fijas, sino procesos vivos en los que cada principio permanece siempre presente.

Jesús encarnó con radical sencillez esta enseñanza: practicó el desprendimiento, confió en el fluir y se entregó plenamente al misterio de la vida. En su ejemplo se revela que la gracia no es norma ni forma, sino apertura constante. Seguir en armonía con esta comprensión significa reconocer, en la infinitud de la existencia, un espacio de conexión, de claridad y de ligereza.

Referencias bibliográficas

BIBLIA. Santa Biblia. Barueri: Sociedade Bíblica de Brasil, 2011.

DHAMMAPADA. Trad. Bhikkhu Bodhi. Petrópolis: Vozes, 2012.

EVANGELIO DE MARÍA MAGDALENA. Traducción y comentario de Jean-Yves Leloup. Petrópolis: Vozes, 2005.

EVANGELIO DE TOMÁS. Traducción y comentario de Jean-Yves Leloup. Petrópolis: Vozes, 2006.

LAL DED. *Yo, Lalla: poemas de Lal Ded*. Trad. Ranjit Hoskote. Nueva Delhi: Penguin Books India, 2011.

LAOZI. *Tao Te Ching: el libro del camino y la virtud*. Trad. Huberto Rohden. São Paulo: Martin Claret, 2019.

LIN-CHI. *Los Discursos de Lin-Chi*. Trad. Thomas Cleary. Boston: Shambhala Publications, 1993.

MAHARAJ, Nisargadatta. *Yo soy eso*. Trad. Maurício Sita. São Paulo: Advaita, 2013.

RILKE, Rainer Maria. *Cartas a un joven poeta*. Trad. Dora Ferreira da Silva. São Paulo: Globo, 2001.

RUMI, Jalal ad-Din. *Lo esencial de Rumi*. Traducción de Coleman Barks. São Paulo: Harper Collins Brasil, 2018.

SUTRA DEL CORAZÓN. Traducción y comentario de Thich Nhat Hanh. Petrópolis: Vozes, 2015, p. 22.

La cualidad humana
en textos de sabiduría

Montserrat Cucarull[1]

Propósito del escrito

Hacer hoy al mismo tiempo el estudio de tres textos de sabiduría tan alejados culturalmente y pertenecientes a diferentes tradiciones espirituales, como son el **Evangelio de Lucas** (tradición cristiana), las enseñanzas de **Lin Chi** (budismo), y el **Corán**, (Islam), es un reto, porque lejos de tomarnos al pie de la letra lo que dicen los textos, nos obliga a transitar por ellos haciendo una lectura simbólica indagando sus propuestas de cualidad humana (CH) y cualidad humana profunda (CHP) desde distintas perspectivas, a través de las experiencias y vivencias de tres grandes maestros.

El reto pues consistirá en saber leer estos textos, intentando identificar lo que es propio del momento cultural, histórico y de la tradición en el que fueron escritos y sin necesidad de creer nada, poder captar y certificar la cualidad humana que rezuman. Son textos fundamentales de tres grandes tradiciones de sabiduría que se han mantenido a lo largo de los siglos, y que han ayudado a muchas generaciones a cultivar y reconocer la cualidad humana.

Por tanto, no se trata de abordar los textos desde una perspectiva teórica, abstracta o histórica que nos expliquen unos hechos axiológicos, sino que lo haremos con una lectura simbólica a fin de poder dirigir, fomentar e introducir nuestro pensar y sentir en lo que en la epistemología axiológica llamamos la dimensión absoluta (DA).

Estudiamos dos textos teístas, el evangelio de Lucas y el Corán, que han generado dos religiones, el cristianismo y el islamismo que son exclusivistas,

---

1   Es licenciada en Farmacia (UB) y en Ciencias Químicas. Investigadora del CETR.

intolerantes, porque se han generado en sociedades ganaderas y agrario autoritarias con una epistemología mítica (EM) de la que no pueden escapar, por tanto, atacan a las otras religiones que son consideradas no verdaderas. También de estas concepciones tendremos que salir.

Los maestros espirituales, aunque culturalmente están imbricados dentro de parámetros culturales, profundizan en su experiencia y vivencia y se liberan de ellos, salen del marco de la epistemología mítica (EM). El budismo que no es teísta sino una corriente de sabiduría no es propiamente una religión, por tanto, no está ligado a la epistemología mítica (EM) aunque también está incardinado en una cultura y un tiempo determinado. No es una doctrina que creer ni una práctica a seguir sino un replanteamiento de la visión de la realidad tanto de la que nos rodea como de nosotros mismos.

Vivir la espiritualidad en el s. XXI en sociedades de conocimiento en las que ya no se puede creer sin más, es poder ser capaces de reconocer y verificar la cualidad humana, la sutilidad, la dimensión absoluta (DA), en nuestro pensar y sentir profundo, de modo que queden transformados. Sólo esto.

Utilizaremos la epistemología axiológica y al estudiar los tres textos a la vez nos obligará a desnudarnos de creencias y utilizar la mente y sentir para comprender. Por tanto, es cuestión de lucidez, no de creer nada. Podremos reconocer cuando la tradición opera más con el sentir, y cuándo opera más con la mente y entender el rigor de las argumentaciones y las consecuencias que conllevan.

Es una gran ocasión porque hoy en las tres tradiciones podemos encontrar pistas importantes para captar la sutilidad que ponen de manifiesto las diferentes figuraciones de la dimensión absoluta (DA) de los textos. Y decimos que es sutilidad porque podemos entender que lo que nos quieren transmitir es algo cualitativo, nada concreto, que no es nada que pueda explicarse con palabras, que no depende de nada exterior y que es gratuito. Los maestros nos lo ponen delante y podemos captarlo si somos capaces de percibir y entender lo que nos dicen que es en realidad: una noticia clara y cierta en nuestro pensar y sentir. Habrá pues de afinar la sensibilidad.

Así, ejercitando y desarrollando el sentir y la sensibilidad profunda, la CH, que no es ninguna creencia ni seguir ningún método en concreto, se produce una verdadera transformación del ser viviente humano. En esto consiste hacer camino espiritual, la espiritualidad. Desde esta perspectiva, las tradiciones no son excluyentes entre sí, ni tampoco exclusivas.

En el s. XXI todas la tradiciones son válidas para aprender y captar la CH. Este trabajo será útil pues para hacer entender de qué va esto de la espiritualidad y que el conocimiento de la diversidad de formas de vivirla y expresarla, lejos de ser un enfrentamiento entre tradiciones, es una gran riqueza que tenemos al alcance y a nuestra disposición, porque todas son válidas y todas nos pueden servir para captar esta sutilidad.

La experiencia de la dimensión absoluta (DA)

La experiencia de la dimensión absoluta (DA), propia, primaria del animal humano, se vive en lo más íntimo del corazón y de la conciencia de uno mismo, lo que llamamos sentir profundo. Es conciencia porque es noticia, y al mismo tiempo un sentir sutil, cualitativo, que no se puede expresar con palabras por tanto no se puede decir qué se siente, ni qué se sabe exactamente, pero es certeza verificable en uno mismo. Es un conocimiento libre de razonamientos y palabras y al mismo tiempo es un reconocimiento, una vivencia que trasciende el ego y su necesidad, que se percibe como la fuente de nuestra realidad. La experiencia humana de la dimensión absoluta (DA) es universal.

Esta conciencia nos la hace posible el habla, que abre al animal humano a la doble dimensión: la relativa (DR) y la absoluta (DA). La percepción y vivencia de la 2D, hace que el medio en el que sobrevivimos no nos sea plano o anodino, porque en la realidad que nos rodea percibimos además de utilidad para sobrevivir, una sutilidad, una cualidad que va más allá de lo que vemos, independiente de la modelación necesaria para la sobrevivencia; es una noticia que al no tener un porqué, al ser gratuita, no expresable con palabras, no implica al ego, ya que éste siempre reclama alguna cosa; es una noticia que nos sorprende, porque nos saca del vivir cotidiano y de la visión de las cosas como puramente útiles, al servicio humano. Podemos decir que en las formas tenemos una captación cualitativa sin formas.

Por tanto, nuestra conciencia y sentir no están limitados a nuestro cuerpo físico, mental ni a nuestra experiencia sensorial inmediata, ligada al campo neuronal/bioquímico, con explicaciones de procesos químico-físicos neuronales y lógicos, sino que también tenemos una conciencia/sentir que es parte estructural del animal humano, y que es gratuita, absoluta con iniciativa, intuición y creatividad.

No son dos conciencias, o dos clases de sentir, sólo una con dos tareas: una que sirve para las funciones del ego y otra que es porque sí, sin objetivo ni razón de ser.

La experiencia de cualquier maestro de sabiduría es la percepción y vivencia profunda de la dimensión absoluta (DA). El maestro es una manifestación finita, un recorte de espacio y tiempo en el que se hace presente la dimensión absoluta (DA), el maestro dice la dimensión absoluta (DA); la hace patente en lo que dice, en como actúa, en su tiempo y contexto cultural y esta vivencia adopta formas diferentes, figuraciones humanas, dependiendo del contexto donde surgieron, pero que en nuestro tiempo, gracias a los diferentes textos de las diferentes culturas, con sus expresiones, las podemos entender y tener a nuestra disposición para aprender. La sutilidad que comunican en la figuración no es cuestión de racionalizarla, es cuestión de vivirla y entenderla.

«En las sociedades de conocimiento, la dimensión absoluta no puede representarse como un ser trascendente. Debe concebirse como una dimensión peculiar en el propio seno de nuestra cotidianidad, de nuestras modelaciones». Marià Corbí

La espiritualidad es acceder explícitamente a esta conciencia estructural nuestra que nos hace libres del ego porque no depende de él. Cultivarla es hacer camino espiritual, abrirnos a una nueva sensibilidad, una forma de pensar y sentir que no es abstracta, ni tampoco intelectual sino entroncada en nuestra realidad y en la que nos rodea, de la que hoy, todo indica que hemos desconectado individual y colectivamente en favor de un mundo tecnológico, abstracto, individualista y egocéntrico; una sociedad que ya no puede creer en dioses, pero que necesita la CH y la CHP para reconectar con nuestra realidad, construirse adecuadamente y no dirigirse hacia un desastre sin retorno. Necesitamos la CH para ser plenamente humanos.

Vivir con esta nueva sensibilidad, la CH, es por tanto una forma de situarse en el mundo, es reconocer y sentir que toda realidad es más profunda de lo que nuestros sentidos captan, que, en el fondo, todo es un misterio por el que no tenemos explicación científica, aunque los modelos que vamos creando respondan, que hay gratuidad y belleza en todo y que es la fuente de todo. Ahora tenemos la oportunidad y la necesidad de estudiar y clarificar de qué va esto de la espiritualidad para poder ofrecerla a la humanidad que está entrando en la sociedad de conocimiento.

En el estudio de los textos antes citados, deberemos poner la atención pues a lo que nos transmiten los maestros, qué captaban en la realidad que tenían delante, qué decían de nosotros y del mundo que nos rodea, cómo actuaban, y todo esto visto desde diferentes culturas, tiempos y tradiciones. A veces es difícil saber discernir la sutilidad a la que se apunta en los diferentes pasajes de los textos para poder extraer las enseñanzas porque se nos hacen extraños, o porque la tradición exigía creencia y sumisión, en definitiva, habrá que saber distinguir el dedo que señala la luna, de la luna, pero es imprescindible y debemos aprender a hacerlo.

> *«A través de los tiempos, los filósofos más profundos, los teólogos más eruditos, han caído constantemente en el error que consiste en identificar construcciones puramente verbales con hechos, o en el error aún más enorme que consiste en imaginar que los símbolos son, en cierto modo, más reales que en lo que apuntan».* Aldous Huxley en el Prefacio del libro *The first and last freedom de Krishnamurti* (1954)

> *«La palabra mata, el espíritu vivifica».* II Carta a los Corintios de San Pablo.

«Quisiéramos apreciar el perfume de su vino, (de las tradiciones) dejando al lado las formas de la copa en la que ese vino no tuvo más remedio que verterse». Marià Corbí

La sutilidad, lo cualitativo

La sutilidad tiene que ver con lo cualitativo. Y lo cualitativo con el sentir, con la sensibilidad.

La ciencia y la tecnología son fundamentales para dar forma al mundo en el que vivimos y seguirán siendo fundamentales para nuestro futuro. En las sociedades actuales, el poder de abstracción de ciencias y tecnología nos ha provocado el olvido y como consecuencia el bloqueo, del cultivo de la percepción cualitativa del medio que nos rodea, y de nosotros mismos, ya que no nos es imprescindible para sobrevivir.

Nos vamos convirtiendo en insensibles ante la sutilidad y la gratuidad presente en todo a causa de la frialdad de los datos y automatismos de los procedimientos que saturan la mente sin cultivarla, empobreciendo todo diálogo y capacidad de comprensión en este sentido. Hemos perdido la capacidad de captar el misterio de lo que nos rodea y que nosotros mismos somos, porque pretendemos que las ciencias ya nos dicen cómo es la realidad; así hemos perdido poder para captar la doble dimensión de la realidad de manera explícita, aunque de forma implícita la seguimos captando porque a pesar de todo, es parte constitutiva del animal humano.

No es subjetividad, el "sentido del infinito" no es cuestión de época, Nuestra captación de la doble dimensión de la realidad tiene consecuencias: nos abre la posibilidad del arte, la filosofía, y lo que se ha llamado espiritualidad. Siempre hay un diálogo silencioso entre el humano y todo lo que le rodea que en realidad no sabemos qué es, y que modelamos para hacerlo asequible a pesar de no prestar atención.

No sabemos cómo recuperar ese poder y además las formas en que se expresaba en sociedades pasadas han quedado obsoletas. Pero si no lo recuperamos explícitamente no podremos tener noticia de la dimensión absoluta (DA) que es axiológica, por tanto, no podremos desarrollar procesos portadores de valores, ni proyectos colectivos adecuados. Hay que recuperar una visión del mundo cargada de sentido y valor para DR, que nos orientará a la acción y al mismo tiempo nos abrirá al misterio, a la dimensión absoluta (DA), a eso lo llamo "encantar el mundo". ¿Qué vemos en lo que llamamos "realidad"?

Lo que debemos ver, es necesario que lo entendamos y sintamos claramente en nuestro interior, en nuestro sentir profundo, más allá de las explicaciones científicas, ayudados por los maestros de las tradiciones.

Sin una sensibilidad adecuada a una sociedad de conocimiento no podremos captar la dimensión absoluta (DA) de forma explícita ni verificarla, por tanto, tampoco cultivarla convenientemente. Nos es necesario trabajar la sensibilidad.

Uno de los campos en los que lo cualitativo está presente y lo podemos reconocer mejor es en el Arte.

En la base de todas las artes (poesía, literatura, pintura, escultura, arquitectura, danza, ...), hay algo que no es externo a ellas, se capta en ellas, es una dimensión misma de ellas, nada diferente de ellas, pero que se hace evidente y es más intensa que lo puramente visible. El verdadero Arte, siempre nos habla de algo sobre "lo que no se puede hablar, no hay palabras con las que se pueda decir"; el Arte refleja el misterio, lo sutil en lo finito de sus concreciones.

Esto que "no se puede decir", se muestra en una cualidad. Esta cualidad que captamos es una fuerza que nos atrae, su percepción nos seduce... ¿por qué? No hay un porqué, es porque sí, más allá de su utilidad o del poder disfrutarla, por tanto, más allá del ego y su necesidad. Podemos decir que, en el verdadero Arte, la Belleza, la Verdad se nos presenta ante nosotros, en esa expresión, en esa forma concreta, que captamos como algo cualitativo, pero al mismo tiempo no queda limitada a esa concreción, aunque allí podemos reconocerla. Sólo necesitamos prestar atención para captarla.

Hay artistas que han intentado plasmar esa fuerza que les atrae hasta el punto de dedicarse a ella con cuerpo y alma para intentar decirla.

Éste es un ejemplo de la actitud del artista ante lo que percibe y se esfuerza en plasmar, pero es la misma con la que deberemos abordar la lectura de los textos: leerlos desde la perspectiva de averiguar la cualidad que allí se dice, en aquella forma concreta.

Algunos artistas han tratado de expresar esta fuerza y la necesidad de que el "yo" no intervenga:

> *"Todo el arte consiste en volverse ausente, en borrarse ante aquello que es lo más cercano y lo más alejado del hombre y en no intervenir, sino para dejarle campo libre, dentro de los límites de la tela".* Albert Ràfols- Casamada. El asombro de la mirada. Síntesis, 2010. *https://www.iberlibro.com/ buscar-libro/editorial/sintesis/*

> - *"No pinto lo que veo, pinto lo que siento".*
> - *"Un artista verdadero es sabedor del vértigo de la nada que convierte en creación".* Pablo Picasso.

> - *"El arte no reproduce lo visible. Hace visible".* Paul Klee.

> - *"Uno se encuentra en un terreno en el que ya no existe el saber. Por el que hay que avanzar sin saber nada, aún sin saber hacia dónde se va".*
> - *"Al pintar, busco el rostro de lo que no tiene rostro".*
> - *"Esa cosa pequeñísima, que no es nada, domina la vida"*
> - *"La pintura ayuda a ver. Ella hace de la vida, de la complejidad de la vida, algo que puede verse. Hace visible aquello que uno no puede ver"*
> - *"No ser nada. Simplemente nada. Es una experiencia que da miedo. Hay que desprenderse de todo".* Charles Juliet. Una vida secreta. Encuentros con Bram van Velde. Ediciones de la Rosa Cúbica (2008)

"Sé que segueixo camins perillosíssims. Us confesso que a voltes m'entra un pànic propi del caminant que es troba en camins inexplorats abans que ell"[2]. Joan Miró a Francesc Ràfols, 26 de setembre 1923.

"En arte, la verdad, lo real comienza cuando no se comprende en nada lo que se hace, lo que se sabe, y no obstante queda en uno, una energía tanto más fuerte cuanto contrariada, comprimida, aplastada. Entonces hay que presentarse con la más grande humildad: completamente blanco, completamente puro, cándido, con el cerebro que parezca vacío, en un estado de espíritu análogo al de un comulgante que se acerca a la Santa Mesa. Es necesario, evidentemente, dejar detrás de sí todo lo adquirido y haber sabido preservar la frescura del Instinto". Henri Matisse. Jazz (1977, p. 316)

Pasamos pues a intentar captar la cualidad en los textos estudiados para hacer que la mente y sentir se conmuevan.

TEXTOS

Evangelio de Lucas

Estudiar los Evangelios no es leerlos como una cronología de hechos que describen lo que ocurrió realmente, sino que los evangelios ponen de manifiesto la potencia de un personaje que con su presencia y su actuar hizo patente la dimensión absoluta (DA), la CHP. Su impronta evidencia una sutilidad extrema, inexpresable con palabras, pero manifiesta tanto en lo que dice como en su acción. Jesús nos muestra claramente esta sensibilidad, la dimensión absoluta (DA) y nos habla de ella, nos dice que es próxima, tierna y misericordiosa. Haciendo una lectura simbólica del texto, trataremos de captar la experiencia explícita y libre de la figuración de dimensión absoluta (DA) que hace Jesús de Nazaret.

---

2   [Trad:*"Sé que sigo caminos peligrosísimos. Le confieso que a veces me entra un pánico terrible propio del caminante que se encuentra en caminos inexplorados.* Joan Miró a Francesc Ràfols, 26 de septiembre 1923.]

Jesús no dejó nada escrito. ¿Cómo se podía transmitir lo que los discípulos captaron en ese personaje? ¿Cómo se transmite con palabras la cualidad profunda que se les hizo patente en ese personaje? Con un relato de hechos extraordinarios, que simbólicamente leídos nos dejan un regusto de poesía, de sensibilidad, de actitud, de firmeza y de convicción. ¿Cuál es nuestro trabajo? Leer el texto sin creencias ni sumisión, comprender y reflexionar más allá del relato estricto, para ver hacia dónde apunta y realizar un trabajo con nuestro sentir.

Leyendo el Evangelio de Lucas se relatan pasajes en los que muchas veces el pueblo le pedía señales de su poder para poder creer; Jesús nunca da muestras de un poder sobrenatural de la forma en que se le reclamaba porque lo que anunciaba no era su persona, él lo que llamó "la Buena Nueva", lo verdaderamente Real, lo que Es, y lo hacía patente en su modo de actuar. Pero lo que llamamos dimensión absoluta (DA) es sutil y no se puede decir con palabras, hay que captarlo más allá de ellas, y más allá del personaje y por tanto no respondía a las expectativas que se tenían de lo que sería el Mesías. Pero esta sutilidad no todo el mundo la captó. Tampoco se capta haciendo una lectura literal del texto.

Los milagros podemos decir que son señales de sabiduría, de bondad, de la presencia de dimensión absoluta (DA) en Jesús, que puede curar a enfermos y volver a la vida (=rescatar de la DR).

Jesús buscaba ayudar a quienes sufrían, desbloquear el cuerpo y el espíritu, no su reconocimiento personal, por eso normalmente se retiraba después de una curación. No es necesario tomar los milagros al pie de la letra. Lo que nos muestran es cómo es dimensión absoluta (DA), una captación que no es relativa a nosotros, y nos dice que es como un poder liberador de la DR (necesidad) y sus DTRE (deseos, temores, recuerdos y expectativas).

Jesús percibe, reconoce y vive en su sentir hondo una potente certeza, que le hace interesarse por todos, especialmente por los que sufren, por los enfermos, por los que la sociedad aparta, acogedora, le hace paciente y misericordioso. Lo que siente es una certeza amorosa como un padre, compasiva, indulgente, sanadora, seductora, y clemente, y a la que Jesús se entrega totalmente con toda confianza y acepta sus consecuencias que le llevarán a la muerte. Esta actitud, nos revela que esta certeza pasa por delante de sus deseos, temores, recuerdos y expectativas hasta el punto de que ya no hay un ego que dirija la vida. Jesús se abandona a lo que su sentir hondo siente.

Para nosotros, estas expresiones cualitativas, son significados intrínsecos de cómo es la dimensión absoluta (DA), una parte estructural nuestra. Y reconocemos las cualidades porque no son abstractas, son concretas, por tanto, las captamos con el sentir y con la mente.

En Jesús esa certeza y percepción que siente como muy cercana y cálida, y que traduce con un amor incondicional, compasión hacia todo el mundo, por el tiempo, cultura y tradición en la que se dio, está simbolizada con un Dios exterior, al que llama Padre, una alteridad a la que obedece y se somete totalmente. Para nosotros, en una sociedad de conocimiento, más que una alteridad, como algo "fuera de", en la que no podemos creer, ha de ser certeza y conmoción en nuestro sentir profundo, que no puede negarse y que guía nuestro pensar, sentir y actuar.

Algunos ejemplos de lo cualitativo en pasajes del Evangelio:

- amor a los enemigos,
- compasión por los pecadores,
- hacer el bien sin esperar nada a cambio.

Todas estas actitudes suponen la certeza de que en realidad no existe un ego que juzga, ni que su acción va destinada a obtener algún resultado a cambio. No hace suponer un Jesús cándido, sino un sabio que comprende y siente que la criatura humana es débil, que no es nada de lo que piensa que es.

Jesús ve una realidad más allá de las formas concretas en las que se presenta, la siente con total certeza, infinitamente más potente que las individualidades y de la que todo forma parte. ¿Cómo pues no amar lo que forma parte de uno mismo?

Lc. 6, 27-35: *"Amad a vuestros enemigos, haced el bien a los que os odien, bendecid a los que os maldigan, rogad por los que os difamen. Al que te hiera en una mejilla, preséntale también la otra; y al que te quite el manto, no le niegues la túnica. A todo el que te pida, da, y al que tome lo tuyo, no se lo reclames.*

Y tratad a los hombres como queréis que ellos os traten. Si amáis a los que os aman, ¿qué mérito tenéis? También los pecadores aman a los que los aman. Si hacéis bien a los que os lo hacen a vosotros, ¿qué mérito tenéis? ¡También los pecadores hacen otro tanto! Si prestáis a aquellos de quienes esperáis recibir, ¿qué mérito tenéis? También los pecadores prestan a los pecadores para recibir lo correspondiente.

Más bien, amad a vuestros enemigos; haced el bien y prestad sin esperar nada a cambio. Entonces obtendréis una gran recompensa y seréis hijos del Altísimo, porque él es bueno con los desagradecidos y los perversos.

Otros rasgos cualitativos:

• no condenar sino perdonar,
• no juzgar.

Toda criatura es modelación, no tiene el ser en sí, si nos concebimos así no cabe más que perdonar pues no se es nadie para juzgar. Jesús se comporta de acuerdo con lo que siente y comprende: no hay nadie con autoridad suficiente, solo el Padre (DA) que juzgará, perdonará, medirá en la misma medida en que nos creamos "alguien":

Lo que nos muestra Jesús es como es Dios, el Padre, la dimensión absoluta (DA).

Lc. 6, 36-38: *"Sed compasivos como vuestro Padre es compasivo. No juzguéis y no seréis juzgados; no condenéis y no seréis condenados; perdonad y seréis perdonados.*

Dad y se os dará: una medida buena, apretada, rebosante (no escasa) pondrán en el halda (regazo) de vuestros vestidos. Porque seréis medidos con la medida con que midáis".

El rasgo más característico de Jesús: el amor incondicional. Quizás el rasgo más extraordinario de la vivencia que se hizo patente en la figura de Jesús

•el gran mandamiento: Ama todo lo que ves con toda la capacidad de tu corazón y con todo tu ser, y a tus próximos como te amas a ti mismo

Lc. 100, 27-28: "*Amarás al Señor tu Dios con todo tu corazón, con toda tu alma, con todas tus fuerzas y con toda tu mente; y a tu prójimo como a ti mismo. Haz eso y vivirás*".

La dimensión absoluta (DA) es el verdadero sustento que nunca se agota y Jesús lo ofrece a las gentes para alimentarlos, para compartirlo, para sanar y para que comprendan. dimensión absoluta (DA) es abundancia, riqueza, sacia "el hambre" y aun sobra:

Lc. 9, 10-17: "*Cuando los apóstoles regresaron, le contaron cuanto habían hecho. Él, tomándolos consigo, se retiró aparte, a una población llamada Betsaida.*
Pero la gente lo supo y le siguieron. Él los acogía, les hablaba del Reino de Dios y curaba a los que tenían necesidad de ser curados.
Como el día había comenzado a declinar, se le acercaron los Doce y le dijeron: «Despide a la gente para que vayan a los pueblos y aldeas del contorno y busquen alojamiento y comida, porque aquí estamos en un lugar deshabitado.»
Él les dijo: «Dadles vosotros de comer.» Pero ellos respondieron: «No tenemos más que cinco panes y dos peces, a no ser que vayamos nosotros a comprar alimentos para toda esta gente.» (Es que había como cinco mil hombres.)
Jesús dijo entonces a sus discípulos: «Haced que se acomoden por grupos de unos cincuenta.»
Lo hicieron así y acomodaron a todos. Tomó entonces los cinco panes y los dos peces, y, levantando los ojos al cielo, pronunció sobre ellos la bendición, los partió y se los fue dando a los discípulos para que, a su vez, se los sirvieran a la gente.
Comieron todos hasta saciarse, y se recogieron doce canastos con los trozos que les habían sobrado"

Exigencias del camino:

Hay muertos a los que no se puede resucitar, no te empeñes en resucitarlos. No te empeñes en hacer ver a los que no quieren ver. No busques seguridades, esto es cuestión del ego. Quien no reconoce la dimensión absoluta (DA), rechaza la cualidad que se le pone delante.

Lc. 9, 60: *"Deja que los muertos entierren a sus muertos. Tú vete anunciar el Reino de Dios."*

Lc. 9, 58: *"Las zorras tienen guaridas, y las aves del cielo nidos; pero el Hijo del hombre no tiene donde reclinar la cabeza"*

Lc. 10, 3-4: *"Id, pero sabed que os envío como corderos en medio de lobos".* *"No llevéis bolsa, ni alforja, ni sandalias"*

Lc. 10, 16: *"Quien os escucha a vosotros, a mí me escucha; quien os rechaza a vosotros, a mí me rechaza; y quien me rechaza a mí, rechaza al que me ha enviado".*

El Corán

Los musulmanes consideran el Corán como el libro santo por excelencia. Está compuesto de 114 suras y 6.236 versos o aleyas. Es la palabra de Dios, de Alá, transformada en Libro. Proclama la Verdad. La primera revelación, a través del arcángel San Gabriel, la tiene Muhammad hacia el año 609. En el año 610, el Profeta ya ha recibido lo esencial del mensaje coránico y, tras una pausa de tres años, vuelven las revelaciones, esta vez para dar respuesta a cuestiones precisas; la comunicación de revelaciones dura, de forma intermitente, hasta el final de la vida de Muhammad, en el 632.

Muhammad se presenta en el entorno de La Meca como un reformador religioso. De jefe religioso, como era considerado en La Meca, pasó a ser, en Medina, jefe político y militar, organizando la comunidad de los creyentes. Su misión, en tanto que Profeta, fue ser un guía espiritual y enseñar a los hombres cómo actuar, qué hacer y qué era preciso evitar para, cuando llegara el Día del Juicio Final, poder entrar en el Paraíso. En consecuencia, en el Corán distinguimos dos misiones: la espiritual, por tanto, un texto de cualidad humana y la de unir un pueblo ganadero y nómada entre otras tribus semejantes, luchando por sobrevivir en tierras no muy amables ni ricas en un proyecto común que debía orientar la acción, como concebir la realidad en la que vivía, como valorarla y como organizarse: lo que llamamos PAC (proyecto axiológico colectivo). Así que el Corán es orientación espiritual y también un tratado de leyes, convirtiéndose en una de las principales Fuentes del Derecho en el mundo islámico.

El núcleo de la experiencia espiritual y percepción de Muhammad lo inundó todo. Su cosmovisión está teñida de esta experiencia: *"No hay más divinidad que Dios", "No hay más divinidad que Él"*.

En el Corán podemos leer con insistencia, proclamar las virtudes del perdón, en su más amplio sentido; la renuncia a derechos en virtud de la generosidad; el trato discriminatoriamente positivo a favor de viudas y huérfanos, ya que las principales insistencias están puestas en la necesidad de tratar con equidad y protección a las mujeres, los niños, los huérfanos, los padres y los esclavos.

Se insta a arbitrar o a emitir juicios con equidad, se rechaza la corrupción, no levantar falsos testimonios. Se dictan las normas para establecer contratos, incluso algunos juegos de azar y el interés son prohibidos. Esta misma concepción impregna la ley coránica sobre la guerra y el botín en la que se preocupa sobre todo de determinar qué enemigos pueden o deben ser combatidos, cómo debe ser repartido el botín y cómo el vencido debe ser tratado, apelando muchas veces a la misericordia.

Las reformas legislativas o las iniciativas normativas de Muhammad significaron un cambio incuestionable en las hasta entonces vigentes. La shari'a, la Ley islámica, como parte integral de la palabra de Alá, es eterna, universal, perfecta y es válida para todos los hombres, circunstancias, épocas y lugares: no hace diferencia entre lo sagrado y lo secular. Así sigue hasta nuestros días.

Muhammad maestro espiritual tuvo una fuerte experiencia de la dimensión absoluta (DA), comprendió y sintió en su sentir profundo que toda la realidad es dimensión absoluta (DA), que, expresado en una religión teísta, figuró y llamó الله, Alá, el Único, para el que nada es imposible. Como sociedad ganadera su esquema mental y cultural era dual, por tanto, epistemología mítica (EM). En este tipo de sociedades, se necesitan creencias: Dios y criaturas. En la experiencia de Muhammad sólo hay un Dios, Alá Todopoderoso, pero Creador del mundo y las criaturas. Y Muhammad es su Profeta que recoge los dictados de Alá.

La lectura del Corán muestra una radical renuncia de todo añadido o asociado al Único. Alá es Omnipotente, Misericordioso, Clemente. Es el Único Actor, nada se le puede asociar, todo es su faz, todo son sus signos, toda realidad lo muestra, lo hace patente. La radicalidad nos dice que, en este sentido, Muhammad, se libera de la epistemología mítica (EM), pues todo es Alá, nada hay fuera de Él.

El islam de Muhammad no es algo aparte de la vida, sino la vida vivida en su máxima plenitud. Lo que hay, es más que lo aparente y observable que solo habla de sí mismo para decirnos que es perecedero y que es modelación de un viviente. Pero para Muhammad todo son signos de lo Real, todo es un discurso de lo Real, solo hace falta observarlo, eso es lo que vive Muhammad. Todo son signos de Alá, señales que nos hablan eficazmente de la dimensión absoluta.

En los tiempos actuales el estudio del Corán puede ser difícil y complicado por las connotaciones y prejuicios respecto a la religión musulmana y su problemática convivencia con las culturas occidentales, como consecuencia de arrastrar todavía un gran peso, propio de comportamientos en sociedades de la Edad Media.

La finalidad del estudio es poder diferenciar lo que corresponde a organizar la sociedad con un conjunto de normas y leyes, de la cualidad humana que destilan las palabras de Muhammad. Hay que discernir todo esto y comprender que es una tradición que se ha mantenido durante miles de años, que ha generado grandes sabios y místicos, así como ramas místicas importantes, por tanto, hay que concluir que en el Corán existe una incuestionable CH que nos habla de la dimensión absoluta (DA).

Deberemos poder discernir entre lo que todavía configura una sociedad cuyos parámetros ya no son los propios del s. XXI y su sabiduría, que nos mostrará la expresión de la dimensión absoluta (DA) y las formas de llegar a ella. Así pues, deberemos reconocer el sin forma en el pensar, sentir y actuar de Muhammad, aunque lo diga y exprese con formas concretas y en leyes que son comportamientos adecuados para sobrevivir en unas condiciones determinadas, pero con CH.

C. 2$_{115}$: «*De Alá son el Oriente y el Occidente. Adondequiera que os volváis, allí está la faz de Alá. Alá es inmenso, omnisciente*».

C. 2$_{128}$: «*¡Y haz, Señor, que nos sometamos a Ti, haz de nuestra descendencia una comunidad sumisa a Ti, muéstranos nuestros ritos y vuélvete a nosotros! ¡Tú eres, ciertamente, el Indulgente, el Misericordioso!*».

C. 2$_{134}$: «*Ésa es una comunidad ya desaparecida. Ha recibido lo que merecía, como vosotros recibiréis lo que merezcáis. No tendréis que responder de lo que ellos hacían*». (→ *punto de inflexión con la tradición*).

C. 2$_{163}$. «*Vuestro Dios es un Dios Uno. No hay más dios que Él, el Compasivo, el Misericordioso*».

C. 2$_{164}$: «*En la creación de los cielos y de la tierra, en la sucesión de la noche y el día, en las naves que surcan el mar con lo que aprovecha a los hombres, en el agua que Alá hace bajar del cielo, vivificando con ella la tierra después de muerta, diseminando por ella toda clase de bestias, en la variación de los vientos, en las nubes, sujetas entre el cielo y la tierra, hay, ciertamente, signos para gente que razona*».

C. 3$_{26}$: *Di: «¡Oh, Alá, Dueño del dominio! Tú das el dominio a quien quieres y se lo retiras a quien quieres, exaltas a quien quieres y humillas a quien quieres. En Tu mano está el bien. Eres omnipotente*».

C. 3₂₇: «*Tú haces que la noche entre en el día y que el día entre en la noche. Tú sacas al vivo del muerto y al muerto del vivo. Tú provees sin medida a quien quieres*».

C. 3₅₀₋₅₁:..«*¡Temed, pues, a Alá y obedecedme!" "Alá es mi Señor y Señor vuestro. ¡Servidle pues! Esto es una vía recta*».

C. 3₆₂: «*Ésta es la exposición auténtica. No hay ningún otro dios que Alá. Alá es el Poderoso, el Sabio*».

C. 3₆₄: «*... no serviremos sino a Alá, no Le asociaremos nada y no tomaremos a nadie de entre nosotros como Señor fuera de Alá*».

C. 3₇₃₋₇₄:«*Di: El favor está en la mano de Alá que lo dispensa a quien Él quiere. Alá es inmenso, omnisciente*».
«*Particulariza con Su misericordia a quien Él quiere. Alá es el Dueño del favor inmenso*»

C. 3₁₀₃: «*Aferraos al pacto de Alá, todos juntos, sin dividiros. Recordad la gracia que Alá os dispensó cuando erais enemigos: reconcilió vuestros corazones y, por Su gracia, os transformasteis en hermanos; estabais al borde de un abismo de fuego y os libró de él. Así os explica Alá Sus signos. Quizás, así, seáis bien dirigidos*».

C. 3₁₀₈: ... «*Alá no quiere la injusticia para las criaturas*».

C. 4₄₈: «*Alá no perdona que se Le asocie. Pero perdona lo menos grave a quien Él quiere. Quien asocia a Alá comete un gravísimo pecado*».

C. 4₇₁: «*¡Creyentes! ¡Tened cuidado! Acometed en destacamentos o formando un solo cuerpo*».

C. 4₈₁: ... «*confía en Alá! ¡Alá basta como protector!*».

C. 9 ₃₁ ...«*No hay más dios que Él! ¡Gloria a Él! ¡Está por encima de lo que Le asocian!*»

Lin Chi

[Watson Burton. *Las enseñanzas zen del Maestro Lin Chi*. Los Libros de la Liebre de Marzo. (1999). Traducción Fernando Pardo]

Probablemente es la recopilación de textos más importante del budismo zen. Las enseñanzas del maestro Lin Chi (China s. IX) constituyen la puerta a una dimensión espiritual ante la que el pensamiento convencional se tambalea, porque trabaja con afirmaciones, recurre a paradojas e incluso al absurdo, para destruir la lógica y la perspectiva normal y limitada que se tiene de las cosas y así deshacer las fijaciones mentales de los discípulos. Es una propuesta en la que no están presentes ni dioses ni creencias.

El espíritu de Lin Chi no quiere situarnos en el caos mental, sino que quiere situarnos en la verdadera Realidad (DA), realidad sin palabras y libre de relaciones y para eso desmonta la estructura del animal humano necesaria para sobrevivir, de concebirse individuos frente a un mundo de objetos ésta es una estructura dual común a todo animal viviente; cada especie construye su modelación adecuada.

Pero para el humano hay otra manera de vivir no dual. Y para ello hay que despojarse de la dual, o sea desarticular la estructura de sujeto/objeto propia de nuestra especie. Además, es necesario el despojamiento radical de cualquier intento de explicación de cualquier escuela y de todo método, ya que aferrarse a cualquier cosa, por noble que sea, nos continúa manteniendo en la dualidad, por tanto, nos priva de libertad.

Lin Chi pone todo el énfasis en Comprender, en Ver, en la Lucidez para impactar con la Verdad (DA), lo que es verdaderamente Real, sin tapujos, directamente, para *"emanciparnos"*. Por eso es necesario ser lúcido para comprender hasta las últimas consecuencias la modelación que nos mantiene en las ilusiones y fijaciones, lo que él llama *"asuntos superficiales"* y por tanto nos mantiene en el *"ámbito del nacimiento y muerte"*.

Por eso su insistencia en no buscar nada; si no se busca nada, el sujeto de necesidades desaparece, desaparece la relación sujeto/objeto, y se desarticula la estructura de necesidad del animal humano, desaparece la relación causa/efecto y emerge claramente el dato, lo que realmente ES, la dimensión absoluta (DA), sin formas, sin palabras, sin representaciones, pero dato, al fin y al cabo.

Sólo cuando existe este despojamiento radical es posible la Lucidez, Nada que hacer.

No buscar nada. Nada que hacer:

"El hombre de valor es aquel que no tiene nada que hacer" (pág. 63).

"¡No os equivoquéis! Si existiera algo como la práctica religiosa, sería simplemente karma que os ata al ámbito del nacimiento y de la muerte... Buscar a Buda, simplemente es crear karma, que conduce al infierno... Estudiar los Sutras, estudiar la doctrina, también es crear karma. Los budas y patriarcas son personas que no tienen nada que hacer". (pág. 78)

"¿Podéis decirme qué tipo de Dharma hay para iluminarse, qué Vía hay que practicar? En vuestras actuales actividades, ¿qué es lo que os falta? ¿Qué es lo que tiene que arreglar la práctica?" (pág. 79)

"Si corréis frenéticamente, estudiando con la esperanza de conseguir algo, permaneceréis en el ámbito del nacimiento y de la muerte. Es mejor no hacer nada". (pág. 85)

"Yo mismo, en los pasados años, dirigí mi atención y ahondé en los sutras y en los tratados. Pero luego me di cuenta de que eran simples medicinas para curar las enfermedades del mundo; exposiciones de asuntos superficiales" ... *"Tuve que escudriñar, pulir y pasar por experiencias hasta que, una mañana, pude ver claramente por mí mismo." (pág. 87)*

"Ya sea que miréis dentro o miréis fuera, cualquier cosa que encontréis, ¡matadla! Si encontráis a buda, matad a buda. Si encontráis a un patriarca, matad al patriarca. Si os encontráis a vuestros padres, matad a vuestros padres. Si encontráis a vuestra familia, matad a vuestra familia. Entonces,

por primera vez conseguiréis la emancipación, no os veréis enredados en las cosas, circulareis libremente por donde queráis" (pág. 87)

No falta nada:

"Tal como yo lo veo, no hace falta nada especial. Vosotros, que venís de aquí y de allá, tenéis siempre en mente algo que hacer. Buscáis a Buda, buscáis el Dharma, buscáis la emancipación, buscáis un modo de salir del triple mundo. ¡Qué idiotas sois intentando salir del triple mundo ¿A dónde iréis?" (pág. 89)

"Vosotros que lleváis a cabo vuestras actividades ante mis ojos, no sois distintos de Buda y de los patriarcas. Pero no lo creéis y buscáis algo fuera. No os equivoquéis. Fuera no hay Dharma, e incluso lo que hay dentro no puede atraparse" (pág. 89)

"Deteneos y miraos a vosotros mismos. Un anciano explico que Yajnadatta creía que había perdido la cabeza y se puso a buscarla. Una vez detenida la mente que buscaba, encontró que todo estaba bien". (pág. 60)

"Si lo quieres, ya lo tienes, no es algo que necesite tiempo" (pág. 67)

"No busquéis nunca nada fuera de vosotros" (pág. 58)

Nos habla de lucidez y comprensión. Nos dice que indagando adecuadamente entenderemos que no hace falta buscar nada fuera, que lo que estamos buscando ya lo somos, no nos hace falta nada, que cuando más buscamos a más lazos nos aferramos, que el camino espiritual está en no depender de nada, no buscar nada, no hacer nada especial. Por tanto, salir de la mirada desde el ego. Al mirar todo desde esa perspectiva se nos muestra lo que la Realidad ES, que no es ninguna de nuestras construcciones:

"Una vez consigáis el Dharma, las cosas se pondrán en su sitio". (pág. 63)

La propuesta de Lin Chi es pues de pura Lucidez, mental y sensitiva. Lucidez de nadie, despojamiento total. La verdadera comprensión arrastra al sentir, es comprender y sentir a la vez, Lucidez que es como un fuego que quema en el corazón,

Para una sociedad de conocimiento la propuesta de Lin Chi es limpia, clara, sin creencia alguna, con una fuerte raíz en el animal humano y en su acceso a la doble dimensión para reconocer el dato y poder hacer pie en él. Sólo hace falta esto, nada más. Esto es la propuesta de espiritualidad de Lin Chi.

CONCLUSIÓN

Todavía no hemos acabado el estudio de los tres textos de sabiduría. Pero si podemos, después de situarlos en sus contextos y culturas, intuir, captar la cualidad humana profunda que destilan y poder experimentarla.

En los **Evangelios**, la lectura y la interpretación que se ha hecho de ellos, y por la manera en que tradicionalmente se han transmitido, la cualidad humana ha estado más "contaminada" de creencias y valores que a su vez se han traducido en comportamientos o actitudes que han permitido durante siglos desarrollar un potencial humanista notable, pero que ya no responde a una espiritualidad honda apta para sociedades de conocimiento sin creencias.

Si hacemos una lectura simbólica del Evangelio, lo que podemos advertir es la fuerza de un personaje que sintió y vivió en su sentir hondo la verdadera realidad de su ser, la dimensión absoluta (DA). Lo vivió tan intensamente que le llevó a recorrer el territorio para proclamarlo, para que fuera comprendido y así liberar a sus contemporáneos de las ataduras. Nos muestra una cara de la dimensión absoluta (DA), que a la vez es su creación, su figuración. Nos transmite una concreción que puede ser modelo para nosotros para nuestro pensar y sentir, lejos de creencias.

Por tanto, es una invitación para una indagación personal de lo que es la espiritualidad, nada que creer ni practicar.

El **Corán**, está lleno de normas, comportamientos y leyes, pero si sabemos separar lo que corresponde a la organización y cohesión como pueblo, de la mística de Muhammad, podremos entrever la grandeza de un líder que fue capaz de unir espiritualidad (DA) con comportamiento del día a día (DR), y esto no lo hacen normalmente los maestros espirituales.

Por ser una tradición con muchos prejuicios por nuestra parte y porque todavía hoy el comportamiento social de las comunidades islámicas en general choca con las sociedades occidentales, es difícil de destilar claramente la cualidad del texto. Sin embargo, sí que podemos captar la invitación a ver que toda realidad es ESO, que no hay más Realidad que la dimensión absoluta (DA), que solo el Único existe, y así todo son sus signos. Volvernos hacia todo con esta actitud, es también un camino de indagación en el que no hay nada que creer, sino que es sentir y comprender.

Lin Chi no es un texto teísta en el que haya creencias, sino lo que incita es a la comprensión profunda que a la vez es sentir. Su propuesta es clara: …" *debéis recoger vuestra luz e iluminaros a vosotros mismos, sin buscar en lugar alguno. Entonces comprenderéis que de cuerpo y mente no diferís de los budas y de los patriarcas, y que no hay nada que hacer. Haced esto y podréis hablar de 'alcanzar el Dharma." (pág. 105).*

Por tanto, quien no tiene nada que hacer, no busca nada. Quien no busca nada, no tiene expectativas, ni desea nada, ¿Qué queda entonces? lo que queda es un sentir y lucidez que no es de nadie, que es sentir y lucidez de eso que llamamos misterio de los mundos, porque no es de un sujeto, que no es relativo a nada, por tanto, absoluto. La indagación nos lleva a que, si no buscamos nada, podemos abrir las puertas a la dimensión absoluta (DA).

Comprobamos que tres grandes tradiciones de espiritualidad, lejos de ser exclusivas y excluyentes entre sí, son, para hombres y mujeres de sociedades de conocimiento, una oportunidad para poder indagar diferentes caminos de espiritualidad. Todas son modelos de un pensar y sentir hondo de la realidad, no son interpretaciones abstractas que haya que creer o practicar sino caminos a indagar para poder llegar a lo que es verdaderamente real.

La indagación y experimentación de lo que llamamos espiritualidad que no es más que una manera de situarse en el mundo sintiendo la profundidad, la gratuidad, la belleza de todo es un camino adecuado para sociedades de conocimiento.

Un proyecto comunitario tecnocientífico y de cualidad humana profunda

Una comunidad de vida tecnológica como célula cualitativa de conocimiento y transformación

Francesc Torradeflot Freixes[1]

He vivido en comunidad durante más de 15 años de mi vida. Fue una experiencia enriquecedora desde todos los puntos de vista. Entre otras consideraciones, me permitió también vivir en un régimen y organización de propiedad común y no privada, aunque la comunidad, como se puede imaginar, viviera inmersa en un entorno propio de un sistema capitalista. Muchas cosas han cambiado, pero siempre estaré agradecido a quienes me acogieron y me ayudaron, gracias a hacer posible esa experiencia, a fundamentar valores humanistas que inspiran la atrevida propuesta que ahora expondré.

Se trata de una modalidad o propuesta concreta y comunitaria resultante del Proyecto Axiológico Colectivo de centros de cultivo de la cualidad humana profunda en una sociedad de conocimiento. El proyecto se inspira en la tarea de CETR y es un fruto de su grupo de investigación en Epistemología Axiológica, dirigido por Marià Corbí[2]. Se inscribe en la línea de la importancia espiritual y sociológica que han tenido históricamente las iniciativas monacales en diferentes tradiciones religiosas y espirituales, como la hindú, judía, budista, cristiana o musulmana, así como en las iniciativas comunitarias tolstonianas, gandhianas, anarquistas autogestionadas, etc. Estas comunidades han jugado tradicionalmente un papel de fecundación y transformación social ofreciendo modos de vida

---

1   Es doctor en Teología, licen¬ciado en Historia de las Religiones (Lovaina) y en Filosofía (UAB), ha sido fundador y director de la Asociación Unesco para el Diálogo Interreligioso y profesor de mís¬ticas orientales en la Universidad de la Mís¬tica de Ávila. Investigador del CETR

2   https://cetr.net/es/ y https://ea.cetr.net/

que combinan formas de cultivo de la cualidad humana profunda y trabajo de servicio y compromiso solidario y favoreciendo la transmisión y difusión de una dimensión de profundidad humana seminal imprescindible para la supervivencia de la especie.

Ante la situación dramática producida por una sociedad de conocimiento que vive de ciencia y tecnología que generan continuamente nuevos productos y servicios de manera cada vez más acelerada y del hecho de que esta sociedad de conocimiento está, desafortunadamente de manera mayoritaria, al servicio de los intereses antihumanistas y de provecho egocéntrico del capital, con el consiguiente peligro para la supervivencia de la especie, es imprescindible proponer alternativas concretas que garanticen, por un lado, el cultivo de la ciencia y tecnología desde una perspectiva humanista, comunitaria, solidaria y desegocentrada y, por otro lado, el cultivo colectivo de la cualidad humana. Mientras no se llega a una transformación a gran escala, que sería lo deseable, se propone una intervención-vacuna que pretende producir un efecto local y progresivo sobre el organismo colectivo humano.

Se trata de organizar una comunidad piloto de personas plurales, de diversas convicciones y culturas, que vivan en común y que organicen su vida en torno a tres pilares fundamentales: el cultivo de la ciencia y la tecnología, el cultivo de la cualidad humana profunda y la promoción de la comunicación plena y de la interdependencia.

La comunidad de vida tecnológica aparece como una célula cualitativa de conocimiento y transformación social en una sociedad capitalista de explotación, que usa la tecnología para maximizar beneficios favoreciendo la sumisión y esclavización de los seres humanos, especialmente de los más vulnerables. Se trata de un fermento crítico y propositivo para favorecer la transición a una sociedad de conocimiento y que incorpora el valor del cultivo de la tecnociencia y de la cualidad humana profunda, así como elementos de una nueva configuración humana comunitaria más allá del capitalismo tóxico.

A. Cultivo de la ciencia y tecnología

Las personas que forman parte de la comunidad se comprometen a dedicar unas horas diarias al estudio de la ciencia y la tecnología desde la perspectiva humanista dialogal, con una clara y decidida disposición a la indagación, comunicación plena y servicio a la comunidad humana concebida desde una perspectiva inclusiva y cosmopolita, sin los límites de ningún localismo, pero, a la vez, sin estar alejados de las necesidades de la realidad social y cultural de su entorno.

Se tendrán espacios para el trabajo personal de indagación, así como otros espacios para la comunicación plena, la interdependencia y la interdisciplinariedad. Todo ello procurará orientarse al servicio pleno a las personas y a los colectivos, buscando la eficacia y la eficiencia, pero sin olvidar la solidaridad con los más necesitados. La tecnociencia debe orientarse totalmente a facilitar la satisfacción de las necesidades básicas de las personas (alimentación, vestido, salud, educación, vivienda, etc.) y del cultivo de la cualidad humana (prácticas de interiorización, atención plena y silencio, cuidado de las personas, etc.), evitando su utilización al servicio de intereses personales egocéntricos incompatibles con el bien común.

El valor e importancia comunitaria de las tecnociencias no puede ir en detrimento del respeto de la libertad de conciencia, de investigación y de expresión personal, que es fundamental para garantizar la diversidad, el pluralismo y la creatividad cultural.

La dedicación de los participantes en la iniciativa a las tecnociencias intentará ir orientada hacia diversos ámbitos:

a) La identificación, observación y seguimiento de los últimos avances tecnocientíficos y sus posibles aplicaciones al servicio de los seres humanos y del planeta.

b) El conocimiento, uso y divulgación de las aplicaciones informáticas de usuario y de IA, así como el análisis crítico de sus criterios algorítmicos y la formulación de alternativas humanistas.

c) Cuando sea posible y en función de las capacidades de los miembros de la comunidad, diseño y elaboración de programas de software con orientación social y de cultivo de la cualidad humana; diseño y elaboración de hardware respetuoso con criterios de justicia y respeto a la sostenibilidad.

d) La investigación sobre las posibilidades de la aplicación de las tecnociencias al cultivo de la cualidad humana profunda.

Un tercio de la jornada diaria se dedicará a este cultivo.

B. Cultivo de la cualidad humana profunda

La cualidad humana profunda es la sabiduría humana, presente en las tradiciones religiosas, convicciones no religiosas, filosofías, expresiones artísticas, tradiciones indígenas y nuevas formas de espiritualidad.

Es un patrimonio común de la humanidad imprescindible para su supervivencia. Esta cualidad humana profunda es el cultivo de la dimensión absoluta de la realidad que es una dimensión no relativa a la satisfacción de las necesidades humanas básicas pero que es inseparable de ella porque el ser humano es un animal y debe satisfacer también esta dimensión fundamental.

Las personas que forman parte de la comunidad se comprometen a dedicar unas horas diarias al silencio, la meditación y el estudio de la cualidad humana profunda desde un interés profundo por la realidad, distanciamiento de las necesidades e impulsos y silenciamiento de las formas y representaciones. Para ello se estudiarán personal y colectivamente las diversas tradiciones de sabiduría, religiosas, filosóficas, conviccionales y artísticas, en sus expresiones más acreditadas, tradicionales e innovadoras.

Se tendrán espacios para el trabajo de práctica del silencio y la meditación, de cualquier técnica y forma de conocimiento y sentir profundo que se considere oportuna, así como otros espacios para el cultivo y aprendizaje de la diversidad de lenguajes y formas expresivas de la dimensión absoluta de la realidad y de sus aplicaciones en diversos contextos culturales. Tan pronto como sea posible, se dispondrá de una biblioteca común accesible en formato físico y digital, donde se recopilen textos de sabiduría universales, recursos sobre tecnociencia y recursos de cultura dialogal.

Será también fundamental la práctica de la lectura conjunta de textos diversos de sabiduría de los antepasados y de actualidad, con, en la medida de lo posible, el análisis y comentario compartido. Se priorizará la lectura de los textos de sabiduría tradicionalmente más acreditados de las cosmovisiones más relevantes, estableciendo, si se considera necesario, una estrategia que favorezca la diversidad, el rigor, la profundidad, el equilibrio entre tradiciones y la consideración de un tipo u otro de textos según las circunstancias dinámicas de los miembros de la comunidad y del contexto del entorno. La lectura e interpretación de los textos tendrá en cuenta la perspectiva histórico-crítica, capaz de evitar o minimizar el error, la superstición y la epistemología mítica -los textos describen la realidad-, y perspectiva simbólico-poética con el objetivo de permitir un acceso intuitivo, inmediato, libre, personal y comunitario a la experiencia de la dimensión absoluta de la realidad a partir de los relatos y enseñanzas de los maestros y maestras emblemáticos de las diversas tradiciones.

El cultivo de la cualidad humana profunda tiene valor independientemente de sus utilidades o beneficios, pero ello no es óbice para reconocer que debe ayudar a orientar la investigación tecnocientífica de la comunidad, en la línea del bien de la humanidad y del planeta con la plena conciencia de la interdependencia mutua que es propia de ella.

C. La promoción de la comunicación plena y de la interdependencia

Se procurará incluir e integrar las diversas expresiones de la sabiduría humana, reconociendo sus relaciones profundas, sus variedades y singularidades expresivas y prácticas y sus elementos comunes. La comunicación e interdependencia no será simplemente el reconocimiento de una red de relaciones estructurales sino sobre todo la experiencia humana de su presencia indefinible, siempre procesual y en constante construcción.

La comunidad usará las nuevas formas comunicativas y sus redes sociales para dar a conocer la importancia del cultivo de la cualidad humana profunda para la orientación de la tecnociencia. Las diversas prácticas y tiempos comunitarios podrán ser comunicados on line cuando se considere oportuno.

Se identificarán y, en la medida de lo posible, se establecerán relaciones con las organizaciones que compartan objetivos similares, procurando indagar conjuntamente y proponer sistemas de organización compartida que refuercen el impacto social conjunto transformativo. Se establecerá un observatorio que ofrezca criterios básicos claros para identificar, valorar y, si es posible y oportuno, reforzar otros centros de cultivo de cualidad humana profunda.

Se priorizarán las relaciones con organizaciones afines que no sean jerárquicas y que se opongan al uso primordialmente egocentrado, al servicio de intereses puramente particulares y lesivos para la humanidad y para el planeta, de la tecnociencia y del cultivo de la cualidad humana. Un ejemplo de este tipo de organizaciones es el *Center for Human Technology*[3], cofundado por el exingeniero de Google Tristan Harris,

---

3   https://www.humanetech.com/. Este Centro pretende favorecer el establecimiento de un ecosistema tecnológico humano. Aspiran a cambiar un sistema completo de tecnología extractiva, transformando los modelos operativos fundamentales y los incentivos que impulsan a las empresas a priorizar las ganancias por encima del bienestar de las personas. Se inspiran en la teoría de cambio de sistemas de Donella Meadows, científica medioambiental, educadora y escritora, cuyas obras de referencia son *Limits to Growth* (1972) (https://archive.org/details/limitstogrowthr00mead) y *Thinking In Systems:*

crítico, por un lado, con la postura centralista y controladora de los estados y de las corporaciones, que provoca distopías, y, por otro lado, con una liberalización irresponsable y caótica de la Inteligencia Artificial, que provoca la aniquilación de las regulaciones de los estados y la violencia.

Se estudiarán y favorecerán formas de interdependencia tecnológica que refuercen la libertad y el servicio y atención prioritarios al bien de las personas y del medio ambiente.

La residencia en la comunidad será accesible para estancias temporales a todas las personas interesadas que acepten los valores y las condiciones de la estancia.

Organización

La organización será no jerárquica y procurará tender a una clara concordancia con la interdependencia de la realidad, lo cual exigirá que deba estar necesariamente en regular y constante adaptación y redefinición.

Un Consejo de Asesores, compuesto por personalidades del ámbito científico-tecnológico y del ámbito del cultivo de la cualidad humana profunda, así como del ámbito de lo que hasta ahora se consideran ciencias humanas, hará sugerencias y propuestas y contribuirá a los análisis de la situación cultural del entorno y global.

La comunidad prestará una atención especial a el fomento de la cohesión y comunión entre sus miembros, previendo momentos regulares de comida y celebración conjunta. Se establecerán también dinámicas y mecanismos internos de gestión y mediación de conflictos, a partir de los recursos que ofrecen los instrumentos de la psicología y la disciplina de paz y estudios

---

A Primer (2008), para desarrollar un marco para intervenir en la transformación de un sistema. Lo ámbitos de transformación que el Centro aborda son los ciudadanos, los estudiantes, la comunidad educativa -con guías para el bienestar digital-, gestores y líderes, tecnólogos, policymakers, inversores y filántropos y figuras influyentes. Meadows fue uno de los pensadores medioambientales más influyentes del siglo XX. Después de recibir un doctorado en biofísica de Harvard, se unió a un equipo del MIT que aplicaba herramientas relativamente nuevas de la dinámica de sistemas a problemas globales (cfr. https://donellameadows.org/staff/).

sobre conflictos, así como de la experiencia que, en este sentido, aportan las grandes tradiciones de sabiduría.

Por ello, la comunidad dedicará diversas personas a formar parte de un Consejo Dialogal que tenga presente y desarrolle este aspecto, así como el de la sanación de las posibles heridas producidas por los conflictos interpersonales que no se hayan podido evitar.

La simplicidad, austeridad y ayuda mutua debe guiar la autoorganización de la comunidad. No se debe aceptar ningún tipo de lujo.

Los miembros de la comunidad deberán decidir, con la ayuda del Consejo de Asesores y del Consejo Dialogal, el ritmo y horario comunitario así como los criterios y protocolos de acogida y de incorporación puntual o permanente de los no miembros.

Financiación

Se estudiará la manera más coherente y sensata de financiar el proyecto, condicionando los pasos y calendario concreto de su implementación a la viabilidad y sostenibilidad del mismo. Se estudiarán fórmulas acreditadas y, al mismo tiempo, creativas.

Es previsible que en los inicios sea necesario combinar la financiación colectiva que se pueda recabar con la de los posibles mecenas y con las aportaciones profesionales propias de los salarios propios de los compromisos profesionales de sus miembros, tendiendo, a medida que se avance y cada vez más, a convertir la comunidad en un centro de producción de conocimiento científico-técnico y de cualidad humana profunda que, de manera ideal, debería autofinanciarse progresivamente, sin llegar nunca a lucrarse.

Los posibles beneficios deberán reinvertirse en la propia comunidad. A medio y largo plazo, la comunidad debería tender a la propiedad común y disminuir -o, si fuera posible, hasta eliminar- la propiedad individual.

Los productos y resultados de la investigación que sean relevantes pueden contribuir también a la financiación de la comunidad. La comunidad procurará mantenerse al margen del sistema capitalista financiero, en la medida que sea posible, y conectar con organizaciones y cooperativas afines de economía social y solidaria.

Se establecerán relaciones con Universidades e institutos y Centros de Investigación para colaborar en la investigación propia y ajena sin intereses de lucro y siempre que se garantice el bien de los seres humanos, de los seres vivos y del planeta.

Los miembros de la comunidad pueden ingresar en la comunidad previo un período de prueba previamente estipulado y, en la mayoría de los casos, después de haber garantizado su contribución personal a la sostenibilidad de la misma. Los miembros de la comunidad pueden dejar la comunidad cuando lo deseen, pero se debe arbitrar alguna fórmula transparente de compensación que proteja y no grave o perjudique a la comunidad ni a la persona que la abandone.

Se creará un círculo de simpatizantes y amigos de la comunidad que mantenga una relación regular y habitual con ella, que pueda beneficiarse de la irradiación de su conocimiento e investigación y, a la vez, pueda contribuir a su financiación.

Para posibilitar la realización del proyecto sería interesante considerar la posibilidad de que la comunidad pueda, de alguna manera y sin traicionar su filosofía de base, acoger pequeñas star up tecnológicas críticas con los oligopolios tecnocráticos o, como mínimo, establecer relaciones regulares con ellas.

Proyección

Si el proyecto funciona, sería deseable que se fuera reproduciendo, a semejanza del crecimiento medieval del monacato cristiano, en diversos lugares y entornos culturales. Como no tendrá identidad religiosa ni conviccional o, como mucho, la tendrá interconviccional e inclusiva, será más fácil esquivar reticencias u obstáculos propios de contextos exclusivistas. La replicación debería surgir de la combinación sumatoria de complicidades locales y de la seducción y atracción de la resonancia y valor de la experiencia de la comunidad piloto.

Este tipo de comunidades sería bien percibido por las comunidades religiosas y por las organizaciones conviccionales no religiosas porque, de hecho, no las excluye, sino que las incluye en los aspectos más humanistas y de cualidad humana profunda.

Desde AUDIR se podría reforzar la propuesta a través de su Grupo de Investigación sobre tecnodiversidad y cualidad humana (https://audir.org/grup-de-recerca-en-tecnodiversitat-i-qualitat-humana-grtqh/) y de sus redes de comunicación, incluso las internacionales.

Además de otras propuestas resultantes, la comunidad contribuiría a promover la lectura de textos de sabiduría a partir de pequeños grupos de entre 8 y 12 personas en concordancia con el modelo o propuesta de los GETS de CETR (https://cetr.net/grups-destudi-de-textos-de-saviesa-gets/)

El mundo del arte lo percibiría también positivamente porque el proyecto incluye la premisa de que la experiencia y la creatividad artística son un ámbito privilegiado de cultivo de la cualidad humana profunda.

A nivel comunicativo la "comunidad de vida tecnológica" debe apostar por una narrativa determinada. En lugar de hablar de religiones, espiritualidades o convicciones, todos ellos términos muy connotados y con significados potencialmente polémicos y excluyentes, será más apropiado utilizar el término "sabiduría" por su prestigio e inclusividad -está menos desgastado por entropías institucionales- y por ser perfectamente compatible con la expresión "cualidad humana profunda". Esta expresión permite a su vez incorporar o sumar alianzas del humanismo laico conviccional y del humanismo religioso y espiritual, posibilitando así el tejer convivencias o complicidades con las narrativas humanistas propias de los movimientos sociales y de la cultura de la paz y del diálogo, a los que, con nuestra propuesta, se ofrece una oportunidad de oro de profundizar e inspirarse en las diversas tradiciones culturales de sabiduría de la humanidad sin "mancharse" con ninguna hipoteca o eco de adhesión confesional. La resonancia comunicativa de la cualidad humana profunda en el movimiento intercultural e interconviccional y en los movimientos sociales humanistas de derechos civiles y de minorías puede facilitar la orientación humanitaria de las tecnociencias desde el cultivo de la cualidad humana profunda.

LISTADO DE LIBROS
DE LOS ENCUENTROS INTERNACIONALES CETR

Obstáculos a la espiritualidad en las sociedades europeas del siglo XXI. Primer Encuentro en Can Bordoi. (2004) Bubok y https://cetr.net/files/Primer_Encuentro_de_Can_Bordoi.pdf

¿Qué pueden ofrecer las tradiciones religiosas a las sociedades del siglo XXI? 2º Encuentro en Can Bordoi. (2005) Bubok y https://cetr.net/wp-content/uploads/2020/05/Segundo_Encuentro_de_Can_Bordoi-1.pdf

Lectura simbólica de los textos sagrados. 3r. Encuentro en Can Bordoi. (2006). Bubok y https://cetr.net/files/Tercer_Encuentro_de_Can_Bordoi.pdf

Lectura puramente simbólica de los textos sagrados. Ensayos prácticos. 4º Encuentro en Can Bordoi (2007). Bubok y https://cetr.net/files/4to-Encuentro-de-Can-Bordoi.pdf

La espiritualidad como cualidad humana y su cultivo en una sociedad laica. 5º Encuentro en Can Bordoi (2008). Bubok y https://cetr.net/files/5o-Encuentro-Can-Bordoi.pdf

La calidad humana fuente de equidad y justicia. La herencia de las tradiciones de sabiduría. 6º Encuentro Internacional (2009). Bubok y https://cetr.net/files/1293182333_libro_6encuentro_definiti.pdf

Consecuencias del final de la epistemología mítica. 7º Encuentro Internacional (2010). Bubok https://www.bubok.es/libros/243016/consecuencias-del-final-de-la-epistemologia-mitica y https://cetr.net/es/encuentros_internacionales/ y https://cetr.net/files/1292934921_sete_encontre_per_imprimi.pdf

La crisis axiológica raíz de todas las crisis que sufre nuestro mundo cómo manejarnos con ella. 8º Encuentro Internacional (2011) Bubok, https://www.bubok.es/libros/222657/la-crisis-axiologica-raiz-de-todas-las-crisis-que-sufre-nuestro-mundo-como-manejarnos-con-ella y https://cetr.net/es/encuentros_internacionales/

Indagaciones sobre la construcción de una epistemología axiológica. 9º Encuentro Internacional CETR (2013) Bubok https://www.bubok.es/libros/234578/indagaciones-sobre-la-construccion-de-una-epistemologia-axiologica-9-encuentro-internacional-cetr

La necesidad ineludible del cultivo de la cualidad humana y de la cualidad humana profunda en nuestras sociedades, como una indagación libre en comunicación y en servicio. 10º Encuentro Internacional CETR (2014) Bubok https://www.bubok.es/libros/239323/la--necesidad--ineludible--del-cultivo-de-la-cualidad-humana--y-de-la-cualidad-humana-profunda--en-nuestras-sociedades--como-una-indagacion-libre--en-comunicacion-y-en-servicio

Crisis de las religiones como sistemas de programación colectiva y desmantelamiento axiológico El reto de construir los PACs (proyectos axiológicos colectivos) que necesitamos. 11º Encuentro Internacional CETR (2015) Bubok https://www.bubok.es/libros/245937/crisis-de-las-religiones-como-sistemas-de-programacion-colectiva-y-desmantelamiento-axiologico-el-reto-de-construir-los-pacs-proyectos-axiologicos-colectivos-que-necesitamos

La orientación final de los Proyectos Axiológicos Colectivos en las sociedades de conocimiento. Marià Corbí (coord.) 12º Encuentro Internacional CETR (2016). Bubok https://www.bubok.es/libros/249870/la-orientacion-final-de-los-proyectos-axiologicos-colectivos-en-las-sociedades-de-conocimiento

El problema de introducir a las nuevas generaciones en lo que nuestros mayores llamaron espiritualidad. 13º Encuentro Internacional CETR (2017). Bubok https://www.bubok.es/libros/255256/el-problema-de-introducir-a-las-nuevas-generaciones-en-lo-que-nuestros-mayores-llamaron-espiritualidad-13-encuentro-internacional-cetr

Problemas del tránsito a una espiritualidad sin sumisión. 14º Encuentro Internacional CETR (2018) . Bubok https://www.bubok.es/libros/259574/problemas-del-transito--a-una-espiritualidad-sin-sumision-14-encuentro-internacional-cetr

Diferencias y contraposiciones entre una espiritualidad de sumisión de rasgos preindustriales y una cualidad humana profunda adecuada a las sociedades de innovación y cambio continuada. 15º Encuentro Internacional CETR (2019). Bubok https://www.bubok.es/libros/264616/diferencias-y-contraposiciones-entre-una-espiritualidad-de-sumision-y-una-espiritualidad-de-indagacion-y-creacion-libre-15-encuentro-internacional-cetr